国家精品课程配套教材
精品视频公开课配套教材
国家级精品资源共享课配套教材

现代汉语

（第二版）

主　编　徐阳春　刘小川
编　委　李占炳　张　静

XIANDAI HANYU

高等教育出版社·北京

图书在版编目(CIP)数据

现代汉语 / 徐阳春,刘小川主编. —2 版. —北京:
高等教育出版社, 2018.8(2022.12重印)
ISBN 978-7-04-050032-5

Ⅰ.①现… Ⅱ.①徐… ②刘… Ⅲ.①现代汉语—高
等学校—教材 Ⅳ.①H109.4

中国版本图书馆 CIP 数据核字(2018)第 144299 号

策划编辑 时俊龙 **责任编辑** 时俊龙 张晶晶 **封面设计** 张文豪 **责任印制** 高忠富

出版发行	高等教育出版社	**网　　址**	http://www.hep.edu.cn
社　　址	北京市西城区德外大街 4 号		http://www.hep.com.cn
邮政编码	100120	**网上订购**	http://www.hepmall.com.cn
印　　刷	上海当纳利印刷有限公司		http://www.hepmall.com
开　　本	787mm×1092mm 1/16		http://www.hepmall.cn
印　　张	18.5	**版　　次**	2008 年 7 月第 1 版
字　　数	387 千字		2018 年 8 月第 2 版
购书热线	010-58581118	**印　　次**	2022 年 12 月第 4 次印刷
咨询电话	400-810-0598	**定　　价**	36.00 元

物 料 号 50032-00

目　录

绪　论

一、语言与现代汉语

（一）语言

人类社会离不开语言。世界上的语言有数千种，但它们具有共性，这个共性可以从外部功能和内部结构加以定义。

1. 语言的功能定义

从外部功能看，语言是人类最重要的交际工具。

（1）“人类的”。动物学不会人类语言，它们无法获得人类语言系统及与语言相联系的思维能力。“鹦鹉学舌”和“大猩猩学单词”等现象，只是经过训练的条件反射。

（2）“最重要的”。除语言之外，人类还有别的传递信息的工具：体态语、手语、旗语、网络符号等。这些工具往往在特定领域特定的条件下使用，它们的编码方式也总是以人类的语言符号为基础。

2. 语言的结构定义

从内部结构看，语言是一个音义结合的符号系统。

（1）“音义结合的符号”。“音”即语音、读音，是语言符号的“能指”；“义”即意义、概念，是语言符号的“所指”。能指和所指是语言符号的一体两面，不可分割。例如 wǒ 这个读音是能指，它所联系的意义“第一人称单数”是所指。“音义结合的”基本符号是词。

（2）“符号系统”。语言由语音、词汇、语法三个支系统组成。语言符号的声音体系构成语音系统，语言符号汇集成的体系构成词汇系统，语言符号之间的组合规律构成语法系统。

（3）语言符号音和义（能指与所指）之间的联系具有任意性，是约定俗成的。如“第一人称单数”这个意义，汉语的读音是 wǒ，而英语却是[ai]或[miː]。

（4）给语言符号裹上字形这个看得见、留得住的外表就形成了文字。因此文字也是符号，它的能指是字形，所指是本身包含音和义（能指和所指）的语言符号。文字与语言符号的关系可以表示如下：

- 文字符号
  - 能指：字形
  - 所指：语言符号
    - 能指：声音
    - 所指：意义

例如汉字“我”是字形，读音是 wǒ，意义是“第一人称单数”。

文字与语言之间的联系也具有任意性。例如朝鲜语、日本语、越南语等都曾用汉字作为它们的书写符号。

3. 语言符号的功能

语言的符号系统实际上是很复杂的。人类为什么创制这么复杂的符号系统？那是因为有用：人类交际离不开语言，不同的表达需要不同的符号及其组合。例如：

① “东西”中的“西”有两种读音（阴平或轻声），为什么要两读？原因在于表达：读阴平表示“东边和西边”，读轻声表示“事物”。

② “你好”在实际的交际中，可以用不同的语调来说，原因何在？在于需要用不同的语调来表达不同的意思。“你真坏”也是如此。

③ 同是表达生日的概念，却有多种说法：生日、寿辰、寿诞、华诞、诞辰，原因在于这些同义词各有其使用的场合，用错了就会出现表达失误。

④ “客人来了”有时要说成“来客人了”，为什么？原因在于前一句的“客人”是已知的，若要表示它是未知的，则要用后一句来表达。

⑤ “他在北京读了大学”与“他在北京读的大学”是不能互换的，因为各有其使用价值，两句表达的重心是不同的。

⑥ 我们知道，“Please open the door”这句话的意思还可以有其他的表达形式，如“Would you please open the door”，原因在于不同的表达形式礼貌程度可能不一样。

复杂多样的符号及其组合关系构成了复杂的语言符号系统，这个系统的存在及其复杂程度，取决于表达的需要。语言符号的存在是因为它具有交际功能，能够满足人们表情达意的需要。

（二）现代汉语

1. 现代汉语的定义

汉语是汉民族的语言。现代汉语是现代汉民族的语言。现代汉语有狭义和广义两种定义：狭义的现代汉语指现代汉民族共同语，即“普通话”。广义的现代汉语包括现代汉语普通话和现代汉语方言（地域方言和社会方言）。

本教材的范围限于狭义的现代汉语，即普通话。现代汉语普通话中的“普通”是“普遍共同”的意思。我国台湾地区沿用过去的名称，称为“国语”，海外华人一般称“华语”。无论是哪种名称，其作为汉民族共同语的基本含义是一致的。

2. 现代汉语共同语的规范标准

现代汉语共同语的规范标准是以北京语音为标准音，以北方方言为基础方言，以典范的现代白话文著作为语法规范。

（1）语音方面以北京语音为标准音。

普通话以北方方言为基础方言，这是历史发展的必然。从古代到近代，北方一直是中国的经济中心，八百多年来北京一直是中国的政治中心，唐宋以来有影响的白话文作品大多是用北方话写成的。但是，北方方言区内语音系统并不完全一致，因而只能以其代表语音——北京语音为标准音。以北京语音为标准音，并不是不加规范地吸收北京话中所有的读音。土音成分和异读字音需要排除，如北京土话把“和”读成“旱”或“害”，这两个读音就需要排除。

（2）词汇方面以北方方言为基础方言。

普通话词汇以北方方言为基础方言，有两方面的意思：一是指普通话词汇中的语词主要来源于北方方言，但是要舍弃那些过于土俗的词语，如山西和陕西一带的“婆姨”（老婆）、四川的“抄手”（馄饨）、北京的“老爷儿”（太阳）、“丫子”（脚），就不能进入共同语。二是指普通话词汇还从其他方言、文言文、网络语言和其他民族语言中吸收一些有用的语词，如“尴尬”“名堂”来自吴方言，“煲”“看好”来自粤方言，“黎明”“酝酿”来自文言文，“宅男”“愤青”来自网络语言，“拷贝”（copy）、“巴士”（bus）来自英语。

（3）语法方面以典范的现代白话文著作为语法规范。

“典范的著作”指现代的具有广泛代表性的著作，例如毛泽东及著名作家的作品，以及经过反复推敲过的《中华人民共和国宪法》。“现代白话文著作”要与早期的白话文著作相区别，因为语言在不断发展，宋元时代的白话文与20世纪20年代以来的白话文在语法方面有明显差别。语法规范必须依据现代白话文典范著作中的普遍性用例，舍弃特殊的用例。比如老舍《文博士》中有“大个子嘻嘻了几声，把钱拿起去，说了实话……”其中趋向动词“起去”的用法共同语就没有吸收。

3. 共同语吸收方言成分的原则

上述语音、词汇、语法三个方面的规范标准是对共同语自身而言的，然而共同语确立之后并不是一成不变的，它还会从地域方言和社会方言中吸收有用成分，例如“搞”“名堂”“瘪三”“夹生饭”来自地域方言，“踩点儿”“挂彩”“反水”“跳槽”来自江湖隐语，“黑哨”“黄牌”“牛市”“套牢”来自行业用语，“发烧友”“给力”来自网络语言。

共同语吸收方言成分的原则是：社会需要、意义明确。共同语一般不会从方言中吸收表达中不需要的词语，例如有了“太阳”就不大可能吸收北京土话与之同义的“老爷儿”；即使写入词典，也会注明是方言词，例如与“馄饨”意义相同的四川话“抄手”写入了词典，但是仍注明是方言词。共同语需要某种概念时，选择的原则是意义明确。例如“电车”与“磨电”、“主页”与“烘焙鸡（homepage）”、“版主”与“斑竹”意义相同，其概念是共同语所需要的。然而前者进入共同语，后者则不能，这是因为前者比后者意义更为明确，更具理据性。

二、现代汉语的特点

特点是通过比较得出来的，比较的对象不同，得出的特点也可能不相同。这里拿现代汉语同英语作比较，来说明现代汉语的特点。

（一）语音特点

1. 最突出的特点是有声调

例如“ɑi”这个音节，必须填上声调才能表达意思，而且声调不同词汇意义不同：āi（哀）、ái（挨）、ǎi（矮）、ài（爱）。英语音节则没有类似情况，音高无论怎样变化都不会影响词汇意义。例如“I [ai]”，音高无论怎样变化，即使按照汉语不同的声调去读，也不区别词汇意义。

2. 其他特点

（1）音节中元音占优势。汉语不少音节只由元音构成，如 ei、ie、iou；英语绝大多数音节有辅音。

（2）音节中无复辅音。汉语音节中最多只有两个辅音，而且不能连续排列，如 lin；而英语音节可以有多个辅音，而且可以连缀，如 splint。

（二）词汇特点

现代汉语词汇最明显的特点是双音节倾向。例如姓氏为单音节的“王”，可以称呼他“老王”“小王”，而一般不能叫他“王”；如果姓氏为双音节的“欧阳”，一般称呼他“欧阳”，而一般不能叫他“老欧阳”或“小欧阳”。所谓双音节倾向是指构词时首先选择双音节，但是如果双音节不足以表意时，则会用多音节。例如“洗衣机”“男保姆”，若改为双音节，则影响表意。英语则没有汉语这样的双音节倾向。

（三）语法特点

1. 狭义形态少

狭义形态指词形变化，例如 work、worked、working、works，是同一个词通过词形变化表示不同的语法意义。汉语这样的词形变化少，词的重叠形式可以看作词形变化。例如“个个”“人人”“看看”“高高”“仔仔细细”，这样的重叠只是为了表示特定的语法意义，并没有改变词汇意义，与原形“个”“人”“看”“高”“仔细”的词汇意义是一致的。

2. 意合倾向

语言表达上可以有形合和意合两种方式。形合指用形式标志连接字词句的语言现象，意合指靠意思和隐性逻辑关系衔接上下文的语言现象。汉语表达上表现出明显的意合倾向。例如“语言文学”(意合)一般不说成“语言和文学”(形合),而英语只有“language and literature”(形合)一种说法。

这里说的是“倾向”,并不是说汉语没有形合、英语没有意合,只是汉语倾向于意合、英语倾向于形合而已。例如:

Because the acoustics was poor, the performance was spoilt.(形合)

Poor acoustics spoilt the performance.(意合)

因为音响不好,所以演出效果不好。(形合)

音响效果不好,演出大为逊色。(意合)

3. 量词丰富

汉语数词和名词之间常常会插入不同的量词,例如“三张桌子”“三把椅子”“三个凳子”;英语一般是数词和名词直接组合,不用量词,例如“three desks”“three chairs”“three stools”。很多量词还有状形的作用,例如“一条蛇”“一窝蜂”“一堵墙”“一堆砖”“一块砖”,其中的量词不仅表示单位量,还有描写后面名词的作用。英语虽然也有“piece”“chunk”这样的能表状形的词,但数量和用法远没有汉语丰富。

4. 有语气词

汉语有“吗”“呢”“吧”“啊”“么”这样的语气词,英语没有语气词。例如:

你吃了饭吗? ——Have you had your meal?

(我的)天啊! ——My God!

5. 修饰语前置

汉语的修饰语,无论定语还是状语,一般放在中心语的前面。英语简单的修饰语一般前置,但是复杂的修饰语(如介词短语、从句)都后置于中心语。

三、现代汉语共同语的形成

(一) 汉语发展概览

汉语发展经历了古代汉语、近代汉语和现代汉语三个阶段,其中古代汉语还可分为上古汉语和中古汉语两个阶段。具体地说,上古汉语是指先秦时代的汉语,中古汉语是指两汉至隋唐时代的汉语,近代汉语是指晚唐五代至清初时代的汉语,现代汉语主要是指清末或“五四”运动以后至今的汉语。

(二) 现代汉语共同语的形成过程

现代汉语共同语,从地域上看,是在北方方言基础上形成的;从时间上看,是在近代汉语的基础上形成的。在形成过程中,有两股力量起了很大的作用:一是白话文学的影响,二是官话渗入各方言区。可表示如下：

1. 现代汉语共同语书面语的主要源头——白话文

先秦时代，书面语(文言)与口语基本上是一致的；到了汉代，书面语和口语逐渐发生分歧，书面文献一般要经过注疏才能看懂。西汉时，统治者独尊儒家学派，记载儒学经典的文言文成了不可更改的楷模；汉魏以后，文人沿袭和模仿先秦，逐渐形成了一种相当固定的书面语，即“文言”。与之相反的是，人们的口语一直在不断发展变化，到了晚唐以后，文言跟口语的距离越来越大，能够使用文言的人只占当时全民中的极少数，这种情况难以适应社会的需要和语言的发展。此时，在大众口语的基础上又形成了一种新的书面语，这就是与“文言”相对的“白话”。

白话是现代汉民族共同语书面语的主要源头。从晚唐五代的变文、宋朝的话本、元代的杂剧，发展到用当时口语写出来的明清小说(如明代的《水浒传》《西游记》，清代的《儒林外史》《红楼梦》等)，都属于以北方方言为基础的白话文学作品。虽然这些作品在不同程度上还带有某些方言色彩或文言色彩，但从总体上看，都比较接近当时的口语。这些白话文学作品大量流传到全国各地，加速了现代北方方言的推广。

2. 现代汉语共同语口语的雏形——官话(国语)

北京自元、明、清以来一直是中国政治文化中心，北方方言的代表——北京话也就成为各级官府交际时使用的语言。北京话在明清时期就被称为“官话”；到清末 1909 年，“官话”正名为“国语”。官话本来是指官吏所说的话，也就是官场上通行的口语交际工具，但最终超出了官吏范围，它实际上成了当时汉语各方言区的人们交际时以北京话为蓝本的共同使用的口语。官话可以说是现代汉语共同语口语的雏形。

3. 推动现代汉语共同语形成的两个运动

到了 20 世纪初，特别是到了“五四”时期，学界精英们发起“白话文运动”，提倡书面语不用文言，改用现代白话；发起“国语运动”，提倡把“北京话”作为全国通用的口语。“白话文运动”动摇了文言在书面语中的地位，“国语运动”确立了北京语音在口语中的地位；二者结合，就确立了有一定标准的民族共同语。

四、现代汉语方言

语言都会有地域变体和社会变体，前者称为地域方言，后者称为社会方言(如“行业语”“阶层语”“隐语”)。现代汉语也有这两大变体。汉语的地域方言是汉语在不同地域所形成的变体。现在人们通常所说的“方言”一般只指地域方言，如《方言》杂志、方言研讨会、方言专家、方言课中的“方言”都是指地域方言。

（一）现代汉语方言的分区

现代汉语方言的分区如表0－1所示：

表0－1 现代汉语方言分区表

方言区	代 表	主 要 分 布
北方方言	北京话	长江以北的广大地区、长江南岸九江至镇江的沿江地带、湖北（东南角除外）、四川、云南、贵州、广西西北部、湖南西北角
吴方言	上海话	上海，江苏长江以南镇江以东，以及浙江大部分地区
湘方言	长沙话	湖南的大部分地区
赣方言	南昌话	江西中部和北部、湖南东部、福建西北部、湖北东南部、安徽西南部
客家方言	梅县话	广东东部和北部、福建西部、台湾西北部、江西南部，零星分布在广西、四川、湖南部分地区
闽方言	福州话（闽北） 厦门话（闽南）	福建、台湾、海南的大部分地区、广东潮汕地区和雷州半岛
粤方言	广州话	广东中部、西南部；广西东部、南部；华侨和华裔中有很多是说粤方言的

（二）现代汉语方言之间的差异

语音上的差别最大。不同的方言语音系统不一样，声母、韵母、声调都有较大的不同。不同方言区的人口头交际有困难。例如有的方言区把送气音念成不送气音，会把“空的”说成“公的”，把“风口”说成“疯狗”。

其次是词汇。词汇上的差别主要表现在同一事物名称不同。例如“太阳”，南昌话称为“日头”，湖北话称为“日亮”，北京土话中称为“老爷儿”。还有，同一词形意义不同。例如“相应”，北京话是“呼应”“照应”的意思，四川话则是“便宜”的意思。

语法上的差别较小。方言之间在虚词、语序等方面存在一些差异。例如：

北方话：开车的　　南昌话：开车个

北方话：给你钱　　广东话：畀钱你

北方话：再买　　南昌话：买过

五、学习现代汉语的目的和方法

（一）为什么要学习现代汉语

以汉语为母语的大学生，都能熟练地使用现代汉语。为什么进入大学还要学习现代汉语呢？一句话，是工作的需要。术业有专攻，中文学子要专攻汉语言文字，努力成为语言文字工作的把关人才，而现代汉语正是培养这方面人才的主干课程。现代汉语的学习能够帮助我们获取现代汉语理论素养，从而得心应手地解决语言文字工作中所面临的问题。语言文字训练有素的人，往往能够更得体地表达，更到位地理解，能察觉和分析各种语言错误，能察觉和分化各种歧义现象。

语言文字工作也包括汉语教学，特别是对外汉语教学。汉语是全世界使用人口最多的语言，是联合国法定的六种工作语言之一(其他是英语、俄语、法语、西班牙语、阿拉伯语)。随着中国国际地位的日益提高，汉语的国际地位也空前提高。20世纪80年代以来，世界出现“汉语热”，世界上越来越多的人开始或正在把汉语作为第二语言来学习。要教外国人学习现代汉语，我们自己就必须先学好现代汉语，掌握现代汉语的理论体系，就像外教必须学好自己的语言才能教我们一样。对外汉语教学，不仅仅是教外国人说汉语，还要指导外国学生研究汉语。

当然，学习现代汉语的价值远不止这些。语言是文化的载体，语言问题是人工智能技术的核心问题，等等，这些都说明学习现代汉语具有十分重要的意义。

(二) 怎样学好现代汉语

大学专业培养的根本目标是“能力”二字。这就决定现代汉语的学习也必须是探究性的，因为只有这样才能提高理论素养，获得驾驭语言的能力。这种学习包括三个方面：

一是学习课本中的理论知识。这些理论知识是前贤研究的成果，就像理科教材中的公式、定理、定律。如果单纯地采取教师讲述、学生记录的填鸭式教学法，不但枯燥，而且难以真正获得能力。要做到有兴趣学习并真正有所收获，就要重复前贤的研究历程，就像理科学生重复前贤做过的实验来得出“自己的定理”一样。只有反推已有的理论是如何来的，并触类旁通，才能真正获得能力。建议教师提出恰当的语言现象，引导学生分析解决，得出与前贤相同或相似的结论，甚至是超出前贤水平的结论。

二是学会质疑，学会提问。对课本中各种理论大胆质疑，提出独到的见解，这是获得创新能力的重要途径。对学生而言，创新能力包括发现问题、分析问题和解决问题三方面的能力，其中发现问题是最重要的能力。

三是运用所学理论解决练习中的问题，解决社会上出现的各种语言问题。建议教师广泛采集，同时引导学生采集各种语言表达问题，引导学生解决这些问题，进一步提高专业能力。例如“这本小说他看了三天”与“这本小说他看了三天了”，后者多了一个“了”，反而有尚未看完的意思。学生在解释这类问题的过程中要回想所学、查阅资料、分析思考，从而巩固所学，提高思辨能力。

思考与练习

1. 什么是现代汉语？现代汉语规范化的标准是什么？
2. 简述现代汉民族共同语的形成。
3. 谈谈现代汉语的主要特点。
4. 谈谈现代汉语方言的分区及其分布。
5. 为什么要学习现代汉语？如何学习？

第一章 语音

第一节 语音概说

如前所述，语言是符号系统，符号有能指和所指两个方面。语言符号的能指是声音，所指是意义。这个声音就是语音，可以定义为：它是人类发音器官发出来的代表一定意义的声音。自然界的各种声音不是语音，人的咳嗽声、打喷嚏声等，也不是语音。

一、为什么要学习语音

语音与意义紧密相连，不同的语音代表着不同的意义。要准确表情达意或准确理解意图，都需要准确把握语音：发好语音，辨好语音。例如：

① “北京”和“北津”、“空口”和“公狗”发音不同，不同在哪里？若学生，特别是留学生，混淆了发音，又该如何纠正？

② 同样一个音节“shen”，由于高低升降不同会表示不同的意义（如“身”“神”“审”“慎”），这种高低升降的规律是什么？该如何学习？

③ “雨”单念是一种音，在“雨伞”中的发音是一种音，在“雨天”中的发音又是另一种音，原因是什么？

④ “天啊”念成“天哪”更符合发音习惯，为什么？

⑤ “小黑狗咬死了小花猫跑了”可以有多种理解，它的意义可以因停顿、轻重和升降的不同而不同，如何把握？

上面只是举例，说明语音是语义的物质外壳。发音不同意义不同，哪怕是微妙的变化，都代表情感意义的变化。科班出身的学生首先自己能准确发音和辨音，其次能掌握语音规律，第三能解释语音现象，这样才能尽显中文本色。

二、语音的性质

语音是人类发音器官发出来的代表一定意义的声音。这个定义本身就包含了语音三方面的性质：首先，语音也是声音，因此与其他声音一样，具有物理属性。其次，语音是人类发音器官发出来的，因此具有生理属性。第三，语音代表一定的意义，这是语音的本质属性，如果不代表意义，那它就不能称为语音。声音和意义之间的联系是任意的，是约定俗成的。因此，语音又具有社会属性。

(一) 语音的物理属性

声音是由物体振动引起的。物体振动产生声波，传到人的耳朵里，就成为人们听到的声音。语音也是一种声音，可以从音高、音强、音长和音色四个方面去认识。

1. 音高

音高指声音的高低。音高决定于声波振动频率(单位时间内振动次数的多少)，频率高，音就高，反之音就低。

音高在汉语里有区别词汇意义的作用。声调就是由音的高低变化构成的。阴平的音高始终保持高而平；阳平、上声和去声的音高会发生升降变化。这种音高变化区别词义，例如“医”“姨”“以”“异”的不同，主要就是通过音高的变化(声调)表现出来的。

2. 音强

音强指声音的强弱，也叫音势或音重。音强决定于声波的振幅。振幅越大，声音越强，反之声音就越弱。汉语的音强主要体现在轻声和非轻声音节上。比如“莲子 liánzǐ”和“帘子 liánzi”的区别，前一个“子”读得重一点，是有实际意义的非轻声音节；后一个“子”读得轻一点，是作为词缀的轻声音节。

3. 音长

音长是声音的长短。音长决定于发音体振动持续时间的长短。振动持续的时间长，声音就长，反之就短。普通话里轻声音节比非轻声音节读音要短一点。例如“莲子”和“帘子”，后者的“子”是轻声音节，读音要短一点。

4. 音色

也叫“音质”，指不同的声音能够相互区别的本质特色。音色的不同与发音体、发音方法和共鸣体有关。

(1) 发音体不同，音色不同。张三与李四的声音不一样，我们一听就知道谁是谁，因为他们的发音体——声带不一样。浊辅音和清辅音的区别是：前者发音时声带振动，后者声带不振动。[b]和[p]的不同就在于，前者声带振动，后者不振动。

(2) 发音方法不同，音色不同。一把二胡，用弓拉和用手弹，声音是不一样的。[p^h]

与[p]的发音不同，也是发音方法不同，前者送气（气流较强），后者不送气（气流较弱）。

(3) 共鸣体不同，音色不同。大提琴和小提琴的音箱（共鸣体）大小不一样，声音也不一样。元音[a]和[o]发音不同，因为它们发音时的口腔形状不一样。

（二）语音的生理属性

语音是人类发音器官发出来的声音，因而具有生理属性。口腔形状不同、发音部位不同或同一部位而发音方法不同，都会形成不同的声音。人类的发音器官如图 1－1 所示。

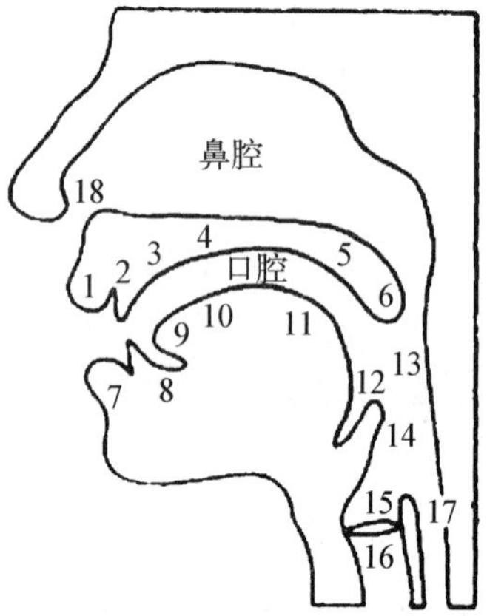

图 1－1　发音器官纵切面示意图

1 上唇　2 上齿　3 上齿龈
4 硬腭　5 软腭　6 小舌
7 下唇　8 下齿　9 舌尖
10 舌面　11 舌根　12 咽腔
13 咽壁　14 喉盖　15 声带
16 气管　17 食道　18 鼻孔

人类的发音器官可以分为三个部分：

1. 呼吸器官

呼吸器官包括肺和气管。肺是语音发音的动力装置，气管是传送装置。气流由肺呼出，经气管传输到声带。

2. 发声器官

发声器官是声带。声带由两片富有弹性的薄膜组成，处在喉头中间，两片声带之间叫作声门。声带前端连接喉头中的甲状软骨，后端连接勺状软骨。声带随着勺状软骨的活动而拉紧或放松，使声门打开或者关闭。声带是发音体，由肺呼出的气流经气管输送到喉头，喉头中的声带在气流的冲击下产生振动，发出声音。

3. 节制器官和共鸣器

口腔、鼻腔是发音的节制器官和共鸣器。口腔上部可以分为上唇、上齿、上齿龈、硬腭、软腭、小舌六个部位。口腔下部可以分为下唇、下齿、舌头三个部位。舌头又可以分为舌尖、舌面、舌根三个部位。口腔和鼻腔由软腭和小舌隔开，它们后面是咽头，紧连喉头。

口腔和鼻腔都是语音的共鸣腔。元音在口腔中受到调节，从而形成不同的元音。辅音在口腔或鼻腔中受到节制，阻碍部位不同就会形成不同的辅音。把鼻腔关闭，在口腔中共鸣或受到阻碍的音叫口音；把口腔关闭，在鼻腔中共鸣或受到阻碍的音叫鼻音。如果口腔内无阻碍，气流从口腔和鼻腔同时呼出，这时发出的音同时在口腔和鼻腔中共鸣，就叫做鼻化音（也叫半鼻音或口鼻音）。

（三）语音的社会属性

语音和意义的联系是由社会共同约定的，这就决定了语音的社会属性。社会属性是语音的本质特征。主要表现在如下两个方面：

第一，语音和意义的关系决定于不同的社会习惯。

语言的各种意义都要靠语音表达出来，但是什么样的语音表达什么样的意义，什么样的意义由什么样的语音表达出来，都是由社会约定俗成的。例如“给”的意思，汉语发 gěi 的音，英语则发[giv]的音。

第二，语音具有一定的民族特征和区域特征。

不同民族语言的语音有不同的民族特征。在汉语普通话中，送气和不送气的辅音能区别意义。例如“爸[pA^{51}]”和“怕[p^{h}A^{51}]”，而英语若把“spark[spɑːk]”读成[sp^{h}ɑːk]，听者并不会觉得意义上有什么区别，只会觉得发音不太准确。不同方言的语音则表现出不同的区域特征。例如普通话有 z、c、s，也有 zh、ch、sh；南昌话则没有 zh、ch、sh，只有 z、c、s。

语音的三种属性可以分为两类：自然属性（包括物理属性和生理属性）和社会属性。

思考与练习

1. 什么叫语音？它与意义的关系怎样？
2. 声调的不同是由什么因素形成的？
3. 张三和李四的声音不同是由什么原因形成的？
4. 汉语拼音的 i 和 u 发音不同，是什么原因形成的？
5. [k^{h}]和[k]的不同是什么原因形成的？
6. 我们平常要别人大声说、小声说，指的是音高还是音强？
7. 为什么说社会属性是语音的本质特征？
8. “摔杯为号”“长啸示警”是不是语音？

第二节 音素和音位

话语听起来是线性语流，但其中有规律，可以切分出最小的单位——音素；音素很多，但可以从中归纳出为数不多的类别——音位。

一、音素

（一）什么是音素

1. 音素的定义

音素是从音质（音色）角度划分出来的最小的语音单位。音质的不同取决于发音体、发音方法、共鸣腔三个方面，这三个方面只要一个方面不同就会形成不同的音素。例如：

[b]—[p] 发音体不同而形成不同的音素：前者振动声带，后者不振动声带。

[k]—[k^h] 发音方法不同而形成不同的音素：前者不送气（气流弱），后者送气（气流强）。

[a]—[o] 共鸣腔不同而形成不同的音素：前者的开口度大，不圆唇；后者开口度较小，圆唇。不同的口形形成不同的共鸣腔，因而产生不同的音素。

2. 音素与音标、字母

语音听得见，但稍纵即逝。要看得见，留得住，则需要书写符号来记录，这个书写符号就是音标。音标用方括号“[ ]”表示。例如“[p]”就是记录一个音素的国际音标：从书写上看，它是音标；从读音上看，它代表一个音素。

字母也是书写符号，但是它不代表音素，不使用“[ ]”，同一个字母可能有不同的读音。例如 b 和 i，作为英语字母，分别念成[biː]和[ai]；作为汉语拼音的声母和韵母，分别念成[p]和[iː]。可能同学们会说声母 b 念“玻”，音标是[po]，实际上元音[o]是加上去的，目的是便于呼读，让大家听得见。[p]是不送气清辅音，声带不振动，发音时很难听得清楚。[p]这个辅音怎么发音？先念[po]，然后去掉[o]，剩下的就是[p]（发音规则详见下文）。

（二）音素的分类

1. 元音和辅音

二者的区别在于气流在口腔或咽头是否受阻。

元音——不受阻。例如[i][u][o][ei]。

辅音——受阻：不同的阻碍方式会产生不同的辅音。例如：

[t^h]—[k^h] 受阻部位不同：前者的受阻部位是“舌尖＋上齿龈”，后者的受阻部位是“舌根（舌面后）＋软腭”。

[p]—[p^h] 都在双唇受阻，但是气流冲出的强弱不同：不送气—送气。

2. 浊辅音和清辅音

浊辅音和清辅音的区别在于声带是否振动。

辅音 { 浊辅音——振动：[m][n][l][ʐ]
　　　 清辅音——不振动：[t][t^h][f] }

（三）元音的分类与发音

共鸣腔的不同形状可以形成不同的元音。舌位的前后高低、唇形的圆展都会形成不同的共鸣腔。“舌位的前后”指舌位点(也叫“舌高点”或“收紧点”)的位置,即舌位点位于舌面的前部、中部还是后部。舌位点指发音时舌面收紧而隆起的部位。“舌位的高低”指舌面抬起的高度。例如:

[y]—[u] 舌位前后不同:[y] 前—[u] 后

[o]—[u] 舌位高低不同:[o] 半高—[u] 高

[i]— [y] 唇形圆展不同:[i] 不圆唇—[y] 圆唇

普通话的元音可以分为舌面元音、舌尖元音和卷舌元音三类:

1. 舌面元音

舌面元音是发音时舌面起主要作用的元音。舌位的前后、高低以及唇形的圆展产生不同的舌面元音。舌位的高低与开口度的大小成反比:舌位越高,开口度越小,反之越大。例如[i]舌位高,上下唇接近闭合;[a]舌位低,嘴巴完全张开。普通话的舌面元音有:

[i] 舌面、前、高、不圆唇元音。它代表韵母 i 的发音。发音时口腔开口度最小,舌头前伸使舌尖接近下齿背,前舌面上升接近硬腭,气流的通路狭窄但不发生摩擦,嘴角尽量向两旁展开成扁平状。

[y] 舌面、前、高、圆唇元音。它代表韵母 ü 的发音。与[i]的不同仅在于圆唇。

[u] 舌面、后、高、圆唇元音。它代表韵母 u 的发音和韵母 ao 中 o 的发音。与[y]的不同仅在于舌位点在舌面后部。具体发音方法是:发音时口腔开口度很小,舌头后缩,使舌面上升接近软腭,气流通路狭窄但不发生摩擦,嘴唇拢圆。

[e] 舌面、前、半高、不圆唇元音。它代表韵母 ei 中的 e 的发音。比照[i]的发音,但是舌位半高,即嘴巴半合(口略开)。

[o] 舌面、后、半高、圆唇元音。它代表韵母 o 的发音。发音时嘴巴半合(与[e]的开口度一致),舌头后缩,舌面后部略向软腭抬起,升至半高程度,嘴唇圆形。

[ɤ] 舌面、后、半高、不圆唇元音。它代表 e 单独作韵母时的发音。与[o]的不同仅在于不圆唇。

[ɛ] 舌面、前、半低、不圆唇元音。它代表韵母 ê 的发音和 ie、üe 中 e 的发音。与[e]的不同仅在于舌位半低,因而嘴巴半开,即比[e]的开口度大一些。

[a] 舌面、前、低、不圆唇元音。它代表 ai、an 等韵母中 a 的发音。发音时口腔大开,舌位点在舌面前部,舌面降到最低,嘴唇不圆,自然展开。

[ʌ] 舌面、央、低、不圆唇元音。它代表韵母 a 的发音和 ia、ua 中 a 的发音,与[a]的不同仅在于舌位点在舌面中间。

[ɑ] 舌面、后、低、不圆唇元音。它代表 ao、ang 等韵母中 a 的发音,与[a]的不同仅在于舌位点在舌面后部。

[ə] 舌面、央、中、不圆唇元音。它代表 en、eng 等韵母中 e 的发音。舌面不高不低,

舌位点不前不后,开口度适中,嘴唇不圆。

上面的"前""央""后"表示发音时舌位点分别在舌面的前部、中部和后部。据此,舌面元音分为前元音、央元音、后元音。例如[a][ʌ]和[ɑ]分别为前元音、央元音和后元音。"高""半高""中""半低""低"指舌位的高低情况,它们分别对应开口度:舌位高则开口度小(接近合),半高则开口度次之——嘴巴半合,中则开口度适中,半低则嘴巴半开,低则开口度大。舌面元音的分类如表 1-1 所示。

表 1-1　舌面元音分类表

舌位前后 / 舌位高低	前元音		央元音		后元音	
	不圆唇	圆唇	不圆唇	圆唇	不圆唇	圆唇
高	[i]	[y]				[u]
半高	[e]				[ɤ]	[o]
中			[ə]			
半低	[ɛ]					
低	[a]		[ʌ]		[ɑ]	

2. 舌尖元音(发音时舌尖起主要作用的元音)

[ɿ]　舌尖前、高、不圆唇元音。

[ɿ]是整体认读音节 zi、ci、si 中 i 的发音。发音时舌尖前伸,接近上齿背,气流通过舌尖与上齿背之间的缝隙时不发生摩擦,嘴唇向两旁展开。可以先念整体的"zi(资)",在发音的过程中丢掉 z,剩下的就是-i[ɿ]。

[ʅ]　舌尖后、高、不圆唇元音。

[ʅ]是整体认读音节 zhi、chi、shi、ri 中 i 的发音。[ʅ]与[ɿ]的不同仅在于舌尖对着硬腭形成缝隙。

上述整体认读音节中的 i,为了与舌面音 i("衣")相区别,通常写作:-i[ɿ]和-i[ʅ]。

3. 卷舌元音

[ɚ]　央、中、不圆唇、卷舌元音。

它代表韵母 er 或儿化 r 的发音(花儿 huār)。具体发音方法是:在发[ə]的同时,舌尖向硬腭卷起。

(四) 辅音的分类与发音

辅音的共同点是发音时气流受到阻碍。发音部位(受阻部位)和发音方法(成阻方式和除阻方式)的不同产生不同的辅音。

1. 根据发音部位分类

发音部位是指辅音发音时发音器官构成阻碍的两个部位。例如[p]的发音部位是上唇和下唇构成阻碍。根据发音部位的辅音分类如表 1－2 所示。

表 1－2 根据发音部位的辅音分类表

类 别	发音部位	辅 音	对应声母
双唇音	上唇—下唇	[p] [pʰ] [m]	b、p、m
齿唇音	上齿—下唇	[f]	f
舌尖前音 （平舌音）	舌尖—上齿背	[ts] [tsʰ] [s]	z、c、s
舌尖中音	舌尖—上齿龈	[t] [tʰ] [n][l]	d、t、n、l
舌尖后音 （翘舌音）	舌尖—硬腭前	[tʂ] [tʂʰ] [ʂ][ʐ]	zh、ch、sh、r
舌面音	舌面前部—硬腭中	[tɕ] [tɕʰ] [ɕ]	j、q、x
舌根音	舌面后部—软腭	[k] [kʰ] [x] [ŋ]*	g、k、h ng*（韵尾）

2. 根据发音方法分类

辅音的发音方法包括辅音发音形成阻碍和克服阻碍的方式、气流的强弱以及声带是否振动等几个方面。

（1）根据形成和克服阻碍的方式分类，可以分为塞音、擦音、塞擦音、边音和鼻音。

① 塞音。

发音部位完全闭塞，然后突然打开，气流冲出，爆发成声。普通话塞音共有 3 对：[p][pʰ]；[t][tʰ]；[k][kʰ]。

② 擦音。

发音部位之间接近，形成适度的间隙，气流从中摩擦成音。普通话有 6 个擦音：[f][s][ʂ][ʐ][ɕ][x]。

③ 塞擦音。

以“塞音”开始，以“擦音”结束。发音时发音部位先闭塞，然后打开形成一条窄缝，使气流从中间摩擦成音。两种方法紧密结合，听起来浑然一体。普通话有 6 个塞擦音：[ts][tsʰ][tʂ][tʂʰ][tɕ][tɕʰ]。

④ 边音。

舌尖和上齿龈接触，使口腔中间的通道阻塞；气流振动声带后从舌头两边空隙流出，发出声音。普通话有 1 个边音：[l]。

⑤ 鼻音。

口腔通路完全闭塞，软腭下垂，气流振动声带后由鼻腔流出。普通话有 3 个鼻音：[m][n][ŋ]，[ŋ]不作声母，只作韵尾。

(2) 根据发音时气流的强弱，普通话辅音可分为送气音和不送气音两类。普通话只有塞音和塞擦音有送气与不送气之别。

① 送气音。

送气音发音时，完全闭塞的两个发音器官突然打开，有一股很强的气流呼出。普通话有 6 个送气音：[pʰ][tʰ][kʰ][tsʰ][tʂʰ][tɕʰ]。

② 不送气音。

发音方法与送气音一致，所不同的是呼出的气流比较弱。普通话有 6 个不送气音：[p][t][k][ts][tʂ][tɕ]。

(3) 根据声带是否振动，普通话辅音可分为清音和浊音两类。

① 清音。

清音发音时声带不振动。普通话中清辅音有 17 个：[p][pʰ][f][t][tʰ][k][kʰ][x][tɕ][tɕʰ][ɕ][tʂ][tʂʰ][ʂ][ts][tsʰ][s]。

② 浊音。

浊音发音时声带振动。普通话中浊辅音有 5 个：[m][n][l][ʐ][ŋ]。

3. 辅音的发音

[p] 双唇、不送气、清、塞音。发音时双唇闭合，较弱的气流冲破双唇的阻碍，爆发成声。

[pʰ] 双唇、送气、清、塞音。与[p]的不同仅在于它是送气音，冲开双唇时气流较强。

[m] 双唇、浊、鼻音。发音时双唇闭合，软腭下降，气流振动声带，从鼻腔流出。

[f] 齿唇、清、擦音。发音时上齿接近下唇，形成窄缝，气流从窄缝中挤出，摩擦成声。

[ts] 舌尖前、不送气、清、塞擦音。发音时舌尖轻轻抵住上齿背，形成阻碍，较弱的气流把舌尖的阻碍冲开一道窄缝，并从中挤出，摩擦成声。

[tsʰ] 舌尖前、送气、清、塞擦音。与[ts]的不同仅在于呼出的气流较强。

[s] 舌尖前、清、擦音。发音时舌尖接近上齿背，形成窄缝，气流从舌尖和上齿背的窄缝中摩擦成声。

[t] 舌尖中、不送气、清、塞音。发音时舌尖抵住上齿龈，形成阻碍，较弱的气流冲破舌尖的阻碍，爆发成声。

[tʰ] 舌尖中、送气、清、塞音。与[t]的不同仅在于呼出的气流较强。

[n] 舌尖中、浊、鼻音。发音时舌尖抵住上齿龈，软腭下降，气流振动声带，从鼻腔流出。

[l] 舌尖中、浊、边音。发音时舌尖抵住上齿龈不让气流通过，但舌头两边留出空隙，让气流从舌边流出，同时振动声带。

[tʂ] 舌尖后、不送气、清、塞擦音。发音时舌尖上翘，抵住硬腭前部，较弱的气流把舌尖的阻碍冲开一道窄缝，并从中挤出，摩擦成声。

[tʂʰ] 舌尖后、送气、清、塞擦音。与[tʂ]的不同仅在于呼出的气流较强。

[ʂ] 舌尖后、清、擦音。发音时舌尖上翘，接近硬腭前部，形成窄缝，气流从窄缝中挤出，摩擦成声。

[ʐ] 舌尖后、浊、擦音。发音情况与[ʂ]相近，但摩擦较弱，声带振动。

[tɕ] 舌面、不送气、清、塞擦音。发音时舌面前部抵住硬腭中部，形成阻碍，较弱的气流把舌面阻碍冲开一道窄缝，并从中挤出，摩擦成声。

[tɕʰ] 舌面、送气、清、塞擦音。与[tɕ]的不同仅在于气流较强。

[ɕ] 舌面、清、擦音。发音时舌面前部接近硬腭中部，形成窄缝，气流从窄缝中挤出，摩擦成声。

[k] 舌根、不送气、清、塞音。发音时舌面后部和软腭接触形成阻碍，较弱的气流冲破舌根的阻碍，爆发成声。

[kʰ] 舌根、送气、清、塞音。与[k]的不同仅在于气流较强。

[x] 舌根、清、擦音。发音时舌根接近软腭，留出窄缝，气流从窄缝中挤出，摩擦成声。

[ŋ] 舌根、浊、鼻音。发音时舌头后缩，舌根隆起和软腭后部相贴；软腭下降，气流振动声带，从鼻腔流出。

普通话辅音分类如表 1-3 所示。

表 1-3 普通话辅音分类表

发音方法 \ 发音部位	塞音		塞擦音		擦音		鼻音	边音
	清音		清音		清音	浊音	浊音	浊音
	不送气	送气	不送气	送气				
双唇音	[p]	[pʰ]					[m]	
齿唇音					[f]			
舌尖前音			[ts]	[tsʰ]	[s]			
舌尖中音	[t]	[tʰ]					[n]	[l]
舌尖后音			[tʂ]	[tʂʰ]	[ʂ]	[ʐ]		
舌面音			[tɕ]	[tɕʰ]	[ɕ]			
舌根音	[k]	[kʰ]			[x]		[ŋ]	

二、音位

音素是从音质(音色)角度切分的，只要发音体、发音方法、共鸣腔有一个方面不同就是不同的音素。这样看，一种语言的音素会有很多。语音单位太多，不便于学习和使用。因此，我们需要对音素进行归类。我们把区别意义的语音单位看作不同的单位，把发音相似而不区别意义的单位看作同一个单位。以这样的标准区分出来的最小的语音单位不叫音素，而叫音位。音素用方括号表示，音位用平行斜线表示，例如“[p]”表示音素，而“/p/”表示音位。

（一）什么是音位

1. 音位的定义

音位是一种语言或方言中能区别意义的最小的语音单位。例如：

[p]和[pʰ]是两个不同的音素，进入任何语言，其发音都不变。但是，不同语言对这对音素的认同感是不一样的。英语把这两个音素看作一个音位。比如[spiːk]和[spʰiːk]的发音不同，但是对英语民族来说，把[spiːk]念成了[spʰiːk]，意义是一样的，只是觉得发音不地道。因此在英语中，这两个发音相似且不区别意义的音素被看作一个语音单位——音位。可以选其中一个作为代表，比如可以选/pʰ/（送气符号 h 通常省略）。这个/pʰ/既代表自身，又代表[p]，还代表语流中可能出现的变体。

[p]和[pʰ]在汉语中则不一样，它们因为区别意义而被看作两个音位。对汉民族来说，[po⁵⁵]和[pʰo⁵⁵]的意义是不同的，这种不同是由[p]和[pʰ]造成的，所以写作/p/和/pʰ/两个音位。又如：

[b]和[p]也是不同的音素，发音是固定的，但是不同语言对它的功能的认同不一样。英语认为[beis]和[peis]意义上是不同的，而这种不同正是由[b]和[p]的不同发音造成的，因此是两个音位：/b/和/p/。汉语则不然，[bᴀ⁵¹]和[pᴀ⁵¹]作相同的理解，只是觉得[bᴀ⁵¹]的发音不够地道。因此汉语中[b]和[p]是一个音位，可以写作/p/，既代表自身，也代表[b]等变体。

2. 音位变体

同一个音位的若干音素称为音位变体。一组读音相近而不区别意义的音素归为一类（一个音位），选取一个作为抽象代表，这一组里的所有音素都是这个代表的变体——音位变体。例如汉语的[a][ᴀ][ɑ]因为发音相似且不区别意义，可以归为一个音位。通常选取/a/作为抽象代表，它既代表[a]，又代表[ᴀ][ɑ]；这时[a][ᴀ][ɑ]就看作音位/a/的变体。因为音位是抽象代表，所以在音节中的具体发音都是音位的变体。例如 bang 中的 ɑ 的实际发音是[ɑ]。

音位变体是呈互补分布的，音位变体都有各自出现的语音环境。例如英语音位/pʰ/至少有[pʰ]和[p]两个变体，这两个变体是有分工的，[p]只分布于[s]的后面（如[spiːk]），其他位置都念[pʰ]。正因为[pʰ]是经常性读音，所以选它作为音位的代表。我们看到的英语音位写作/p/，而不是写作/pʰ/，这是因为省略了送气符号 h，这样既方便又不影响使用。

[b]和[p]在汉语中是一个音位，选择/p/作为代表，[b]一般出现在轻声音节中，其他语音环境中都念[p]。例如“爸爸”中轻声音节的声母 b 一般会读成[b]，即读成[pᴀ⁵¹bə]。

汉语不送气的清塞音和不送气的清塞擦音，在轻声音节中，由于受前后元音的影响，往往变成相应的浊辅音。浊音与清音的不同在于前者振动声带。例如我们会念清辅音[tɕ]，就会念浊辅音[dʑ]，只要在发[tɕ]的基础上振动声带就可以了。

普通话轻声音节中不送气塞音、塞擦音变体情况可以小结如表1-4所示：

表1-4 普通话轻声音节中不送气塞音、塞擦音变体情况表

音位	/p/	/t/	/k/	/tʂ/	/ts/	/tɕ/
音位变体	[b]	[d]	[g]	[dʐ]	[dz]	[dʑ]
字例	(喇)叭	(我)的	(五)个	(等)着	(孩)子	(伙)计

音位变体有两种情况：一种是音位变体作为音素看待，另一种是音位变体不作为音素看待。例如汉语音位/p/的变体至少有如下这些：

bàba：第一个b念[p]，是清音；第二个b念[b]，是浊音。

bǐ：b受后面i的影响，发音时嘴角向两边拉，与一般情况下的发音有所不同，可以记作[p^i]。

bǔ：b受后面u的影响，发音时嘴巴带点圆形，与一般情况下的发音不同，记作[p^u]。

可以看出，音位/p/有[p][b][p^i][p^u]这样一些变体。但是，我们通常只把[p]和[b]既看作变体又看作音素，不把后面的两个变体看作音素，只称作变体。

(二) 归纳音位的原则

归纳一个语音系统的音位，一般遵循以下两个原则：

1. 对立原则

所谓"对立"，指区别意义。如果两个音素"对立"，则算作不同的音位，否则算作一个音位。确定是否对立可用替换的方法。

[ti^{55}]—[t^hi^{55}] 汉语中区别意义——对立，归为两个音位。

[stɑː]—[st^hɑː] 英语中不对立，归为一个音位。

2. 互补原则

如果两个或两个以上发音相似的音素各有其分布的位置（不出现在相同的位置），即关系互补，那么这几个音素归为一个音位。例如[a][ᴀ][ɑ]关系互补，各自有自己出现的语音环境：

[a] 出现于[i]或[n]的前面，如[ai][an][uai][uan]。

[ᴀ] 后面不接其他元音时的读音，如[ᴀ][iᴀ][uᴀ]。

[ɑ] 出现于[u]或[ŋ]的前面，如[ɑu][ɑŋ][iɑŋ][uɑŋ]。

上述三个音素读音相似、关系互补，念混了也不区别意义，只是不地道，因此归为一个音位，一般选[a]作为代表，写作/a/。因为同属于一个音位，汉语拼音也用一个元音字母 a 来表示，例如 lan、xia、yao 中的 a 就分别读作[a][ᴀ][ɑ]。

同样，[ɤ][e][ɛ][ə]读音相似、关系互补，各自有自己出现的语音环境：

[ɤ] 单独出现在韵母位置的读音，如[$k^hɤ^{55}$](科)。

[e] 出现在[i]之前，如[ei][uei]。

[ɛ] 出现在[i]或[y] 之后，如[iɛ][yɛ]。

[ə] 出现在[n]和[ŋ]之前，如[ən][əŋ]，或者出现在轻声音节的韵腹位置，如“的[tə]”。

因此，上述四个音素归为一个音位，写作/e/。因为同属于一个音位，汉语拼音也用一个字母 e 来表示这四个音，例如 ke、mei、ye、leng 中的 e 就分别读作[ɤ][e][ɛ][ə]。

思考与练习

1. 区别元音和辅音的标准是什么？
2. b 与[b]、x 与[x]、h 与[h]的区别各是什么？
3. 请描写[ɤ][y][ᴀ][ʅ][ɚ][tʂ][$tɕ^h$][ʐ]的发音特征。
4. 请举例说明音位和音素的区别。

第三节　音　　节

一、音节概说

(一) 音节的定义

音节是听觉能感受到的最自然的语音单位，由一个或几个音素按一定规律组合而成。例如：

ā 一个音节　　āi 一个音节　　āyí 两个音节

Nánchāng　dàxué 四个音节　　basketball 三个音节

(二) 音节与字、词的关系

1. 音节与字的关系

汉语一个音节对应一个汉字，但是儿化音节除外，如 huār 是一个儿化音节，但是写作两个汉字：花儿。此外，在近代还有一些“浬”“瓩”等旧字形对应的是两个音节，分别念作 hǎilǐ 和 qiānwǎ。这些字大多已经不再使用，但在阅读近代著作时，仍需处理为：一个字形两个音节。

2. 音节与词的关系

(1) 一个音节对应一个词：人、走、大、山、水。

(2) 多个音节对应一个词：人们、江湖、供给侧、沙发。

二、声母

(一) 声母的定义

声母是音节开头的辅音，书面上用字母表示。例如用字母 d 代表辅音[t]，用两个字母 sh 代表一个辅音[ʂ]。没有声母的音节称为零声母音节。例如 è 是零声母音节，yào 也是零声母音节，它的原型为 iào，其中 i 改成了 y(详见下文)。

普通话辅音有 22 个，能作声母的辅音有 21 个，ng[ŋ]不作声母。n[n]既可以作声母又可以作韵尾。

(二) 声母的分类与发音

声母分类与发音如表 1－5 所示。

表 1－5 声母分类与发音表

类别	发音部位	声母发音	例字
双唇音	上唇—下唇	b[p] p[pʰ] m[m]	玻 坡 摸
齿唇音	上齿—下唇	f[f]	佛
舌尖前音 (平舌音)	舌尖—上齿背	z[ts] c[tsʰ] s[s]	资 雌 思
舌尖中音	舌尖—上齿龈	d[t] t[tʰ] n[n] l[l]	得 特 讷 勒
舌尖后音 (翘舌音)	舌尖—硬腭前	zh[tʂ] ch[tʂʰ] sh[ʂ] r[ʐ]	知 蚩 诗 日
舌面音	舌面前部—硬腭中	j[tɕ] q[tɕʰ] x[ɕ]	基 欺 希
舌根音	舌面后部—软腭	g[k] k[kʰ] h[x]	哥 科 喝

说明：“例字”不等于声母读音，只是包含了声母。例如“玻”的读音是[po⁵⁵]，包含了声母[p]。该例字用来提示声母 b 的读音，以帮助学习。

(三) 字母、声母、辅音

字母有它自己的发音，26 个英文字母都有其固定的读音。声母由字母表示，但是不等于字母。例如：

c 作为英文字母读音是[siː]，作为汉语拼音声母读音是[tsʰ]。

r 作为英文字母读音是[ɑː]，作为汉语拼音声母读音是[ʐ]。

有的声母由一个字母表示，如 b[p]；有的声母由两个字母表示，如 ch[tʂʰ]。

除了汉语拼音使用字母来表示特定读音之外，国际音标也会使用字母来表示特定读音。例如：

x 作为拉丁字母读音是[eks]，写作[x]时，读音就不再是[eks]了。[x]本身就是国际音标，发音特征是：舌根、清、擦音。

b 作为拉丁字母读音是[biː]，作为汉语拼音字母读音是[p]，写作[b]时便是国际音标，发音特征为：双唇、送气、浊、塞音。

(四) 零声母(y、w)

声母是音节开头的辅音。如果一个音节以元音开头，我们说这个音节的声母是零声母。零声母音节在书写上有两种情况：一是零声母用 w 或 y 来表示，如 wū(乌)、yā(鸦)；二是零声母不用字母表示，如 ǎo(袄)、ài(爱)。

零声母音节开头虽然说没有辅音，但在发音时有时会带有一点与该起头元音同部位的摩擦成分。例如"乌"的开头就带有同部位的摩擦音[w]，"鸦"的开头就带有同部位的摩擦音[j]，这些以元音开头的音节在发音时所带有的轻微的摩擦成分，语音学上称为半元音。又如"袄""爱"的开头，有的人念起来前面会带有舌根浊擦音[ɣ]或喉塞音[ʔ]。即：

乌鸦[ʷu ʲiA]　袄[ˠɑu]　爱[ˀai]

(五) 声母辨正

由于方言的影响，普通话声母学习中需要特别注意区分如下四个方面：

1. h[x]—f[f]

h[x] 舌根、清、擦音
f[f] 齿唇、清、擦音

二者的发音部位是不相同的，需要找准发音部位。试比较：

花—发　　红—冯　　胡—福　　黄—房

2. n[n]—l[l]

n[n] 舌尖中、浊、鼻音

l[l] 舌尖中、浊、边音

二者的气流通道不一样，n[n]发音时气流从鼻腔出去，l[l]发音时气流从舌边出去。需要注意发音方法上的不同。试比较：

牛—刘　耐—赖　奴—卢　你—里

3. z[ts]、c[tsʰ]、s[s]—zh[tʂ]、ch[tʂʰ]、sh[ʂ]

这两组音的不同在于发音部位，前者是舌尖前音(平舌音)，后者是舌尖后音(翘舌音)：

z [ts]、c [tsʰ]、s [s] 舌尖平伸
zh [tʂ]、ch [tʂʰ]、sh [ʂ] 舌尖向上翘起

试比较如下读音：

自伤—智商　磁道—迟到　四十—事实

4. j[tɕ]、q[tɕʰ]、x[ɕ]—z[ts]、c[tsʰ]、s[s]

有的方言分尖音和团音：

尖音指 z、c、s 与齐齿呼或撮口呼相拼而发出的音。例如“尖 ziān”。团音指 j、q、x 与齐齿呼或撮口呼相拼而发出的音。例如“兼 jiān”。

普通话不分尖团音，齐齿呼、撮口呼的韵母只拼 j、q、x，不拼 z、c、s。也就是说方言中的“尖 ziān”，普通话要读作 jiān，与“兼 jiān”的读音合流。下列各组均为同音字：

西—希　千—牵　焦—交　趣—去　心—欣

声母可以利用汉字声旁类推，详见本节后的附录。

三、韵母

(一) 韵母的定义

韵母是音节中声母后面的部分，书面上用字母表示。韵母可以由一个元音构成，称作单韵母，如 ɑ、o、e；也可以由两个或三个元音构成，称作复韵母(复元音韵母)，如 ai、ou、iao；还可以由元音加鼻辅音构成，称作鼻韵母，如 an、iang。

韵母必须有韵腹，即必须含有至少一个元音。此外，还可以有韵头和韵尾，韵头也称作介音。韵腹、韵头和韵尾的区分如下：

第一，由一个元音构成的韵母，这个韵母就是韵腹。例如 ɑ、e、po、li、lu、lü 等六个音节中的 ɑ、e、o、i、u、ü 都是所在音节的韵腹。

第二，由两个音素构成的韵母，其结构有两种：韵腹和韵尾、韵头和韵腹。含有辅音

的，辅音肯定是韵尾。例如 an、en、ong 中的 n、ng 是韵尾，其前面的 a、e、o 是韵腹。

由两个元音构成的韵母，开口度大的是韵腹。开口度由大到小的排列顺序是：a、o、e、i、u、ü，a 的开口度最大，i、u、ü 三个开口度相同，都是最小。例如：ou 中，o 是韵腹，u 是韵尾；而在 ao 中，o 是韵尾，a 是韵腹。ie、ei 中的 e 都是韵腹，前者韵母的 i 是韵头，后者韵母的 i 是韵尾。

第三，由三个音素构成的韵母，其结构顺序是：韵头＋韵腹＋韵尾。如 iang、üan、iao、iou、uei，中间的 a、o、e 是韵腹。

（二）字母、韵母、元音

韵母和声母一样，书面上都是用字母表示的。但是，字母本身的读音与它所代表的韵母的发音不是一回事。例如：

o 作为拉丁字母，读音是[əu]，作为单韵母，读音是[o]。

u 作为拉丁字母，读音是[juː]，作为单韵母，读音是[u]。

er 是两个字母，一个是元音字母 e，读[iː]，一个是辅音字母 r，读[ɑː]。但是，作为韵母，就是一个整体，对应卷舌音[ɚ]。

iong 由四个字母组成，但是它的发音不是一个字母一个字母地念，而是作为整体代表一个发音[yŋ]。

（三）韵母的分类与发音

1. 韵母的分类

（1）根据韵母的构成，可以分为单韵母、复韵母、鼻韵母。

（2）根据韵头的有无以及韵头的类别，可以分为四呼：开口呼、齐齿呼、合口呼和撮口呼。能作为韵头的有三个：i、u、ü。

开口呼韵母：没有韵头，即以 a、o、e、ê、er、-i[ɿ] [ʅ]开头或单独作韵母。

齐齿呼韵母：以 i 开头或单独作韵母。

合口呼韵母：以 u 开头或单独作韵母。

撮口呼韵母：以 ü 开头或单独作韵母。

2. 韵母的发音

（1）复韵母发音时从一个元音到另一个元音是逐渐过渡的，各元音的响度不相等，韵腹比较清晰、响亮。韵腹在前的叫前响复韵母（如 ai），在中间的叫中响复韵母（如 iao），在后面的叫后响复韵母（如 ia）。

（2）鼻韵母发音时由元音的发音状态向鼻音的发音状态逐渐变动。鼻辅音充当韵尾与充当声母时略有不同，充当韵尾没有除阻阶段。

韵母的分类和发音可以归为表 1－6：

表 1－6　普通话韵母总表(39 个韵母：单韵母 10,复韵母 13,鼻韵母 16)

韵母按结构分＼按口形分	开口呼	齐齿呼	合口呼	撮口呼
单韵母	－i[ɿ] [ʅ]	i[i]	u[u]	ü[y]
	ɑ[A]	iɑ[iA]	uɑ[uA]	
	o[o]		uo[uo]	
	e[ɤ]			
	ê[ɛ]	ie[iɛ]		üe[yɛ]
	er[ɚ]			
复韵母	ɑi[ai]		uɑi[uai]	
	ei[ei]		uei[uei]	
	ɑo[ɑu]	iɑo[iɑu]		
	ou[ou]	iou[iou]		
鼻韵母	ɑn[an]	iɑn[iɛn]	uɑn[uan]	üɑn[yan]
	en[ən]	in[in]	uen[uən]	ün[yn]
	ɑng[ɑŋ]	iɑng[iɑŋ]	uɑng[uɑŋ]	
	eng[əŋ]	ing[iŋ]	ueng[uəŋ]	
			ong[uŋ]	iong[yŋ]

上表的 ong 和 iong,有的教材把它们分别归入开口呼和齐齿呼,其依据是开头的字母 o 和 i。本教材依据韵母的读音：它们分别以[u]和[y]开头。

(四) 声母与韵母的组合规律

声母和韵母组合,但这种组合是有条件的,并不是任意组合。例如：

双唇音 b、p、m 能跟开口呼、齐齿呼、合口呼韵母组合,却不能跟撮口呼韵母组合,因为普通话没有 bü、pü、mü 这样的音节。

同是舌尖中音,n、l 能跟撮口呼韵母组合,d、t 却不能,因为普通话没有 dü、tü 这样的音节。普通话声母与韵母的组合规律如表 1－7 所示：

表 1－7　普通话声母与韵母组合规律表

声母		开口呼	齐齿呼	合口呼	撮口呼
双唇音	b、p、m	＋	＋	只跟 u 相拼	
齿唇音	f	＋		只跟 u 相拼	

（续表）

<table>
<tr><th colspan="2">声　　母</th><th>开口呼</th><th>齐齿呼</th><th>合口呼</th><th>撮口呼</th></tr>
<tr><td rowspan="2">舌尖中音</td><td>d、t</td><td rowspan="2">+</td><td rowspan="2">+</td><td rowspan="2">+</td><td></td></tr>
<tr><td>n、l</td><td>+</td></tr>
<tr><td>舌面音</td><td>j、q、x</td><td></td><td>+</td><td></td><td>+</td></tr>
<tr><td>舌根音</td><td>g、k、h</td><td>+</td><td></td><td>+</td><td></td></tr>
<tr><td>舌尖后音</td><td>zh、ch、sh、r</td><td>+</td><td></td><td>+</td><td></td></tr>
<tr><td>舌尖前音</td><td>z、c、s</td><td>+</td><td></td><td>+</td><td></td></tr>
<tr><td>零声母</td><td>Ø</td><td>+</td><td>+</td><td>+</td><td>+</td></tr>
</table>

以上只是大致的组合规律。通常说某类声母可以与某类韵母相拼，并不等于该类声母中的每一个声母都能与该类韵母中的每一个韵母相拼。例如多数声母都可以与开口呼韵母相拼，但是开口呼韵母-i[ɿ]只拼 z、c、s，-i[ʅ]只拼 zh、ch、sh、r。o 只拼 b、p、m、f。又如，同是合口呼，ong[uŋ]专拼非唇音声母，而 ua、uai、uang 只拼舌尖后声母。

（五）韵母辨正

由于方言的影响，普通话韵母学习中需要特别注意区分如下两个方面：

1. -n[n]与-ng[ŋ]

前鼻韵母和后鼻韵母容易混淆，学习时需要注意区分：

n[n] 舌尖中、浊、鼻音

ng[ŋ] 舌根、浊、鼻音

二者的不同在于发音部位。n[n]发音时舌尖抵住上齿龈，ng[ŋ]发音时舌根隆起与软腭后部相贴，舌尖在下齿龈。试比较：

因—英　　亲—轻　　陈—程　　镇—正

另外，参看后面附录的 en 与 eng、in 与 ing 的类推字表。

2. i[i]与 ü[y]

有些方言没有撮口呼韵母，人们容易把 ü[y]读成 i[i]，学习时需要注意区分：

i[i] 舌面、前、高、不圆唇元音

ü[y] 舌面、前、高、圆唇元音

二者的不同在于是否圆唇，试比较：

乙—雨　　期—区　　里—吕　　显—选

四、声调

(一) 声调的定义

声调是音节中音高的变化模式，具有区别词汇意义的作用。例如“shī(诗)”“shí(时)”“shǐ(史)”“shì(是)”这四个音节意义的不同，就是由于音高变化的不同。shī 的声调是保持高而平，shí 的声调是由中升至高，shǐ 的声调是由半低到低再上到半高(好像“下坡又上坡”)，shì 的声调是从高降到低。一个音节基本上对应一个汉字，所以声调又称作字调。

(二) 调值和调类

调值是声调的实际读法，指声调的高低升降。一般用“五度标记法”来表示，也就是把音节中音高变化的幅度分为五度：高、半高、中、半低、低，分别用 5、4、3、2、1 来表示。用五度标记法来标记普通话的四声如图 1－2 所示：

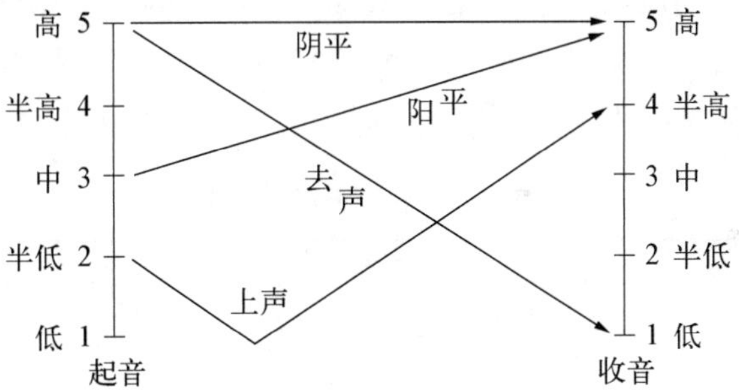

图 1－2　普通话调值五度标记图

汉语声调的音高有四种变化模式：

高平 55：高而平，音高不变。

高升 35：由中升到高。

降升 214：先由半低降至低，然后上升到半高。

全降 51：由高降至低。

调类就是声调的种类。上述四种模式就是四个调类，这四个调类分别称作阴平、阳平、上声、去声。上图的曲线变化可以分别简略为：一、/、V、\。普通话声调可以小结如表 1－8 所示：

表 1－8　普通话声调表

调　类		调　型	调　值	例　字	标调示例
第一声	阴平	高平	55	高	gāo [kɑu^{55}]
第二声	阳平	高升	35	麻	má[mA^{35}]

（续表）

调类		调型	调值	例字	标调示例
第三声	上声	降升	214	考	kǎo[kʰɑu^{214}]
第四声	去声	全降	51	字	zì[tsɿ^{51}]

声调的音高是相对音高。例如[ti^{51}]中的51只表示“由高降到低”的变化。在实际的发音中，儿童的最高音、最低音的绝对音高比成年人的要高，女子的最高音、最低音的绝对音高比男子的要高。但是，这并不影响我们对声调的识别，因为声调是根据相对音高的变化模式来判断的。

（三）古今调类比较

普通话的四个调类是从古汉语的声调系统演变而来的。古汉语有平、上、去、入四声，也就是有四个调类，后来又以声母清浊的不同为条件发生分化，凡是古清音声母字的声调为阴调，古浊音声母字的声调为阳调，这样演变为“四声八调”，即阴平、阳平、阴上、阳上、阴去、阳去、阴入、阳入。这八调在现代汉语普通话中演变为阴平、阳平、上声、去声四调（即“四声”）。所以，普通话的四声和古代的四声并不相等，如表1－9所示。

表1－9　古今调类对应表

古汉语声调＼普通话声调		阴平	阳平	上声	去声
平	清	都　当　千　秋			
	浊		全　人　途　同 麻　年　文　云		
上	清			古　口　好　九	
	次浊			五　女　老　眼	
	全浊				动　淡　柱　厚
去	清				盖　抗　汉　对 大　饭　烂　愿
	浊				
入	清	桌　积　出　劈	格　则　菊　竹	甲　角　百　笔	必　作　色　客
	全浊		白　达　读　局		
	次浊				入　月　玉　落

全浊指带音的塞音、塞擦音、擦音声母；次浊指鼻音、边音、半元音声母。古汉语声调调类演变为普通话的声调调类发生了变化，但有对应规律：

第一，平分阴阳。古平声清声母字普通话读阴平，浊声母字普通话读阳平。

第二，古上声清声母和次浊声母字普通话读上声，全浊声母字普通话读去声。

第三,古去声不论清浊普通话一律读去声。

第四,入派四声。古入声清声母字普通话读阴平、阳平、上声、去声的都有,但全清声母字多归上声,次清声母字多归阴平;古入声次浊声母字普通话读去声,全浊声母字普通话读阳平。

要注意的是,调类的名称与调值并没有必然的联系。调类是根据“古调类”来命名的。在给各地方言确定调类名称时,基本上沿用字调的“古名”。只要这个字古调属阴平,那么,无论在哪种方言,无论它现在调值如何,一律命名为“阴平”。普通话中的阴平大部分来自古代清声母平声字,所以叫作阴平,调值是 55。南昌方言中阴平也是来自古代清声母的平声字,所以也叫作阴平,调值则是 42。

入声是古汉语四声之一。入声字因韵母有塞音韵尾[-p][-t][-k],其发音具有短促的特征。方言中发音短促的字,如“竹、木、服、福、俗、拔、插、夺”,都是入声字。

五、拼写规则

(一) y、w 的使用

汉语拼音按词连写,为了使词内部音节界限分明,有时需要使用零声母 y 和 w。二者的用法如下:

a、o、e 开头的音节不使用零声母。i、u、ü 开头或作韵腹的,需要增添或改为零声母 y、w。

1. 增添 y 或 w

以 i 作为韵腹的,增添 y,如 yi、yin。

以 ü 为韵腹或韵头的,增添 y(ü 去两点),如 yu、yun、yuan。

以 u 作为韵腹的,增添 w,如 wu。

2. 改为 y 或 w

以 i 为韵头的,将 i 改为 y,如 you、yang、yao。

以 u 为韵头的,将 u 改为 w,如 wang、wan、wei。

y、w 的使用,目的是使词内部音节界限分明。例如 dài(袋)是一个音节;dàyī(大衣)则是两个音节,零声母 y 的添加使得音节界限分明。

(二) 隔音符号的用法

a、o、e 开头的音节连接在其他音节后面的时候,如果音节界限发生混淆,则需要用隔音符号(')隔开。例如:

xiān—xī'ān(先—西安)

fānàn—fān'àn(发难—翻案)

音节中的辅音字母靠后，不靠前。根据这一规则，表示“翻案”的意思时，第一个 n 后面必须用分隔号隔开。

（三）省写

为了使拼写简省，《汉语拼音方案》规定了省写的规则。

1. iou、uei、uen 前面有声母时，中间的韵腹省略，写成 iu、ui、un

例如：

niú（牛）　guī（归）　lún（论）

不跟声母相拼（即自成音节）时，其中的韵腹就不能省略，并将韵头改为 y 或 w 开头。例如：

yōu（优）　wēi（威）　wēn（温）

2. ü 上两点

跟 j、q、x 相拼的时候，ü 上两点省略；跟 n、l 相拼的时候，两点不能省去。例如：nǚ（女）、lǚ（吕）。

ü 与 j、q、x 相拼时省略两点，并不会与 u 相混，因为 j、q、x 不能跟合口呼韵母相拼。因此，像 ju、que、xuan 中的韵母必是撮口呼而不是合口呼。

（四）标调法

（1）声调符号标在韵腹上，轻声不标调。

（2）省略了韵腹的 iu、ui，声调标在韵尾上。例如：

qiū（秋）　duī（堆）　jiū（揪）　kuī（盔）

（3）调号恰巧标在 i 的上面时，i 上的小点要省去。例如：

yī（衣）　xīng（星）　duī（堆）

（五）音节连写

（1）同一个词的音节要连写，词与词之间则分写，即以词为书写单位。句首单词的第一个字母要大写。例如：

Tuánjié jiù shì lìliàng

团　结　就　是　力　量

（2）专有名称的大写。

① 专有名词的第一个字母大写。例如 Nánchāng。

② 专名短语中的每个词首字母都要大写。例如 Guāngmíng Rìbào。

③ 汉语人名按姓和名分写，姓和名首字母都大写。例如：

Lǐ Bái　Dǒng Cúnruì　Zhūgě Kǒngmíng

六、音节结构分析

音节结构分析指的是分析声韵调结构。分析时要根据声母和韵母对应的读音定类别，而不是字母本身。例如韵母 ong 念[uŋ]，应该归入合口呼，而不是看到字母 o 就把它归入开口呼。

表 1－10　普通话音节结构类型表

结构／音节	声母（辅音）	韵母				声调
		韵头（介音）	韵腹（主要元音）	韵尾		
				元音	辅音	
zhū	zh		u			阴平
zhuǎn	zh	u	a		n	上声
zhuài	zh	u	a	i		去声
zhuāng	zh	u	a		ng	阴平
zhǒu	zh		o	u		上声
zhì	zh		-i[ʅ]			去声
zì	z		-i[ɿ]			去声
mí	m		i			阳平
lüè	l	ü	e			去声
kuī	k	u	e	i		阴平
qiǔ	q	i	o	u		上声
é			e			阳平
yōu		i	o	u		阴平
wǒ		u	o			上声

从表 1－10 可以看出汉语音节的特点：

(1) 都有声、韵、调。声母可以为零，韵母可以分为韵头、韵腹、韵尾，韵腹不可少。

(2) 最多4个音素，最少1个音素(韵腹)。

(3) 无复辅音，辅音不能连续排列。

思考与练习

1. 由一个音素构成的音节，这个音素充当音节中的什么成分？

2. d与[d]、t与[t]的区别是什么？

3. 汉语拼音声母l的读音是[el]还是[l]？

4. 汉语拼音韵母i的读音是[ai]还是[i]？

5. 整体认读音节zhi中的i是读[i][ʅ]还是[ɿ]？

6. 调值和调类的联系和区别是什么？

7. "宗"的声母是z，z是平舌音，由此可以推出以"宗"作为声旁的字，其声母一般是平舌音，而非翘舌音。对吗？

8. 零声母y、w如何使用？

9. 如何根据现代读音给古诗词定平仄？

10. 下面四句歌词，请先用汉语拼音注音，然后用国际音标注音。

五星红旗迎风飘扬，胜利歌声多么嘹亮！歌唱我们亲爱的祖国，从今走向繁荣富强！

附录一　h声母偏旁类推字表

h声母字(方言中可能读为f声母的)：

禾—hé 禾、和

忽—hū 忽、惚

狐—hú 狐、弧

户—hù 户、沪、护

怀—huái 怀，huài 坏，huán 环、还

荒—huāng 荒、慌，huǎng 谎

黄—huáng 黄、璜、簧、磺

灰—huī 灰、诙、恢

回—huí 回、茴、蛔，huái 徊

会—huì 会、绘、荟

昏—hūn 昏、婚

乎—hū 乎、呼

胡—hú 胡、湖、葫、糊、蝴

虎—hǔ 虎、唬、琥

化—huā 花、哗，huá 华，huà 化、华(姓)，huò 货

涣—huàn 涣、焕、换、唤

皇—huáng 皇、惶、凰、徨、蝗

晃—huǎng 晃、恍、幌

挥—huī 挥、辉，hún 浑

悔—huǐ 悔，huì 诲、晦

惠—huì 惠、蕙

混—hún 混、馄，hùn 混

活—huó 活,huà 话　　火—huǒ 火、伙
或—huò 或、惑　　红—hóng 红、虹、鸿
洪—hōng 哄~动,hóng 洪,hǒng 哄~骗,hòng 哄起~

附录二 n、l 声母偏旁类推字表

1. n 声母字

那—nǎ 哪,nà 那、娜,nuó 挪　　乃—nǎi 乃、奶
奈—nài 奈,nà 捺　　南—nán 南、喃、楠
脑—nǎo 恼、脑、瑙　　内—nèi 内,nè 讷,nà 呐、钠、衲
尼—ní 尼、泥,nì 昵,ne 呢　　倪—ní 倪、霓
念—niǎn 捻,niàn 念　　捏—niē 捏,niè 涅
聂—niè 聂、蹑　　宁—níng 宁~静、咛、狞,nǐng 拧,nìng 宁~可、泞
妞—niū 妞,niǔ 扭、钮、纽　　农—nóng 农、浓、脓
奴—nú 奴、驽、孥,nǔ 努,nù 怒　　诺—nuò 诺,nì 匿
懦—nuò 懦、糯　　虐—nüè 疟、虐

2. l 声母字

剌—lǎ 喇,là 剌、辣、瘌,lài 赖、籁、癞,lǎn 懒
腊—là 腊、蜡,liè 猎　　兰—lán 兰、拦、栏,làn 烂
览—lǎn 览、揽、缆、榄　　蓝—lán 蓝、篮,làn 滥
老—lǎo 老　　劳—lāo 捞,láo 劳、痨,lào 涝
乐—lè 乐,lì 砾　　累—lèi 累,luó 骡、螺
雷—léi 雷、擂、镭,lěi 蕾　　离—lí 离、篱,li 璃
里—lí 厘、狸,lǐ 里、理、鲤,liàng 量　　利—lí 梨、犁,lì 利、俐、痢
立—lì 立、粒、笠,lā 拉、垃、啦　　力—lì 力、荔,lèi 肋,lè 勒
历—lì 历、沥　　厉—lì 厉、励
燎—liāo 撩,liáo 燎、瞭、僚、潦、嘹,liào 镣
廉—lián 廉、镰　　脸—liǎn 脸、敛,liàn 殓
炼—liàn 练、链、炼　　恋—liàn 恋,luán 孪、鸾
良—liáng 良、粮,láng 郎、廊、狼、琅、榔、螂,lǎng 朗,làng 浪
梁—liáng 梁、粱　　凉—liáng 凉,liàng 谅、晾,lüè 掠
两—liǎng 两、俩伎~,liàng 辆,liǎ 俩　　列—liě 咧,liè 列、烈、裂,lì 例
林—lín 林、淋、琳、霖,lán 婪　　粼—lín 鳞、嶙、麟
令—líng 伶、玲、铃、羚、聆、零、龄,lǐng 岭、领,lìng 令,lěng 冷,lián 怜,lín 邻

菱—líng 菱、凌、陵，léng 棱

留—liū 溜，liú 留、馏、榴、瘤

流—liú 流、琉、硫

柳—liǔ 柳，liáo 聊

龙—lóng 龙、咙、聋、笼，lǒng 垄、陇、拢

隆—lóng 隆、窿

娄—lóu 娄、楼、喽，lǒu 搂、篓，lǚ 缕、屡

卢—lú 卢、泸、芦、炉、颅，lǘ 驴

鲁—lǔ 鲁、橹

录—lù 录、禄、碌，lǜ 绿、氯

鹿—lù 鹿、辘

路—lù 路、露、鹭

仑—lūn 抡，lún 仑、伦、论、轮，lùn 论

罗—luó 罗、逻、萝、锣、箩

洛—luò 洛、落、珞、骆，lào 烙、酪，lüè 略

吕—lǚ 吕、侣、铝

虑—lǜ 虑、滤

附录三　zh、ch、sh 和 z、c、s 声母偏旁类推字表

1. zh—z

zh 声母字：

支—zhī 支、枝、肢，chì 翅

旨—zhī 脂，zhǐ 旨、指

只—zhī 只、织，zhí 职，zhǐ 只，zhì 帜，shí 识

知—zhī 知、蜘，zhì 智，chī 痴

之—zhī 之、芝

直—zhí 直、值、植、殖，zhì 置

执—zhí 执，zhì 挚

止—zhǐ 止、芷、址、趾，chǐ 耻

治—zhì 治，shǐ 始

至—zhí 侄，zhì 至、郅、窒，shì 室

乍—zhà 乍、炸、榨、诈，zhǎi 窄（例外：zá 咋，zěn 怎，zuó 昨，zuò 作）

翟—zhái 翟，chuō 戳

召—zhāo 招、昭，zhǎo 沼，zhào 召、诏、照，sháo 苕、韶，shào 邵、绍

朝—zhāo 朝，cháo 潮、嘲

占—zhān 沾、毡、粘，zhàn 占、战、站（例外：zuān 钻）

詹—zhān 詹、瞻，shàn 赡

斩—zhǎn 斩、崭（例外：zàn 暂，cán 惭）

章—zhāng 章、漳、彰、獐、樟、蟑，zhàng 障、幛

长—zhāng 张，zhǎng 长、涨，zhàng 胀、帐、涨

丈—zhàng 丈、仗、杖

遮—zhē 遮，zhè 蔗

折—zhé 折、哲、蜇，zhè 浙，shì 誓

者—zhě 者，zhū 诸、猪，zhǔ 煮，zhù 著，chǔ 储，shǔ 暑、署、薯，shē 奢

贞—zhēn 贞、侦、祯

珍—zhēn 珍，zhěn 诊、疹，chèn 趁

真—zhēn 真，zhèn 镇，shèn 慎　　枕—zhěn 枕，chén 忱
振—zhèn 振、赈、震，chén 辰、晨　　争—zhēng 争、挣、睁、筝、狰，zhèng 挣
正—zhēng 正、怔、征、症~结，zhěng 整，zhèng 正、政、症、证，chéng 惩
中—zhōng 中、忠、钟、盅、衷，zhǒng 种、肿，zhòng 中、种、仲
州—zhōu 州、洲，chóu 酬　　周—zhōu 周，chóu 绸、稠、惆
朱—zhū 朱、诛、侏、珠、株、蛛，shū 殊　　主—zhǔ 主、拄，zhù 住、注、驻、蛀、柱
爪—zhuā 抓，zhuǎ 爪　　专—zhuān 专、砖，zhuǎn 转，zhuàn 转、传
壮—zhuāng 装，zhuàng 壮
隹—zhuī 锥、椎，zhǔn 准（例外：sǔn 榫，suī 睢）
啄—zhuó 啄、琢　　卓—zhuō 卓，zhuó 卓，zhào 罩，chuò 绰

z 声母字：

子—zī 孜，zǐ 子、仔、籽　　兹—zī 兹、滋、孳
资—zī 咨、恣、资，zì 恣　　匝—zā 匝，zá 砸
澡—zǎo 澡、藻，zào 噪、燥、躁　　造—zào 造，cāo 糙
赞—zǎn 攒，zàn 赞　　则—zé 则，cè 侧、厕、测、恻（例外：zhá 铡）
责—zé 责、啧（例外：zhài 债）　　曾—zēng 曾、憎、增，zèng 赠，céng 曾
宗—zōng 宗、综、棕、踪、鬃，zòng 粽，cóng 淙、琮（例外：chóng 崇）
卒—zú 卒，zuì 醉　　祖—zū 租，zǔ 诅、阻、组、祖、俎
尊—zūn 尊、遵、樽

2. ch—c

ch 声母字：

池—chí 池、弛、驰　　尺—chí 迟，chǐ 尺
斥—chì 斥，chāi 拆（例外：sù 诉）　　叉—chā 叉、杈，chǎ 衩，chāi 钗
查—chá 查、碴，zhā 渣、喳　　抄—chāo 抄、钞，chǎo 吵、炒
搀—chān 搀，chán 谗、馋　　产—chǎn 产、铲
昌—chāng 昌、猖，chàng 倡、唱　　尝—cháng 尝、偿
场—cháng 场、肠，chǎng 场，chàng 畅　　车—chē 车，zhèn 阵
撤—chè 撤、澈，zhé 辙　　辰—chén 辰、晨，chún 唇
乘—chéng 乘，shèng 剩　　呈—chéng 呈、程，chěng 逞
成—chéng 成、诚、城、盛，shèng 盛　　澄—chéng 澄、橙
丞—chéng 丞，zhēng 蒸，zhěng 拯　　筹—chóu 筹、踌、畴
愁—chóu 愁，chǒu 瞅　　虫—chóng 虫，chù 触，zhú 烛，zhuó 浊
出—chū 出，chǔ 础，chù 绌、黜，zhuō 拙，zhuó 茁
除—chú 除、滁、蜍　　刍—chú 刍、雏，zhòu 皱（例外：zōu 邹）

厨—chú 厨、蹰、橱

喘—chuǎn 喘，chuāi 揣

春—chūn 春、椿，chǔn 蠢

吹—chuī 吹、炊

垂—chuí 垂、棰、锤，shuì 睡

c 声母字：

差—cī 差参~，cuō 搓、磋(例外：chā 差~别，chà 差~不多，chāi 差出~)

慈—cí 慈、磁、糍、鹚

此—cī 疵，cǐ 此，zī 龇(例外：chái 柴)

蔡—cā 擦，嚓，cài 蔡(例外：chá 察)

才—cái 才、材、财(例外：chái 豺)

参—cān 参，cǎn 惨，cēn 参(例外：shēn 参人~，shèn 渗)

仓—cāng 仓、沧、苍、舱(例外：chuāng 疮，chuàng 创、怆)

曹—cáo 曹、嘈、槽、漕

从—cóng 从、丛

醋—cù 醋，cuò 措、错

卒—cù 卒、猝，cuì 淬、啐、瘁、棕、翠、悴

窜—cuān 蹿，cuàn 窜

崔—cuī 崔、催，cuǐ 璀

3. sh—s

sh 声母字：

失—shī 失，zhì 秩

师—shī 师、狮，shāi 筛(例外：sī 蛳)

诗—shī 诗，shí 时，shì 侍、恃，chí 持，zhì 痔、峙(例外：sì 寺)

十—shí 十，shén 什，zhī 汁，zhēn 针

史—shǐ 史、驶

式—shì 式、试、轼、拭、弑

市—shì 市、柿

少—shā 沙、莎、沙、砂、裟、鲨，shǎo 少，chāo 抄、钞，chǎo 炒、吵(例外：suō 娑)

舍—shá 啥，shě 舍、猞

捎—shāo 捎、梢、稍、艄、鞘，shào 哨

勺—sháo 勺、芍，zhuó 灼、酌

衫—shān 衫、杉

山—shān 山、舢，shàn 汕、疝

珊—shān 删、珊、跚，zhà 栅(例外：cè 册)

扇—shān 煽、扇，shàn 扇

善—shàn 善、鳝、膳、缮

单—shàn 单，chán 蝉，chǎn 阐

尚—shǎng 赏，shàng 尚，shang 裳，cháng 倘，zhǎng 掌

舌—shé 舌，shě 舍，shá 啥

申—shēn 申、伸、呻、绅，shén 神，shěn 审、谉、婶

生—shēng 生、牲、笙、甥，shèng 胜

受—shòu 受、授、绶

寿—shòu 寿，chóu 筹、畴，zhù 铸

疏—shū 疏、蔬、梳

叔—shū 叔、淑、菽

抒—shū 抒、舒、纾

熟—shú 孰、熟、塾

暑—shǔ 暑、署、薯、曙

属—shǔ 属，zhǔ 瞩、嘱

刷—shuā 刷，shuàn 涮

说—shuō 说，shuì 税

率—shuāi 摔，shuài 率、蟀

拴—shuān 拴、栓

s声母字：

司—sī 司，sì 伺、饲、嗣

斯—sī 斯、厮、撕

思—sī 思，sāi 腮、鳃

四—sì 四、驷、泗

散—sā 撒~手，sǎ 撒~种子，sǎn 散，sàn 散

叟—sǒu 叟，sōu 馊、搜、艘，sǎo 嫂（例外：shòu 瘦）

桑—sāng 桑，sǎng 嗓、搡

松—sōng 松，sòng 颂、讼

素—sù 素、嗉

孙—sūn 孙、狲、荪

唆—suō 唆、梭，suān 酸

锁—suǒ 锁、琐、唢

遂—suì 遂、隧、邃

附录四 en和eng、in和ing韵母偏旁类推字表

1. en—eng

en韵母字：

贲—bēn 贲，pēn 喷，fèn 愤

本—běn 本、苯，bèn 笨

门—mēn 闷，mén 门、扪，mèn 闷，men 们

分—pén 盆，fēn 分、芬、纷、氛，fén 汾，fěn 粉，fèn 份、忿

参—cēn 参，shēn 参人~，shèn 渗

真—zhēn 真，zhěn 缜，zhèn 镇，chēn 嗔，shèn 慎

贞—zhēn 贞、侦、桢、祯

甚—zhēn 斟，shèn 甚，rèn 葚

枕—zhěn 枕，chén 忱，shěn 沈

辰—zhèn 振、赈、震，chén 辰、晨，shēn 娠，shèn 蜃

申—shēn 申、伸、呻、绅，shén 神，shěn 审、婶、谉

壬—rén 壬、任（姓），rěn 荏，rèn 任、妊、饪

刃—rěn 忍，rèn 刃、纫、韧

艮—gēn 根、跟，gèn 艮，kěn 垦、恳，hén 痕，hěn 很、狠，hèn 恨

肯—kěn 肯、啃

eng韵母字：

彭—péng 澎、彭、膨

亨—pēng 烹，hēng 亨、哼

朋—bēng 崩、绷，běng 绷，bèng 蹦，péng 朋、棚、鹏

奉—pěng 捧，fèng 奉、俸

峰—péng 蓬、篷，fēng 峰、烽、蜂，féng 逢、缝，fèng 缝~隙

风—fēng 风、枫、疯，fěng 讽

孟—měng 猛、蜢，mèng 孟

蒙—mēng 蒙，méng 蒙、朦、濛、檬，měng 蒙

登—dēng 登、蹬、灯(燈)，dèng 凳、瞪，chéng 澄

曾—zēng 曾、憎、增，zèng 赠，céng 层(層)、曾，cèng 蹭，sēng 僧

正—zhēng 正、怔、症，zhěng 整，zhèng 正、证、政、症，chéng 惩

争—zhēng 争、挣~扎、睁、狰，zhèng 挣

丞—zhēng 蒸，zhěng 拯，chéng 丞

成—chéng 成、诚、城、盛~饭，shèng 盛

呈—chéng 呈、程，chěng 逞

乘—chéng 乘，shèng 剩

生—shēng 生、牲、甥、笙，shèng 胜

更—gēng 更，gěng 埂、哽、梗，gèng 更，yìng 硬

2. in—ing

in 韵母字：

宾—bīn 宾、滨、缤、槟，bìn 殡、鬓，pín 嫔

民—mín 民、岷，mǐn 泯、抿

林—bīn 彬，lín 林、淋、琳、霖

粼—lín 嶙、磷、麟、鳞、邻(鄰)

禁—jīn 禁~不住、襟，jìn 禁~止

斤—jīn 斤，jìn 近，qín 芹，xīn 昕、欣、新、薪

今—jīn 今、衿、矜，jìn 妗，qīn 衾，qín 琴，yín 吟

尽—jǐn 尽~管，jìn 尽、烬

禽—qín 禽、擒

侵—qīn 侵，qǐn 寝，jìn 浸

辛—qīn 亲，xīn 辛、莘、锌

心—qīn 沁，xīn 心、芯

因—yīn 因、姻、茵、氤

阴—yīn 阴、荫

ing 韵母字：

丙—bǐng 丙、炳，bìng 病

并—bǐng 饼、屏~弃，bìng 并，píng 瓶、屏~风，bèng 迸(例外：pīn 姘、拼，pián 骈)

平—píng 平、评、苹、坪、萍

名—míng 名、茗、铭，mǐng 酩

冥—míng 冥、暝、瞑

丁—dīng 丁、疔、盯、钉~子、酊，dǐng 顶，dìng 订、钉，tīng 厅

定—dìng 定、腚

亭—tíng 亭、停、婷

廷—tíng 廷、庭、蜓、霆，tǐng 挺、艇

宁—níng 宁~静、咛、狞，nǐng 拧，nìng 泞、宁~可

凌—líng 凌、陵、菱、绫、崚

令—líng 伶、苓、玲、瓴、铃、鸰、聆、翎、零、龄，lǐng 岭、领，lìng 令(例外：lín 邻)

京—jīng 京、惊、鲸

茎—jīng 茎、泾，jǐng 颈，jìng 劲强~(劲又读 jìn：干劲)、胫、径、痉，qīng 轻、氢

景—jǐng 景、憬，yǐng 影

竟—jìng 竟、镜、境

敬—jǐng 警，jìng 敬，qíng 擎

青—jīng 精、睛，jìng 静、靖，qīng 青、蜻，qíng 晴、情，qǐng 请

形—jīng 荆，xíng 形、邢、刑、型

英—yīng 英、媖、瑛

婴—yīng 婴、嘤、鹦、樱、缨

第四节　音　　变

我们说话不是一个音节一个音节地说的，而是连成一线、形成语流的。相邻的音节，可能由于发音便利的需要而出现音变现象，这种现象叫作语流音变。常见的语流音变有：轻声、儿化、变调和语气词“啊”的音变。

一、轻声

(一) 轻声的性质

1. 轻声的定义

轻声是在一定的条件下读得既短又轻的调子。例如：

“们”念阳平(mén)，但是在“我们(wǒmen)”中则失去了本调，读得既短又轻，即读轻声。

“亮”的拼音是 liàng，可是在“漂亮”(piàoliang)中，声调没有了，即读轻声了。

轻声并不是除四声之外的又一个声调，而是四声在一定条件下出现的音变现象。汉语每个音节单念时都有声调，只是有的音节在特定的语音环境中读得又轻又短，变成了轻声。

2. 轻声的音高

轻声中起主要作用的是音强和音长。一个音节，音强变弱，音长变短，就成了轻声。轻声的音高取决于它前面那个音节的声调。一般说来，上声字后面的轻声字的音高比较高，阳平次之，阴平再次之，去声最低。

去声＋轻声：轻声音高为 1 度，如“爸爸”。

阴平＋轻声：轻声音高为 2 度，如“妈妈”。

阳平＋轻声：轻声音高为 3 度，如“爷爷”。

上声＋轻声：轻声音高为 4 度，如“奶奶”。

3. 轻声的音色

轻声音节声母和韵母的音色都有可能发生变化。例如下例中黑体所标音素：

哥哥[kɤ^{55}**g**ə]：[k]→[g]；[ɤ]→[ə]

茄子[tɕ^{h}iɛ^{35}**dz**ə]：[ts]→[dz]；[ɿ]→[ə]

去不去[tɕ^{h}y^{51}**b** tɕ^{h}y^{51}]：[pu^{51}]→[b]

(二) 轻声的规律

轻声同词汇和语法都有密切关系。下列各类成分在普通话中读轻声：

1. 名词后缀“们”“子”“头”“儿”等

例如：

我们　　椅子　　石头　　鸟儿

2. 名词后面表示方位的“上”“下”“里”等

例如：

地上　　桌子上　　树下　　家里

3. 动词、名词重叠后的第二个音节

例如：

看看　　说说　　宝宝　　星星　　爸爸

4. 语气词“吧”“吗”“呢”“啊”等

例如：

走吧　　吃吗　　看呢　　说啊

5. 助词“的”“地”“得”“着”“了”“过”

例如：

我的　　慢慢地　　跑得快　　看着　　来了　　吃过

6. 动词后表示趋向的词

例如：

回来　　跳下去　　唱起来　　看上去

此外，有些双音节词的第二个音节习惯性读轻声。例如：

喜欢　　明白　　热闹　　舒坦　　糊涂　　阔气　　衣服　　玻璃

上述轻声音节也是举例性质的，还有不少读轻音的情况，如“想一想”“差不多”中的“一”和“不”，也都要轻读。总的规律是不表示实在意义的词或语素常常轻读。例如“孔子”和“桌子”中的两个“子”读音就不同：前者的“子”有实义，要读本调（上声）；后者的“子”不表实义，所以读轻声。又如“想起来（述宾）”与“想起来（述补）”，前者“起来”实指，要读本调；后者不实指，表示趋向，所以读轻声。

（三）轻声的作用

轻声的作用主要是区别意义和词性。例如：

虾子（虾卵）—虾子（虾）

老子（人名）—老子（父亲）

东西（东边和西边）—东西（物品）

灌肠（动词，治疗方式）—灌肠（名词，一种食品）

大意（名词，主要意思）—大意（形容词，疏忽）

上例横线左边双音词的第二个音节念本调，右边的双音词第二个音节念轻声。读轻声与否意义不同，甚至词性不同。读本调时，意义实在；读轻声时，意义较虚。

二、儿化

汉字“儿”有两种用法：

一是自成一个音节，读 ér，作为构词成分。例如：

儿女　　儿童　　红孩儿（人名）　　龙儿（人名）

诗歌中的“儿”占一个音节，也读 ér。例如：

① 河马在喝水，鸟儿在歌唱。

② 打起黄莺儿，莫教枝上啼。

二是融合到前面的音节中，只表示卷舌动作——儿化。

(一) 儿化的性质

“儿化”指韵母与“儿(er)”融合，变成一个带卷舌色彩的“儿化韵”。例如韵母 ua 加上 er 融合成儿化韵 uar。这个儿化韵的发音方法是：发 ua 的同时舌尖向上卷起。书写时用 r 代表 er，附在韵母后面。又如：

头＋儿→头儿(tóu＋ér→tóur)

(二) 儿化的作用

儿化带有很强的口语色彩，用在日常口语中。一般认为儿化有如下三方面的作用。

1. 表示某种色彩，一般带有喜爱、亲切等色彩

例如：

金鱼儿　小孩儿　老头儿　花儿

2.凸显名词性

错(形容词、名词)—错儿(名词)

画(动词、名词)—画儿(名词)

盖(动词、名词)—盖儿(名词)

3. 区别意义

眼(眼睛)—眼儿(小孔)

头(脑袋)—头儿(上司)

(三) 儿化的规律

1. 前面是 a、o、e、ê、u 时，直接加卷舌动作(以 r 表示)

例如：

哪儿 nǎr　托儿 tuōr　台阶儿 táijiēr　珍珠儿 zhēnzhūr

2. 前面是韵尾 i 或 n 时，韵尾 i 或 n 脱落，在韵腹上加卷舌动作

例如：

孩儿 háir→hár　　玩儿 wánr→wár

公园儿 yuánr→yuár　　味儿 wèir→wèr

3. 前面是韵腹 i、ü 时，增添一个音素 e[ə]，同时加卷舌动作

例如：

鸡儿 jīr→jīer(e 念[ə])

鱼儿 yúr→yúer(e 念[ə])

驴儿 lǘr→lǘer(e 念[ə])

韵腹 i、ü 后面有韵尾时，先去韵尾，再增添 e[ə]和卷舌动作。例如：

今儿 jīnr→jiēr(e 念[ə])　裙儿 qúnr→qúer(e 念[ə])

4. 前面是韵腹-i[ɿ]或-i[ʅ]时，将韵腹读为 e[ə]并同时卷舌

例如：

瓜子 zǐr→zěr(e 念[ə])　树枝儿 zhīr→zhēr(e 念[ə])

5. 前面是后鼻韵尾时，去掉韵尾，韵腹鼻音化并卷舌

例如：

蛋黄儿 huángr→huãr(声调不变，波浪线表示鼻音化)

电灯儿 dēngr→dẽr(声调不变，波浪线表示鼻音化)

韵腹是 i 的鼻韵母 ing 时，去掉韵尾后，增添 ẽ[ə̃]并卷舌。例如：

瓶儿 píngr→piẽr(声调不变，波浪线表示鼻音化)

由以上音变现象可知，普通话的儿化各韵，都只是韵腹或韵尾有所改变，韵头不变。由于韵母儿化之后产生了分化和合并，因此只有 26 个儿化韵，如表 1-11 所示。

表 1-11　普通话儿化音变表

儿化韵	原韵母	例字
[ar]	a、ai、an	把儿　牌儿　盘儿
[iar]	ia、ian	芽儿　尖儿
[uar]	ua、uai、uan	花儿　拐儿　罐儿
[yar]	üan	院儿
[or]	o	婆儿
[uor]	uo	窝儿
[ɑur]	ao	刀儿

（续表）

儿化韵	原韵母	例字
[iɑur]	iɑo	票儿
[ər]	-i[ɿ]、-i[ʅ]、ei、en	丝儿　枝儿　碑儿　根儿
[iər]	i、in	鸡儿　今儿
[uər]	uei、uen	柜儿　棍儿
[yər]	ü、ün	鱼儿　裙儿
[ɤr]	e	歌儿
[iɛr]	ie	叶儿
[yɛr]	üe	曲儿
[ur]	u	屋儿
[our]	ou	钩儿
[iour]	iou	球儿
[ɑ̃r]	ɑng	缸儿
[iɑ̃r]	iɑng	亮儿
[uɑ̃r]	uɑng	筐儿
[ə̃r]	eng	灯儿
[iə̃r]	ing	影儿
[uə̃r]	ueng	瓮儿
[ũr]	ong	空儿
[ỹr]	iong	熊儿

三、变调

两个或两个以上音节连在一起时，其中某一个或几个音节的调值有时会发生变化，这种语音变化就是变调。变调是相对于单字调而言的。所谓单字调，是指音节在单读时的调值。普通话中常见的变调有上声变调、去声变调、“一”和“不”的变调。

（一）上声变调

上声单念或在词语末尾的时候，读单字调，在下列两种情况下变调：

1. 两个上声音节连读，前一个上声音节调值一般由 214 变为 35

例如：

野草　　了解　　演讲　　友好　　领导

两个上声相连,读起来拗口,因此将前一个上声异化,调值读成 35。

2. 上声音节在非上声音节之前,上声音节调值由 214 变为 21(半上)

例如:

首都　　祖国　　海报　　解放

上声的调型是降升调,发音过程较长。在阴平、阳平、去声之前,由于连读和语速的影响,上声只降不升。实际上只是读出了上声的前一个阶段 21,不读出上升阶段 4。

3. 在轻声音节前,上声一般念 21(半上)

例如:

我的　　怎么　　仿佛　　两个　　尾巴　　里头

老子　　耳朵　　椅子　　嫂嫂　　马虎

4. 多个上声音节连用,需要切分结构

例如:

小雨伞→小+雨伞(21+35+214)

索马里(不可切分,因而一般读为:35+35+214)

领导了解→领导+了解(35+21+35+214)

(二) 去声变调

两个去声音节相连,前一个去声的调值由 51 变为 53,即由全降变为半降。例如:

电线　　大副　　种树　　试验　　扩大　　正确

去声音节在非去声音节前不变调。

(三) "一"和"不"的变调

"一""不"单念或用在词句末尾,以及"一"在序数中(即前面省略了"第"),声调不变,读单字调。如下两种情况要变调:

1. 在去声前,一律变阳平

例如:

一向　　一样　　一致　　一岁　　一个

不怕　　不像　　不去　　不碎　　不大

2. 在非去声前一律念去声

例如:

一家　一直　一年　一本　一两

不佳　不好　不直　不严　不狠

“不”本来就是去声字，在非去声前实际上没有发生变调。

3.“一”嵌在重叠式的动词之间时要念轻声，述补短语中“不”作为“得”的反义词时也念轻声，“V 不 V”中的“不”也念轻声

例如：

想一想　试一试　考一考　做一做

差不多　挡不住　受不了　行不行

四、语气词“啊”的音变

普通话中语气词“啊”因受前一音节韵母的影响，常常会发生“同化”“增音”等音变现象。规律如下。

(1)“啊”前面音节末尾为 ɑ、o、e、i、ü 时，连读成“呀”。例如：

他＋啊→他呀(tā ya)　说＋啊→说呀(shuō ya)

写＋啊→写呀(xiě ya)　来＋啊→来呀(lái ya)

驴＋啊→驴呀(lǘ ya)　去＋啊→去呀(qù ya)

(2)“啊”前面音节末尾为 u、ao[ɑu]时，连读成“哇”。例如：

苦＋啊→苦哇(kǔ wa)　走＋啊→走哇(zǒu wa)

好＋啊→好哇(hǎo wa)　叫＋啊→叫哇(jiào wa)

(3)“啊”前面音节末尾为 n 时，连读成“哪”。例如：

天＋啊→天哪(tiān na)　看＋啊→看哪(kàn na)

(4)“啊”前面音节末尾为 ng 时，连读为 nga[ŋA]，但是仍写作“啊”。例如：

唱＋啊→唱啊(chàng nga)　行＋啊→行啊(xíng nga)

(5)“啊”前面为-i[ɿ]和-i[ʅ]时，读音不变或分别带上与[ɿ]和[ʅ]同部位的浊擦音。当前面为-i[ɿ]时，“啊”读音不变或连读成[zA]，但是书写上都是“啊”。例如：

字＋啊→字啊(“啊”读[A]或[zA])　四＋啊→四啊(“啊”读[A]或[zA])

当前面为-i[ʅ]时，“啊”读音不变或连读成[ʐA]，但是书写上都是“啊”。例如：

吃＋啊→吃啊(“啊”读[A]或[ʐA])　是＋啊→是啊(“啊”读[A]或[ʐA])

思考与练习

1. 请指出“一碗炒米粉”的语流音变情况。
2. 结构助词“的”、语气词“吧”单念时声调如何?
3. 轻声为什么不是独立的声调?
4. 举例说明为什么普通话韵母儿化后总数减少了。
5. 为什么会发生音变现象?

第五节　语　调

一、语调的性质

说话或朗读时，句子有停顿，声音有轻重快慢和高低变化。说话时，各个音节在句中的地位并不完全相等，有的音节要读得重一些，有的音节之后要有个小停顿，有的句子音高逐步上升，有的则逐步下降。这些语音变化有利于人们表情达意。句子抑扬顿挫的语音变化就是语调，主要包括停顿、重音和句调三个方面。

语调和声调不同。声调是音节音高的变化模式，其作用在于区别词义或语素义。语调是句子的抑扬顿挫变化，其作用在于表达整个句子的意义和感情；它不仅与音高有关，与音长、音强也有很大关系。例如“今天星期一”这一个句子，句中五个音节声调均是阴平，但在实际话语中，改变音高、音长和音强，就会造成不同的语气。如果五个音节音高都读得一样，就是表达陈述语气，陈述“今天星期一”这个事实；如果末尾音高提升，就成了疑问语气，表示说话人对“今天星期一”这一事实有所怀疑；如果延长“天”的音长，就表达一种沉吟考虑的语气；如果加重“今天”这两个音节的音强，就表达强调的语气，句子表达的意思便是“星期一是今天，不是其他日子”。

二、停顿

停顿指语句内部声音上的间歇。停顿有两种：语法停顿和强调停顿。

（一）语法停顿

语法停顿是反映语句里语法关系的停顿。一句话里停顿的位置不同，是因为语法关系不同。因此不同的停顿代表着不同的意义，或者说，不同的意思需要不同的停顿。例如：

明日逢春好不晦气，终年倒运少有余财。→

① 明日逢春，好不晦气；终年倒运，少有余财。

② 明日逢春好，不晦气；终年倒运少，有余财。

语法停顿在书面语言里用标点符号表示。停顿的时间长度与标点符号大致相当。句号、问号、感叹号后的停顿最长，分号、冒号次之，逗号再次之，顿号最短。一些更短的停顿在书面语里往往就不用标点符号表示出来。

（二）强调停顿

强调停顿是为了强调某一事物，突出某个意义或某种感情，而在书面上没有标点符号的地方作适当的停顿，或者在书面上有标点符号的地方作较长的停顿。停顿常常与重音配合。在所要强调的词语前后加一个停顿，所强调的词语再加以重读，可以起到很好的表达效果。例如：

五十米，马不动！四十米，马不动！三十米，马，还是一动不动！

上例选自《欧阳海舍身救列车》的情节。第三个“马”字加上重音和停顿，既可以强调危急情况，把焦点集中在“马”上，又可以为下边推马救车埋下伏笔。

三、重音

重音是在句子里念得比较重，听起来特别清晰的音。这里所说的重音，不包括多音节词语中的重音——词重音（如“电视”“技术”），仅指句重音。重音起主要作用的是音强。句子重音有两种：一是根据语法结构的特点而重读的，这类重音叫“语法重音”，又叫“结构重音”；二是为了突出句中的某个成分而重读的，这类重音叫“强调重音”。

（一）语法重音

语法重音一般在句尾。读语法重音的可以是谓语、宾语、补语，疑问成分例外，可以在句中。例如：

① 他喜欢吃龙虾。

② 老人很幸福。

③ 你说得太好了！

④ 你是怎么找到这儿的？

语法重音的强度并不十分明显，只是比句子的其他部分读得略微重一点罢了。

(二) 强调重音

强调重音也叫对比重音，它的位置不固定，与上下文有关系。上下文是背景，要凸显的部分重读。例如“李明在读英语”这句话，如果不联系上下文，重音在句尾，即“英语”重读。这种句尾重音就是上文讲的语法重音。若联系上下文，需要强调哪个部分，哪个部分就重读。话是说给对方听的，如果对方不清楚谁在读英语时，重音在“李明”；不清楚李明在怎样学习英语时，重音在“读”；不清楚李明在读什么时，重音在“英语”。

① 李明在读英语。（不是别人）
② 李明在读英语。（不是在写英语或说英语）
③ 李明在读英语。（不是在读法语等别的语言）

强调重音的强度比语法重音更强，即读音会更重一点。例③“英语”在句尾，本身可以有语法重音；但是读强调重音时，读音更会重一点。

音义是紧密结合的，不同的语音形式代表着不同的语言意义。从言语表达的角度看，传递的信息中有常规焦点和对比焦点。语法重音和强调重音就是因为代表常规焦点和对比焦点而存在的。

四、句调

(一) 句调的种类

句调是指整句音高升降的变化。句调有升调、降调、升降调和降升调四种，表达句子的不同语气。

1. 升调

调子由平升高，可以分为两类：一类是略微上升，常用于喊口号和句中停顿，如下例①和②；另一类是高升，常用来表示疑问，如下例③和④。

① 向雷锋同志学习！
② 愿意加入校记者团的同学，明天到学生会报名。
③ 这么晚还要学习？
④ 她真的是你同学？

2. 降调

调子由平下降，可以分为两类：一类是略微下降，常用于陈述句，如下例①；另一类是全降，常用于祈使句，如下例②。

① 我们在等王老师。

② 你们赶快去帮一下王老师！

3. 升降调

调子先升后降，常用于感叹句中。例如：

① 多么好的老师啊！

② 他也太不像话了！

4. 降升调

调子先降后升，常用于表达惊讶、怀疑、讽刺等感情。例如：

① 他居然搬动了这块大石头！

② 这么好的机会你会放过？

③ 明明是坑朋友，却说是为了“友谊”！

（二）句调和字调

语音的高低升降在音节中表现为字调（声调），在句子中表现为句调。句调与字调关系密切，它的高低变化是在字调的基础上进行的。它改变字调的音高，但是不改变字调的音高模式，只是在字调的基础上稍扬或稍抑：句调为升调时，字调稍微上扬；句调为降调时，字调稍微下降。例如：

① a. 试验能成功？
   b. 试验能成功。

② a. 你在等老王？
   b. 我在等老王。

③ a. 你现在就走？
   b. 过一会儿走。

④ a. 你难道不怕？
   b. 我不怕。

句调的升降一般在句尾的重读音节上表现得最明显。上述四例句尾的字调分别是阴平、阳平、上声、去声。例句中 a 是是非问句，应在字调的基础上稍微上升。例如“功”的调值是 55，大致可以上升到 66；“怕”的调值是 51，可以上扬到 53 左右，以表示疑问。例句 b 是陈述句，应在字调的基础上稍微下降。例如“王”的调值是 35，要适当下降，大致可以读 34；“走”的调值是 214，可以降至 213。

但是，字调的音高变化不管是上扬还是下降，都基本上保持原来的变化模式，即原有的高平、高升、降升、全降的模式并不会改变。上例①a 句尾的“功”，虽然因表示疑问而由 55 上扬到 66，但这个 66 仍是高平模式。上例③b 句尾的“走”，虽然因表示陈述而由 214 而下抑为 213，但这个 213 仍是降升模式。

句调的升降属于整个句子，虽然在句尾重读音节上表现得最明显，但是句中其他音节也要受整个语调的影响。例如陈述句读降调，最后音节的音高略微下降，但是其前面的各音节都保持平直的读法。又如感叹句读升降调，这个升降不是体现在句尾一个音节上的，而是整个句子的调子先升后降：

① 多么好的老师啊！（“多么好”读升调，“老师”读降调）

② 他也太不像话了！（“他也太”读升调，“不像话”读降调）

思考与练习

1. 句调与字调的联系和区别是什么？
2. “我赞成他也赞成你怎么样”和“下雨天留客天留我不留”有几种停顿方法？
3. “他去了北京”和“他没去北京”两句的重音是否一致？
4. 祈使句与感叹句的句调有什么样的不同？
5. 比较几本同类教材，看看学界对“语调”有几种定义。

第二章　文字

第一节　文字概说

语言是音义结合的符号系统。符号的“音(语音)”是能指,符号的“义(意义)”是所指。语音和意义的结合体就是语言符号。语音部分我们讨论的是语言符号的能指——语音。语音不同,意义不同。

我们知道,文字也是符号系统,它的能指是字形(书写形式),所指则是它所代表的音义结合体——语言符号。因此,文字是语言的书写符号系统。这一章我们专门讨论文字符号的能指——字形。字形不同,所代表的语言符号不同。

一、文字的起源

学界普遍认为语言经历了一个漫长的发展过程。有人认为一百万年前,我们的祖先就会说话了,而世界上最早的文字大约产生于5 000～6 000年前,如古埃及的圣书字和两河流域的楔形文字。汉字的产生可以一直追溯到6 000年前的半坡仰韶文化,现已发现的最早的成系统的汉字是殷商时期的甲骨文,距今已有三四千年了。

(一) 文字起源于图画

语言是听觉符号,稍纵即逝,说过的话主要凭大脑记忆。为了能够让说过的话“传于异地,留于异时”,人类创制了文字。最早创制文字的方法,都是表形的方法,即画图来表达意思。因此人类创制出来表形的字都差不多。比如画一个圆圈表示太阳,只是画法略有不同,如表2-1所示。

表 2-1　三种字体对照表

象形字	甲骨文	圣书字	象形字	甲骨文	圣书字
日			目		
山			鸟		
月			龟		

(二) 表音文字的兴起

世界上最早的文字都是象形文字(表意文字)。后来,有了腓尼基字母,文字才出现了表意和表音之分。公元前 13 至公元前 11 世纪,腓尼基人结合当时流行的象形文字和楔形文字的特点,创造了省时而又简单的 22 个腓尼基字母,这就是后来席卷世界的字母文字的源头。

在腓尼基字母的基础上,希腊人创造了希腊字母;而取代希腊的罗马帝国又在希腊字母的基础上,创造了拉丁字母。从此,所有独立的语言都有可能以极低的成本,创造自己的表音文字。我国的汉语拼音方案借鉴表音文字体系,以拉丁字母记录音节的声母和韵母。

世界上的古老文字——古埃及象形文字、古巴比伦楔形文字、古印度哈拉巴文字都消亡了,唯有汉字一直延续至今。尽管从甲骨文到楷书,汉字字体有较大的变化,但并不改变其表意文字的性质。

二、文字与语言的关系

(一) 都是符号

语言和文字都是符号,因为能指和所指之间的联系是约定俗成的。语言符号的能指(语音)和所指(意义)之间的联系具有任意性。例如:

表示"装订成册的著作"的意思,用什么样的读音来表示,具有任意性。普通话的发音是[ʂu^{55}],英语的发音则是[buk]。同是汉语,它在不同方言中的发音则又是不同的。这说明意义与读音之间的结合是任意的,是由讲这一语言的人共同约定的。音义的结合一旦约定,就是一张纸的两面,紧密结合在一起。当我们听到发音[ʂu^{55}]时,我们同时得到了它代表的意义:"装订成册的著作。"

同样,文字符号的能指(字形)和所指(语言符号)之间的联系也具有任意性。正是因为具有任意性,所以同一种语言符号,可以用不同的字形来表示。例如汉语既可以用汉字字形来记录，也可以用拼音字形来记录。汉语的音义结合体“[ʂu^{55}]-装订成册的著作”这个语言符号，既可以用汉字字形“书”来记录，也可以用拼音字形“shū”来记录。日语、朝鲜语和越南语也曾经借用过汉字字形来记录其语言符号。

可以看出，上面讲的“语言符号”实际上是一个个的词（或语素），“文字符号”实际上是一个个的字。之所以说“符号”，是因为站在符号学的角度，把语言看作符号学的一个分支。若站在语言学的角度，则说“语素”“词”“字”之类。

（二）不同的层面

语言和文字有联系，但不是一回事，它们分属不同的层面。二者的关系可以用汉字“书”来说明：

书
- 能指：字形“书”
- 所指：语言符号
  - 能指：读音“[ʂu^{55}]”
  - 所指：意义“装订成册的著作”

（三）文字形、音、义三要素

1. 字和词

字和词是不同的概念。字属于文字层面，是视觉符号；词属于语言层面，是听觉符号。造字的目的就是要将听觉符号转换为视觉符号。文字实际上等于“字形＋语言符号”，所以说它是语言的书面形式，或者说是语言的视觉表现。

从造字之初看，汉字一个字形代表的是语言中的一个词，因为古代汉语基本上是单音节词。既是单音节词，也可以说一个字形对应一个音节。至于古代汉语中的“联绵词”，两个字形对应一个词，那是另有原因的。

从现代汉语的角度看，仍然有相当数量的“一字一词”现象，但越来越多的是两个字形或多个字形对应一个词。正因为如此，学界说汉字字形对应语素，进而认为汉字是语素文字。说法变了，但是道理没有变：古代汉语的许多单音节词现在都成了构词语素，这样字形也就由以前的对应词转为对应语素了；语素一般是单音节的，这样还同样可以说一个字形对应一个音节。

字形的创制有两种方法。一是用笔画构成字形，一是用字母构成字形。拼音字母实际上相当于笔画，都是用来构成字形的。例如“书”是由四个笔画构成的字形，用来对应汉语中的[ʂu^{55}]；“book”是由四个字母构成的字形，用来对应英语中的[buk]。语言符号是音义结合体，二者密不可分。字形联系了音就等于联系了义，反之亦然。

2. 形、音、义三要素

文字等于“字形＋语言符号”，语言符号是音义结合体。那就等于说，文字有形、音、义三个要素。三者的关系可以表示如下：

文字 { 字形
↓
音—义

三、文字的分类

文字都有形音义三个方面，字形既要联系读音又要联系意义，三者融为一体。一般从造字动机上给文字分类：

(一) 表意文字：字形→义一音

字形直接联系意义，间接联系读音，造字的目的是“见形知义”。因这种动机而创制的文字就是表意文字。最早的象形字就是画“字形”来表示意义的。要表示乌龟的意思，就画一个像乌龟的“字形”。后来演变到由笔画构成字形。表意文字的字形与读音的联系是间接的，因此理论上读音可以各种各样，而且读音的变化也不会引起字形的变化。汉字从甲骨文到楷书，字形上发生了较大的变化，但这不是由于读音的变化，而是由于书写便利的要求。

(二) 表音文字：字形→音一义

字形直接联系读音，间接联系意义，造字的目的是“见形知音”。因这种动机而创制的文字就是表音文字。比如“book”这个字形，直接联系读音[buk]，通过这个读音联系“装订成册的著作”的意义。字形直接联系读音，要做到“见形知音”，这样读音发生变化，字形就会发生变化，否则不能做到“见形知音”。

可以看出，表意文字和表音文字都有形音义三要素，二者的区分仅在于造字时字形是直接联系意义还是直接联系读音。因此，表意文字不是没有读音，表音文字也不是没有意义。

四、汉字的历史功绩

表音文字由于要做到“见形知音”，字形会随着语音的变化而改变。这样，后人如果不经过特别训练，就无法看懂几百年前的文字材料。

汉字字形不因读音的变化而变化，因此字形上具有统一性和稳定性。字形的统一性使得不同方言区的人能够比较顺利地进行书面交际。尽管同一个字在不同方言中有不同的读法，但是写法是一致的，因此书面交流基本没有障碍。字形的稳定性使得古今书面语贯通，为中华民族优秀文化的传承提供了物质保障。稍有文化的人对先秦两汉的古书也能部分看懂或者能了解大意。统一而稳定的汉字，强化了人们对汉语的认同、对中华民族的认同，起到了维系民族大团结的纽带作用。

对于汉字的历史功绩，电视纪录片《汉字五千年》有精彩的评价，这里引用几段：

腓尼基人发明的字母文字在进入公元 8 世纪以后，开始了它的裂变过程。公元 14 世纪到 16 世纪的文艺复兴时期，在欧洲大陆上，拼音字母与各民族语言相结合，陆续形成了四十多种文字，并最终导致了今天我们在欧洲版图上所看到的这些民族国家的诞生。

而与此相对照，公元 8 世纪到 16 世纪的中国却非常稳定，尽管经历了唐、宋、元、明几个王朝更迭，但在广大辽阔的中国区域内，汉字像一根看不见的魔线，把语言不同、风俗习惯不同，甚至血统都不相同的人民的心灵缝合在一起，成为自觉的中国人。

在漫长悠久的岁月里，汉字的形体虽屡有变异，但却一脉相承，忠实地记录了中华文明五千年的光辉历程，清晰地照亮了中华民族踯躅前行的漫漫夜路。不论是楚辞汉赋、二十四史，还是唐诗宋词、明清小说，都是汉字数千年来用灵魂的砖石构建的精神大厦。汉字使我们成为我们，使汉族成为汉族，使中华成为中华！

我们很难想象，如果古代的中国人不用汉字，而是像古罗马人那样，用拉丁字母来拼写中国大大小小的各种方言，其后果将会是什么？

公元 1848 年，美国汉学奠基之作《中国总论》出版。在这本著作中，美国"汉学之父"卫三畏用自己在中国 40 年的生活经历告诉世人：一旦废止汉字，而改用字母去拼写汉语方言，那么中国将不复存在。

思考与练习

1. 人类为什么要创制文字？是怎样创制的？

2. 文字与语言的关系怎样？

3. 有人说汉字是语素文字，英文是音素文字，你怎么看？

4. 汉字可以记录汉语，汉语拼音方案也可以记录汉语，原因是什么？

5. 有人说汉字的基本单位是字，拼音文字的基本单位是字母。你的看法如何？

6. 有人说汉字对应音节，不对应词，因为汉字是一字一音节。你的看法如何？

7. 如何理解下面这段话？

在欧洲大陆上，拼音字母与各民族语言相结合，陆续形成了四十多种文字，并最终导致了今天我们在欧洲版图上所看到的这些民族国家的诞生。

第二节　汉字字体演变

一、演变过程

汉字产生于原始社会末期，至今已有五六千年的历史。从比较成熟的甲骨文算起，也有三千多年的历史。从甲骨文产生至今，汉字字体经历了甲骨文、金文、篆书、隶书、楷书等体式的变化。

这些字体可以分为古文字和今文字两类，前者指甲骨文、金文、篆书，后者指隶书、楷书、草书、行书。

字体的演变一般是缓慢的、渐进的。不是新的字体一出现，旧的字体马上就废除，而是经过一段新旧并存的时间之后，才由新字体代替旧字体。旧字体基本上不用之后，也不是就此消灭，而是在某些场合仍会有所使用（如书法）。

（一）甲骨文

甲骨文是目前能见到的最早的成体系的较为成熟的汉字，它是三千多年前殷商时代通行的文字。因为刻在龟甲和兽骨上面，所以叫作甲骨文，如图 2－1 所示。甲骨文的字形特征是：

第一，线条细瘦，大小不一。

甲骨文通常是用刀刻凿的。因为龟甲和兽骨质地坚硬，所以甲骨文字形线条细瘦，多直笔，拐弯处则多方笔，棱角分明，外形参差不齐，字的大小也不统一。故甲骨文又称殷契、契文，“契”就是用刀雕刻的意思。

第二，图画性质比较明显，结构尚不定型。

甲骨文是古老的汉字，其中不带表音成分的占绝大多数，图画性质比较明显，而且文字尚未经过统一。结构尚不定型，许多字可以正写、反写，笔画繁简不一，偏旁不固定，且可有可无，异体字较多。

图 2－1　甲骨文

（二）金文

金文是殷周时期浇铸或刻凿在青铜器上的文字。青铜器以钟鼎为多，所以，金文又称钟鼎文，其文辞被称作铭文，如图 2－2 所示。

金文与甲骨文字体一脉相承，但有差异。金文的字形特征是：

第一，笔画肥大厚实、丰满圆浑。

金文是由浇铸而成的，因而其笔画肥大厚实、丰满圆浑。

第二，图画性质减弱，结构趋于匀称、方正。

金文更趋于匀称、方正，文字的象形程度显著降低，符号性质增强，书写起来比较方便。不过，异体字依然较多。

图 2－2　金文

（三）篆书

篆书又分为大篆和小篆。广义的大篆包括秦国文字和六国文字，一般指秦国大篆，以籀文和石鼓文为代表。

籀文传说是《史籀篇》里的字，石鼓文因刻在鼓形石上而得名。秦国的大篆基本上保持了西周金文的写法，只是更加整齐匀称，如图 2－3 所示。

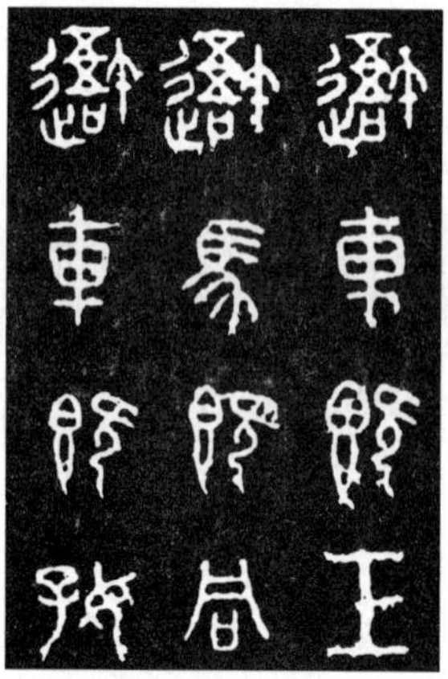

图 2－3　大篆

小篆是秦始皇统一六国后采用的标准字体，是在大篆的基础上发展而来的，如图 2－4 所示。小篆是汉字第一次规范化的字体，小篆的诞生标志着汉字的统一。小篆以泰山刻石为代表。

秦代小篆经过李斯等人整理，字形比大篆简化了许多，具有如下特征：

第一，结构匀称整齐，线条均匀柔和，略带弧形。

第二，偏旁较为固定，减少了异体，字形更趋于定型化。

第三，象形意味削弱，字形更加符号化。

图 2－4　小篆

（四）隶书

隶书是由草率的篆书发展而来的。在秦代，隶书只对小篆起辅助作用；到了汉代，隶书发展成为一种全新的汉字字体，并取代了小篆成为通用字体，如图 2－5 所示。因此，隶书分为秦隶和汉隶，秦隶称作古隶，汉隶则称今隶。隶书是汉字发展史上的一个转折点，是古今文字的分水岭。隶书字形有如下特征：

第一，形成了基本笔画。

隶书完全打破了小篆的结构，形成了点、横、竖、撇、捺等基本笔画。隶书用点、横、竖、撇、捺等笔形转写篆书所发生的汉字字体的变化，文字学上一般称为“隶变”。

第二，笔形有波磔。

第三，字形完全符号化，图画性基本消失。字形扁方、有棱角。

图 2-5　汉隶　张迁碑

（五）楷书

楷书又叫正书、真书。“楷书”就是端端正正可做楷模的字体。它是出现于东汉、成熟并通行于魏晋、一直沿用至今的标准字体。楷书使汉字完全变为由笔画组成的方块形符号，如图 2-6 所示。其字形特征是：

第一，字形方正，笔画平直，无隶书的波磔。

第二，结构紧凑，更加简化。

图 2-6　楷书

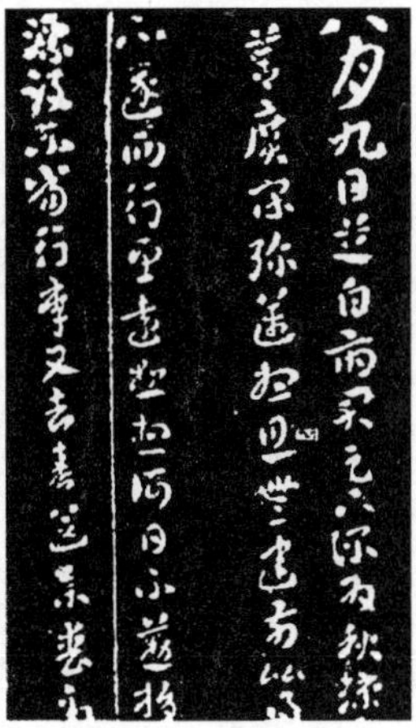

图 2-7　章草　秋凉帖

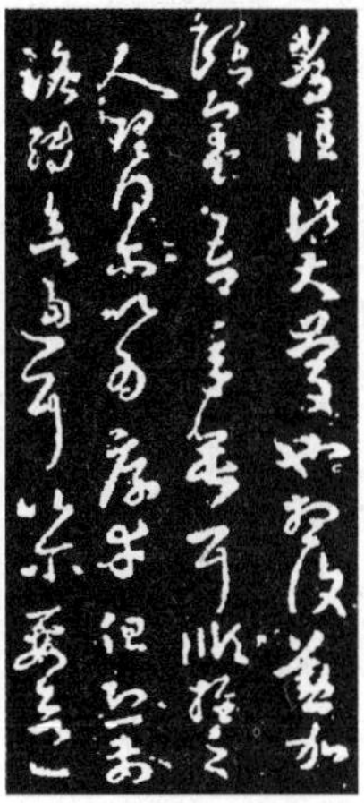

图 2-8　今草　十七帖

（六）草书

“草”是“潦草”的意思，每一种字体都有潦草的写法。作为一种字体，草书指汉代为提高书写速度在隶书的基础上形成的一种字体。草书一般分为章草、今草、狂草三种。

章草是隶书的快写体，如图 2-7 所示。今草是楷书的快写体，如图 2-8 所示。狂草是在今草的基础上任意增减笔画，恣意连写而成的。

（七）行书

行书是介于草书和楷书之间的一种字体，是楷书的草化或草书的楷化。行书的书写比楷书灵活流畅，辨认比任意挥洒的草书容易。

可以看出，草书和行书是快写体。从甲骨文到楷书，字形不断简化，图画性不断削弱，符号性不断增强，直至方块形符号楷书的定型，如图 2-9 所示。

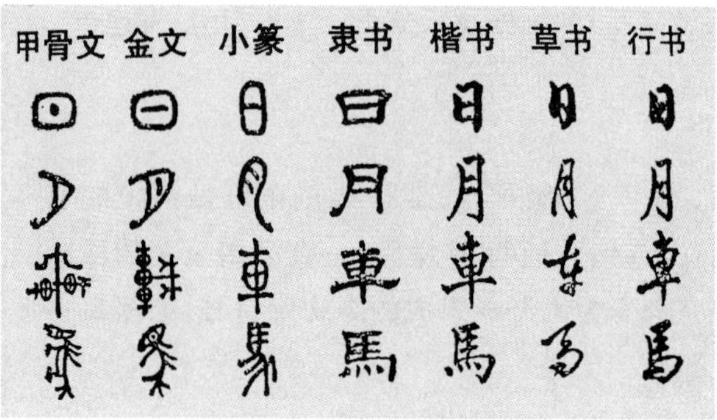

图 2-9　汉字字体演变图

二、字体演变的动因

(一) 主观因素

书写者对汉字的简易要求和美观要求是汉字字体演变的主观因素。人们追求书写快捷便利,使得字形不断简化。一种新字体产生之初,往往只是旧字体的草率写法,因而与旧字体相去不远。后来经过书法家的美化,特征逐渐鲜明,字形和写法逐渐稳定,便很快通行,逐渐代替旧字体而成为正式字体。

(二) 客观因素

书写工具和承载材料的变化是汉字字体演变的客观因素。龟甲兽骨坚硬,刻写工具尖利,因而甲骨文线条纤细、大小不匀。金文附着在青铜器上,需要浇铸,木模又可以雕琢加工,因而金文浑厚整齐、有肥笔。毛笔柔软,富于弹性,才有可能产生篆书圆转而呈弧形的笔画,产生隶书的波磔和楷书的各种笔画。

三、楷书的繁体和简体

(一) 汉字的符号性质与字形的简化

汉字字体演变的总趋势是简化。从甲骨文到小篆,图画性不断变弱,到楷书,完全变成了方块符号。一千多年来,楷书一直是汉字的标准字体。为了书写上的更加简便,20世纪50年代对楷书进行了一次成功的简化,这样楷书就有了繁体和简体之分。这一次的简化字体已成为我们现在使用的标准字体。

字形是否可以不断地往下简化？20世纪70年代后期第二次汉字简化的实践提醒我们：虽然字形发展的总趋势是简化,但是必须把握一个度。汉字是汉语的书写符号系统,造字的目的是为了书面交际。作为交际符号,必须做到既简便又合用。从书写便利的角度看，当然是越简化越好。但是，从使用的角度看，字形并非越简越好。假如简化到字形之间没有明显的区别特征，那就不合用了。例如：

规范简化字	二简字
芭 粑 笆	巴
糊 葫 蝴 猢	胡
扠 杈 汊 衩	叉
稀	希
籍	笈
鳜	桂
蛋	旦

上例二简字使得原来有区别的字形变得没有区别，使用起来很容易出现混淆。又如：

规范简化字	二简字
幕	⿱大巾
整	⿱大正
冀	北

这样的二简字不仅区别特征不够明晰，而且失去了汉字造型上美观的特点。

第二次汉字简化方案违背了文字字形必须做到简便与合用相统一的规律，简化未能取得成功。国务院 1986 年废止了这个方案，并指出："今后，对汉字的简化应持谨慎态度，使汉字的形体在一个时期内保持相对稳定，以利于社会应用。"

可见，字形的简化要把握简便与合用之间的度。

（二）汉字简体（一简）

对楷书的简化方法，主要有以下六种：

1. 草书楷化

以楷书的笔法书写草书字体，形成简体字。例如：

長—长　專—专　門—门　馬—马　為—为　當—当

2. 更换偏旁

把笔画多、结构复杂的偏旁更换为笔画少、结构简单的偏旁。例如：

鄧—邓　撲—扑　潔—洁　擁—拥　療—疗　億—亿

3. 保留局部

保留原字的某一部分偏旁，其余删除。例如：

開—开　豐—丰　務—务　奮—奋　聲—声　醫—医

4. 同音替代

即用笔画简单的同音字来代替繁体字。例如：

隻—只　幾—几　齣—出　穀—谷　後—后　纔—才

5. 另造新字

另外创造结构简单的字，或从古代文献中找出异体字替代原字。例如：

筆—笔　體—体　塵—尘　竈—灶　叢—丛　頭—头

6. 采用古体

古代有些字由于字义分化，或为了突出字义而加上了表义偏旁，现代又去掉该偏旁，使之简化。例如：

雲—云　電—电　氣—气　採—采　從—从

简体字相对于繁体字而言，是在繁体字的基础上形成的笔画少、结构简单的汉字。绝大部分简体字都有自己对应的繁体字。但是也有少部分简体字没有对应的繁体字，原因是它们并不是由繁体简化而来的，而是一直就是那样写的，只是后来与某个简体字同形了。如果在一些特殊场合需要使用繁体字时，注意不要机械地繁简对应，以免弄错。例如：

后 { 君主之妻（本义）：皇后、太后、母后
　 { “後”：前后、落后

思考与练习

1. 为什么字体的演变过程是从繁到简、从图画性到符号性？

2. 从甲骨文到楷书，几百年就发展出一种新字体，为什么楷书之后一千多年却没有出现新的字体？

3. 第一次简化汉字取得了成功，第二次却失败了，为什么？

4. 小篆在汉字发展史上的重要意义是什么？

5. 为什么说隶书是古今汉字的分水岭？

6. 楷书与简体字、电脑用汉字字体（如“宋体”“仿宋”“楷体”等）的关系是什么？

第三节　汉字结构

讲汉字的结构，实际上是考察汉字是怎么架构起来的。最早的汉字是图画出来的，这就是象形字。有的事物比较抽象，画不出来，办法有两种：一种是在象形字上面加某种符号来表意，这样架构出来的字就是指事字；另一种是两个或两个以上已有的字（一般为象形字）会合起来表达一个意思，这样的字就是会意字。这三种字形都只是直接联系意义，很难念出字音来。为了解决这个问题，造字时借用某个已有的字（象形字、指事字或会意字）作为声旁，用来提示声音。这样的字就是形声字。有的抽象概念很难造出合适的字形，则借用已有的同音字去表示该抽象意义，这种做法就是假借。当然字形构造的方法还有其他的，下面具体说明。

一、汉字造字法

（一）六书

汉字字形是直接联系意义的，字形的架构是围绕着如何表意进行的。汉字表意造形的方法有象形、指事、会意、形声四种，再加上转注、假借两种用字之法，共六种，称作“六书”。象形和指事造出来的是独体字，会意和形声造出来的字是合体字。

1. 象形

象形是直接描摹事物形状的造字方式。例如以表示“日”的意思，以表示“月”的意思，以表示“山”的意思，这些以图画表意的方式就是象形。

象形字虽然是图画性质的，但是与图画有本质的不同：它直接联系了意义，也就间接联系了读音。象形字都有读音，而图画则没有读音。假如没有读音，就只是图画，理解起来便会见仁见智。

2. 指事

指事是用符号标出事物特点的造字方式。指事方式有两种：

（1）在象形符号上加指示性符号。例如：

刃——，在“刀”字上加指示符号表示“刀口”的意思。

末——，在“木”的顶端加指示符号表示“末梢”的意思。

（2）纯粹用符号指事。例如“上”和“下”在甲骨文中的表示方式：以一横线为参照，在其上面画一点表示方位“上”，在其下面画一点则表示方位“下。”

3. 会意

会意是两个或两个以上的字会合成一个新字的方式。例如：

休——，人＋木，表示人在树下歇息。

采——，爪＋木，表示用手摘树上的果子。

会意法在现代也会被使用，例如“孬”“甭”“众”就是使用会意法造出来的。

4. 形声

形声是由两个字复合成一个新字的造字方式，其中一个表意，称作意符或形旁，另一个表音，称作音符或声旁。例如：

沐——，水＋木：“水”表示与水有关，“木”表示读音。

这种造字法有着极大的优越性，因为形声字既联系意义又联系读音，好懂又好读。由于这个原因，形声造字法成了汉字的主要造字法，汉字中形声字占绝大多数。新增的汉字大都是形声字，如化学元素“氢”“氦”“锂”“铍”“硼”。

5. 转注

转注指部首相同、音近义同的字可以相互注释。例如“考”与“老”，同属“老”部，音近义同，因此可以转注：“考”可释“老”，“老”亦可释“考”。又如“顶”与“颠”，同属“页”部，音近义同，因此可以转注：“顶，颠也”，“颠，顶也”。由此可见，转注只是汉字中已有的字之间的相互训释，并未造出新字，转注必须同时具备三个条件：同一部首、音同或音近、义同。

6. 假借

假借指“本无其字，依声托事”。“本无其字”指有音无字，“依声托事”指借一个同音的字来表示。因为这个同音字是借来的，所以称为假借字。例如：

“难”本指一种鸟，后假借为“难易”之“难”，表鸟名的本义反倒消失了。“来”本指麦穗，借作“来去”的“来”，原来的名词意义反倒消失了。

现代汉字同样使用假借之法。例如“米”本指去壳的粮食，后来又借用来对译英语的长度单位 meter。

假借只是借用已有的汉字作为纯粹表音的符号使用，并没有产生新字。与转注不同的是，它只要具备声音相同或相近这一个条件就可以了，假借字所表示的意义与其本义可以毫无联系，完全突破了汉字表意的局限，纯粹采用同音代替的方法。

形声字的声旁也是借用已有的汉字来表示读音的。例如“木”是象形字，表示“树木”。它用来作“沐”的声旁时，借用的是其读音，不带意义。

（二）其他造字法

1. 合音合义

两个形声字，各取音符组合成新字。一个音符作声母，一个音符作韵母，组成的新字意义等于原来两个字的相加。例如：

氢+硫→巯(qiú)(含氢和硫的基)

氢+氧→羟(qiǎng)(含氢和氧的基)

碳+氧→羰(tāng)(含碳和氧的基)

2. 音符改为记号

繁体改为简体时，有时把复杂的声旁改为一个简单的记号。例如：

鸡：又+鸟。又—奚。繁体“雞”本为形声字。

观：又+见。又—雚(guàn)。繁体“觀”本为形声字。

二、形声字

(一) 形旁与声旁的结构方式

左形右声：湖、江、柏　　右形左声：鸠、雄、郡

上形下声：荷、霜、空　　下形上声：妄、帮、裂

内形外声：问、哀、辩　　外形内声：裹、固、阁

另外，还有些形声字，意符或音符只占一个角落的位置。例如：

颖：从禾，顷声　　徒：从辵(chuò)，土声

(二) 形旁和声旁的作用和局限

文字是用字形来联系语言符号的音和义的。字形直接联系音，间接联系义的是表音文字；字形直接联系义，间接联系音的是表意文字。表音文字造字动机是见形知音，遇到的问题是字形会随着读音的变化而变化。表意文字的造字动机是见形知义，虽然字形比较稳定，但是不能提示读音。形声造字法取了二者的长处：既有提示读音的声旁，又有提示意义的形旁。就是说，字形既联系读音又联系意义。这种造字法比较理想，因此形声字占汉字总数的80%以上。

1. 形旁的作用和局限

形旁的作用是提示意义类别。例如“氵”形旁提示该字形联系的意义都与“水”有关：

洪　流　海　洋　池　汤　染　漆

其不足是，由于词义的演变，有的形旁不能提示意义类别了。例如现在已经看不出“理”与“玉”有关，看不出“红”与“丝”有关。由于制造材料的变化，现在的“镜”也与“金”关系不大了。

2. 声旁的作用和局限

声旁的作用在于标示或提示读音，这样汉字也具有表音文字见形知音的优点。造字之初，声旁的读音理当与整个字的读音一致。现在仍有相当一部分形声字的读音与声旁一致。例如：

湖　诂　炸　诈　澳　懊　菲　霏　逍　宵

其不足是，由于语音的演变，许多声旁已变得只能提示读音，有的与整字的读音相去甚远。例如：

红　鳔　浦　侠　郎　暮　纳　咎　路　佻

三、笔画、笔形、部件、偏旁

（一）笔画和笔形

笔画指从落笔到收笔写成的线条，是汉字构形的最小单位。这样的线条可以称作“一画”或“一笔”。

笔形指笔画的具体形状。笔画只管落笔到起笔的过程，至于写成什么样子，那是笔形的事情。例如我们说“户”有四画，这个“画”就是笔画，即包含四个“从落笔到起笔”的过程。这四画的具体写法分别是：点、横折竖、横、撇。这里的“具体写法”就是笔形。

汉字的基本笔形有六种：点、横、竖、撇、捺、折。也有学者认为是五种，即把“捺”与“点”合并。笔形的落笔到起笔是有方向的：

（1）点：落笔之后马上起笔，一般是朝右下方向落笔，但是也有朝左下方向落笔的。如“点”字的下面四点，第一点是左下方向落笔，后面三点是右下方向落笔。

（2）横：从左到右，水平方向行笔。

（3）竖：从上到下，垂直方向行笔。

（4）撇：从上往左下方行笔。

（5）捺：从上往右下方行笔。

（6）折：行笔曲折变化，改变方向，实际是上面笔形的复合。

基本笔形在构造字形时仍有各种变体。例如“横”就有短横和长横，还可以变成“提（挑）”（工→攻）。变体最多的是“折”。例如：

㇕横折竖　　㇊横折竖折提　　ㄣ竖折横折撇

可以看出，“折笔”虽然也是“一画”或“一笔”，即也是一个“从落笔到起笔”的过程，但是运笔时改变方向，复合了不同的笔形。

(二) 部件及其构字模式

部件是由笔画组成的构字单位，它一般由两个或两个以上的笔画组成，有时也可以由一个笔画组成(如“一”)。

1. 部件的分类

成字部件：口、土、日、月

不成字部件：氵、勹、虍

2. 部件的层级

基础部件：最小的不能再切分的部件。例如：

口　土　日　月　氵　勹　虍

合成部件：由两个或两个以上的基础部件构成的部件，如：句、相、早、贡、想、奢、章。

合成部件的分析可以按照层级进行。第一层切分的两大部件叫作“一级部件”，一级部件往下再分便是二级部件，以此类推。例如：

章
- 立
- 早
  - 日
  - 十

一级部件：立、早；二级部件：日、十。

3. 部件构字模式

笔画构成部件，部件构成字形。合体字一般两个或两个以上的部件构成一个字形，当然也可以一个部件成字——独体字，就像有时一个音素也能构成一个音节，一个语素也能构成一个词，一个词也能构成一个句子。合体字部件有四种结构模式：

(1) 左右结构。例如：休、描、漫、语、提、狗。这种模式还包括左中右结构：浙、班、街、撇、哪、鸿。

(2) 上下结构。例如：早、恩、呈、毕、花、霏。这种模式还包括上中下结构和塔式结构，前者如：曼、覃、高、菜、莒；后者如：品、晶、森、众、磊、鑫。

(3) 包围结构。例如：国、回、圆、团。不完全“包围”的结构也算作此类，例如：闻、凤、区、巨、凶、函、店、康、尴、边、式、勾。

(4) 框架结构。例如：乘、噩、坐、爽。

(三) 部件、偏旁与部首的联系和区别

1. 三者的联系

部件是从构字角度说的，多个或一个部件构成一个字；偏旁是从合体字切分出来的一级部件而言的；词典把有相同偏旁或起笔的字归为一部，这个偏旁或起笔就是部首。因

此，部件、偏旁、部首三者可以指同一个东西。例如“亻”是合体字“仞”中的一个部件，也可以说它是合体字中的偏旁（形旁），同样可以说它是词典中的一个部首，因为词典中凡是含有“亻”旁的字都归为一部，以“亻”为首。又如：

日
- 部件：“日”和另一个部件“西”组成“晒”字。
- 偏旁：“日”是“晒”字的形旁。
- 部首：词典中含“日”的字聚在一起，以“日”为首。

2. 三者的区别

部件有大小之分，可以按照层次切分，切分成一级部件、二级部件，直到不能再切分。例如“湖”可以切分出不同层级的部件：

湖
- 氵
- 胡
  - 古
    - 十
    - 口
  - 月

偏旁则是合体字中的一级部件，包括形旁和声旁。例如“湖”有两个偏旁：形旁“氵”和声旁“胡”。

部首一般是一级部件中的形旁。例如“氵”是形旁，词典中是部首，凡是含“氵”旁的字归为“氵”这一部；“氵”处于该部之首，所以称作“部首”。又如“鸟”既是独体字，又可以作为形旁，这样，“鸟”字以及以“鸟”为偏旁的合体字归为“鸟”这一部；同样，“鸟”处于该部之首，所以称作“部首”。

不过，部首也可以是某些字的起笔。例如以“一”（横）为起笔的字（如“本”“末”“下”“击”“事”）归为“一”部。

思考与练习

1. 为什么说转注和假借是用字之法？
2. 象形、指事、会意和形声四种造字法有什么内在联系？
3. 汉字中为什么形声字占绝对多数？
4. “点”能与“捺”合并吗？为什么？
5. 笔画与笔形的区别是什么？
6. 折笔的变体究竟有多少？请尽可能归类。
7. 部件、偏旁与部首的联系和区别是什么？

第四节　汉字特点

与表音文字相比较，汉字主要有五个方面的特点：表意性质、方块字形、字形稳定、形声字占绝对多数、高频字集中。

一、汉字是表意性质的文字

第一，从六书造字过程看，汉字表意性质一脉相承。

汉字造字之初是尽可能画出事物形象特征的，以便达到见形知义的目的。有些抽象的事物难以图画其特征，因而指事、会意造字法应运而生。指事主要是在象形字上增添某个表示抽象意义的标记，当然也有少数指事字全由抽象标记构成。会意是两个象形字或象形字加指事字会意，以表示抽象的意义。象形、指事、会意造出来的字不能联系读音，识读有很大困难。为了解决这个问题，人们又悟出了形声造字法。形声字由两个已有的字构成：一字联系字义，目的是能够见形知义；另一字联系字音，目的是能够见形知音。这“已有的字”可能是象形字、指事字或会意字。借过来表音的那个字，只借其音，不借其义。例如：

象形字：刀、人（亻）、木、果、衣、爪（爫）、水（氵）

指事字：刃、本、二

会意字：休、采、仁

形声字：沐、泍、菜、仞、棵、裹、咻

可见，象形字是基础，后面的字都是在象形字的基础上造出来的，这充分说明了汉字的表意性质。象形与其他造字法的关系可以表示如下：

象形字 ↓ 指事字 } 会意字 } 形声字

第二，从联绵词看，汉字字形仍倾向于直接联系意义。

联绵词是两个字对应语言中的一个词，单个的字好像不联系意义，实际则不然。例如联绵词“玻璃”“琵琶”“枇杷”“芙蓉”中形旁都与对应的意义有关系。另外，音译外来词的汉字，包括新造的或借用的，一般也会尽可能通过字形或汉语中的意义对应其在外语中的意义。例如“咖啡”，与“口”有关；又如“玛丽”，因为汉语“玉”字旁和“丽”字，很容易看出它对应外国女性姓名。

二、汉字是方块形文字，排列整齐

汉字字形方正，每个汉字所占空间相同，因而能做到整齐划一。表音文字则很难做到这一点。例如汉字“唱”“京”“剧”所占空间都是一样的，而对应的英文字形则是 sing、capital、opera，看得出，它们所占空间不一致。即使是用我们的汉语拼音来记录，大小也不一致，因为它们分别拼写为：chàng、jīng、jù。

另外，汉字字形方正，大小一致，字与字之间界限分明，因而不存在分词连写的问题。例如“唱京剧”写到一块，不要间隔，而用拼音文字来写则要写作：chàng jīngjù，词之间要间隔开来。

三、汉字字形稳定

汉字从甲骨文到楷书，字体发生了一些变化，那主要是为了书写上的便利和美观，并未改变其表意性质。两千多年来，字形相当稳定。字形稳定，有两大好处：

一是便于跨方言交流。方言之间语音差异很大，如果用表音文字去记录各方言的词，那么口头和书面交际都无法进行。而用汉字记录则不然。虽然读音多样，但是写法一样，因此不同方言之间的书面交际没有障碍。

二是便于古今交流。对先秦两汉的文献，稍有文化的人一般能部分看懂或能了解大意。而表音文字则不然，由于要做到见形知音，字形会随着读音的变化而变化，其结果是，人们如果不经过专门训练，就无法看懂几百年前的文献。

四、形声字占优势

形声字占汉字的绝大多数，是因为形声字既保持了汉字表意性质，又吸收了表音文字的优点。形声字的形旁联系意义，声旁联系读音。这样，既有表意文字“见形知义”的优点，看到形旁一般能知道这个字的意义属于哪一类，又有表音文字“见形知音”的优点，看到声旁一般能读出字音或者得到读音的提示。这样的字形方便识读和记忆。

当然，语言是会变化的，由于意义演变和假借的原因，有的字形现在不能提示义类了。例如：

理：从玉，里声。本义与“治玉”有关，今天的“治理”“修理”“管理”已体现不出“理”与“玉”有什么关系了。

笨：从竹，本声。本义与“竹”有关，已假借为“笨拙”意义，与“竹”无关了。

由于语音的变化，声旁能够准确标示读音的已经不多了，多数是提示读音，有的甚至不提示读音。例如：

种：不读“中”，声调发生了变化。

椅：不读“奇”，有一点提示作用。

池：不读“也”，不能提示读音了。

形声字的声旁并没有随着读音的变化而变化，因为它本身是表意文字的一部分，表意文字的字形不随读音变化。

五、高频字集中

《现代汉语常用字表》共收字 3 500 个，2 500 个常用字的覆盖率为 97.97%，其余 1 000 个的覆盖率为 1.51%，这样 3 500 个字总覆盖率达 99.48%。常用字中最常用的 1 000 个汉字可以覆盖 90%以上的阅读。

思考与练习

1. 现代汉字已经不是象形字了，而且形声字占绝大多数，为什么仍然说汉字属于表意文字？
2. 汉字字形经过了多次变化，为什么还说汉字字形稳定？
3. 汉字字形稳定具有什么样的重要意义？
4. 最常用的 1 000 个汉字可以覆盖 90%以上的阅读，最常用的 1 000 个英语单词是否也可以覆盖 90%以上的阅读？

第五节　现代汉字规范化

汉字是汉语的书写系统，是汉语书面交际的工具。作为交际工具，需要规范化。规范化，也叫标准化，就是设定统一的使用标准，以便于应用。汉字数量不断增加、一字多形、一字多音等，这就需要设定统一的标准，否则会造成书面交际的混乱。现代汉字规范化的内容是四定：定量、定形、定音、定序。

一、定量

定量就是规定现代汉语用字的总量，包括常用汉字、通用汉字及各类专业用字的数量。

（一）汉字的累积

汉字有悠久的历史。由于长时间的积累，汉字的总字数多达数万。我们可以从一些主要字书中看出历代字书收字的总量是不断增加的：东汉许慎的《说文解字》收字9 353个；晋代吕忱的《字林》收字12 824个；宋代陈彭年等的《广韵》收字26 194个；清代张玉书等的《康熙字典》收字47 043个；当代徐中舒主持编纂的《汉语大字典(第二版)》收字60 370个。

（二）现代用字的统计

据北京新华字模厂1974年编印的《字目表》、邮电部1983年公布的《标准电码本》与《新华字典》等有关资料统计，现代实际使用的汉字数在6 000到12 000之间，除去各种专用字，当代通用汉字大约是6 000～7 000个。在这6 000～7 000个汉字中，使用的频率并不相等，有的高有的低。

（三）字量的设定

1965年文化部和中国文字改革委员会共同发布了《印刷通用汉字字形表》，共收字6 196个，这是对通用汉字数量研究的一个初步成果，该字形表基本上能满足印刷厂排印一般报刊图书的需要。

1981年国家标准总局发布了《信息交换用汉字编码字符集・基本集》(GB/T 2312-1980)，这是计算机汉字处理的一项重要标准，它共收字6 763个，分为两级，一级字3 755个，二级字3 008个。

1988国家语委和新闻出版署发布《现代汉语通用字表》，确定了通用汉字7 000个，其中常用字3 500个。这3 500个常用字阅读总覆盖率达99.48%，其中最常用的1 000个汉字可以覆盖90%以上的阅读。

2013年国务院公布《通用规范汉字表》，共收字8 105个，分为三级：一级字表为常用字集，收字3 500个，主要满足基础教育和文化普及的基本用字需要；二级字表收字3 000个，使用度仅次于一级字。一、二级字表合计6 500字，主要满足出版印刷、辞书编纂和信息处理等方面的一般用字需要；三级字表收字1 605个，是姓氏人名、地名、科学技术术语和中小学语文教材文言文用字中未进入一、二级字表的较通用的字，主要满足信息化时代与大众生活密切相关的专门领域的用字需要。

二、定形

定形是为所有现代汉字确定标准字形。主要表现为确定正体、简化字形和规定写法三个方面。

（一）确定正体

一组同音同义异形字（即“一字多形”）中，确定为标准字的那个字是正体字，其余的字就是异体字。也就是说异体字是与正体字音义相同而字形不同的字。例如：

泪—淚

辉—煇

回—囬、廻、迴、囘

确定标准字形的原则是从俗从简。从俗就是选择群众中比较流行的，从简就是选择笔画比较简单的。1955 年文化部和中国文字改革委员会发布了《第一批异体字整理表》，表内收异体字 810 组，淘汰异体字 1 055 个。后来由于使用的需要，又陆续恢复了被淘汰的 28 个字。1988 年公布的《现代汉语通用字表》，被淘汰的异体字由 1955 年的 1 055 个减少为 1 027 个。

（二）简化字形

在合用的条件下，使繁难的字形变得更加简便，这样会更加便于学习和使用。1964 年经国务院批准，公布了《简化字总表》，实收简化字 2 235 个。1986 年对该表做了个别调整，并重新公布该表。这些简化字有的是古已有之（如“云”“采”）；有的是草书楷化而来（如“為→为”“專→专”）；有的是替换了复杂的偏旁（如“態→态”“雞→鸡”）；有的仅保留原字的有特征的部分（如“務→务”“醫→医”）；有的更换整个字形（如“萬→万”“頭→头”）。

（三）规定写法

字形规范标准还包括怎么写，对笔画数目、笔画形状、笔画顺序和部件位置都需要统一规定。这些都体现在 1965 年发布的《印刷通用汉字字形表》和 1988 年发布的《现代汉语通用字表》里面。

三、定音

一字多音现象需要选择一种读音作为标准读音。所谓定音，就是要为所有现代汉字规定标准读音。例如“械”这个字有两个读音：xiè 和 jiè，“酵”也有两种读音：jiào 和 xiào，需要选择其中之一作为标准读音。1963 年出版了《普通话异读词三次审音总表初稿》，1985 年又发布了《普通话异读词审音表》，给现代汉字规定了标准音，对现代汉语的语音规范和普通话的推广起到了积极作用。

四、定序

字都要收入字典，字典会给每个字注音释义。要让读者从字词的海洋中迅速找到所要查找的字词，编纂者要按照一定的顺序去编排。读者按照编排的顺序去查找，就能顺利找到要找的字词。所谓定序，就是确定现代汉字的排列顺序。字有形音义三个方面，因而字典排字的顺序方法也有三类：形序法、音序法、义序法。

（一）形序法

形序法包括部首法、笔画法和四角法。

(1) 部首法。部首法是形序法中历史最久也最重要的排序法。字典不同，其部首数目和内容也会有所不同。例如《说文解字》首创部首540个，《康熙字典》214个，《新华字典》189个，《辞海》250个，《汉语大字典》200个。

(2) 笔画法。笔画法是由笔数和笔形相结合而构成的排序法。一般是先依笔画数分类，同笔画的再根据首笔笔形排先后，首笔相同的则看第二笔。也有的以笔形为主，再看笔画数安排次序。

(3) 四角法。四角法是依据方块汉字四个角的笔形特点进行编码排序的方法。

（二）音序法

音序法是以字音作为排序标准的一种方法。音序法又有以下几种：

(1) 声韵法。声韵法是我国古代韵书所采用的以声韵为标准的排序方法。声韵法的"声"指"平、上、去、入"四声，"韵"指韵部。

(2) 注音字母法。注音字母法是按照注音字母的顺序排序的方法。《国语辞典》和它的简本《汉语词典》都采用了注音字母的音序排列法，后来的《同音字典》也采用这种音序法。

(3) 汉语拼音排序法。这是我国现在通行的音序法，又可分为两类：一是单纯的字母排序法，以字母先后为排序依据，《汉语拼音词汇》用的就是这种排序法。另一类是"音节·汉字·字母分层排序法"，先以字母次序排列音节，同音节的又依汉字字形排列；词条第一汉字相同的则以第二音节的字母先后顺序排列。例如《新华字典》和《现代汉语词典》就采用了这种方法。

（三）义序法

义序法是按照字义把字分类排列的方法。较早的《尔雅》《释名》《方言》等用过此法。

1984 年出版的《同义词词林》也采用义序法。意义分类的标准难以统一，造成查检不便，所以现在一般的字典和词典很少用义序法。

文字规范化不能一劳永逸，因为文字处于使用之中，需要定期根据社会使用情况做一些调整。例如 1955 年发布了《第一批异体字整理表》，1986 年公布了《简化字总表》，1988 年发布了《现代汉语通用字表》，2013 年又在整合之前成果的基础上公布了《通用规范汉字表》。

思考与练习

1. 有学者认为，简化汉字造成了中华传统文化的断层，不利于对中华传统文化的传承。你对这个问题怎么看？
2. 整理异体字应遵循什么原则？
3. 如何看待外语字母词直接出现在汉语表达中？
4. 汉字为什么要规范？如何规范？

第六节 标点符号

一、什么是标点符号

语言中的词或语素是音义结合体，只听得见，看不见，交际中稍纵即逝，因而人们创制了视觉形体来固定它，这就是文字。人们在表达中，不仅要使用词语表达意思，还要使用停顿、句调等非词语形式来表达一定的意义。这种非词语形式表达词语以外的意思，同样只能感觉得到，但看不见，交际中稍纵即逝，因而人们像创制文字那样，创制了能表示这类意义的符号——标点。文字是符号，标点也是符号：前者表示概念意义，后者表示概念意义之外的语用意义，如停顿、情态、语气。因此，标点符号是书写系统的有机组成部分，能够辅助文字更好地进行书面表达。

标点符号可以分为标号和点号两类。标号包括引号、括号、破折号、省略号、着重号、书名号、间隔号、连接号、专名号、分隔号十种。点号可以分为两类：逗号、顿号、分号、冒号这四种用于句中；句号、问号、叹号(感叹号)这三种用于句末。

二、标点符号的功能

（一）标号的功能

标号主要用于标明词语的性质，有时也能表示特定的情态。例如：书名号标示书名，着重号标示重要的内容，省略号标示某些内容的省略，破折号标示内容注释、补充说明、语音或意义变化等。如：

我在极短期的踌躇中，想，这里的人照例相信鬼，然而她，却疑惑了，——或者不如说希望：希望其有，又希望其无……。人何必增添末路的人的苦恼，为她起见，不如说有罢。

"也许有罢，——我想。"我于是吞吞吐吐的说。

"那么，也就有地狱了？"

"阿！地狱？"我很吃惊，只得支梧着，"地狱？——论理，就该也有。——然而也未必，……谁来管这等事……。"

"那么，死掉的一家的人，都能见面的？"

"唉唉，见面不见面呢？……"这时我已知道自己也还是完全一个愚人，什么踌躇，什么计画，都挡不住三句问。我即刻胆怯起来了，便想全翻过先前的话来，"那是，……实在，我说不清……。其实，究竟有没有魂灵，我也说不清。"（鲁迅《祝福》）

上例的破折号非常逼真地描绘出"我"在回答祥林嫂关于灵魂的提问及追问时吞吞吐吐、闪烁其词的情态。上例的省略号也十分生动地描绘出"我"回答时断断续续、欲言又止的情态。

（二）点号的功能

点号的作用在于表示停顿和语气。句中的点号（逗号、顿号、冒号和分号）表示句子内部的停顿，句末的点号（句号、问号、叹号）表示特定的语气，还兼表停顿。例如：

① a. 下雨天留客，天留我不留。

b. 下雨天，留客天，留我不留？

② a. 至于标点符号的具体用法，则需要作为专题来讲解。

b. 柴，是他每天清晨从深山里砍来的。

③ a. 今天的天空很蓝。

b. 今天的天空很蓝？

c. 今天的天空真蓝！

上例的逗号是标示句中停顿的，但停顿表示的意义多种多样，如例①中逗号说明不同的停顿表示不同的结构和意义，例②中的逗号说明过长的语句需要以逗号来点断，以示稍加停顿，或表示强调主语。例③句尾的句号、问号、叹号分别表示陈述、疑问和感叹的语气。

三、使用标点时常见的问题

（一）逗号与句号、分号

1. 逗号与句号

二者的分工是清楚的：逗号表示句子内部的停顿，句号表示一句话说完后的停顿。但是，具体使用中有时会出错。例如：

① ＊山东鲁能队昨天在这里以 2∶1 击败上海队。从而继去年夺得可口可乐 21 岁以下全国青年足球联赛冠军后，成功卫冕这项全国最高的青年赛事。

② ＊榆林很古，一下车就感觉到了，出站的地方就是残缺的城墙，一条旧街上，坐落着三种不同样式的古楼，人与车在楼下穿行。

例①“从而”前后是分句之间的关系——顺承关系，它前面的停顿仍属于内部停顿，所以其前面的句号要改为逗号。例②就是人们常说的“一逗到底”现象。前两个分句构成一个整体：榆林给人的第一感觉，所以“感觉到了”后的逗号应改为句号。

2. 逗号与分号

复句内各分句之间的停顿，一般都用逗号。但是，如果是并列复句，而且分句内部已使用逗号，那么分句之间要使用分号。例如：

① ＊这些展品不仅代表了两千多年我国养蚕、纺织、印染、刺绣和缝纫工艺方面所达到的高超水平；而且也显示了我国古代劳动人民的聪明智慧和创造才能。

② ＊纵比，即以一事物的各个发展阶段作比，横比，则以此事物与彼事物相比。

例①分句之间是递进关系，分号应该改为逗号。例②分句之间是并列关系，且分句内部已经使用了逗号，因而“横比”前面的逗号应该改为分号。

（二）冒号与逗号

冒号一般用在提示语之后或总括语之前，有提示下文或总结上文的作用。例如：

① 这样做有很多好处：一可以增加出口，二可以带动煤炭工业技术改造，三可以容纳劳动力。

② 直到十几天之后，这才陆续的知道她家里还有严厉的婆婆；一个小叔子，十多岁，能打柴了；她是春天没了丈夫的；他本来也打柴为生，比她小十岁：大家所知道的就只是这一点。（鲁迅《祝福》）

冒号有时会与逗号相混。例如：

＊“不做生意?”翁亮说:“不做生意打那么多长话? 鬼才相信,你一定是在做大生意!”

“某某说”放在直接引语的前面需用冒号,但是插在直接引语之间,则要使用逗号。

(三) 引号与句末点号

引文照录原句、原话,前边又有冒号时,句中和句末的标点都应该照录,并把句末点号放在引号之内。引文只作为一句话的组成部分时,原文后边的点号则要删去,而在引号外边停顿的地方加上适当的点号。例如:

① 老师问我:“你什么时候回家?”

② 我想起了陆游的名句“位卑未敢忘忧国”呀!

引号与句末点号分工明确,但在实际的使用中也会出现混用。例如:

① ＊俗谚云:“惊蛰多栽树,春分犁不闲”。

② ＊据总编辑回忆,那个处长“是一个嗅觉很灵的猎犬。”

例①和例②刚好相反:例①的句号应该在引号之内,例②的句号应该在引号之外。

(四) 祈使句的点号

语气比较强烈时,用叹号;语气比较缓和时,用句号。例如:

① 你给我走开!

② 盈盈,姜夫人不许我们去,那就别去吧。(曹禺《王昭君》)

思考与练习

1. 标号和点号各有哪些? 各自的基本功能是什么?

2. 下面语句中的标点使用正确吗? 为什么?

(1) 继 1997 年全面修订刑法后,中国先后通过一个决定和八个修正案,对刑法做出修改、补充。此次刑法修改拟取消的 9 个死刑罪名分别是:走私武器、弹药罪、走私核材料罪、走私假币罪、伪造货币罪、集资诈骗罪、组织卖淫罪、强迫卖淫罪、阻碍执行军事职务罪、战时造谣惑众罪。

(2) 有一种民间文艺形式叫绕口令。例如:①,吃葡萄不吐葡萄皮,不吃葡萄倒吐葡萄皮。②,板凳不让扁担绑在板凳上,扁担偏要绑在板凳上。

(3) ① 制定并实施学校的中长期发展规划(2015—2020 年)。

② 要加快工程进度,确保地铁 3 号线 3～5 年内建成。

3. 如何看待点号的叠用？例如：

(1) 这就是你做事的方法？你这个人到底是怎么回事？？这么点小事都处理不好？？？

(2) 我要揭露！我要控诉！！我要据理力争！！！

(3) 他连这些最起码的常识都不懂，还敢说自己是高科技人才？！

4. 请给下列句子打上标点。

(1) 就是在这条小河里她曾冒着敌人机枪的扫射夺回了一箱麻醉药就是在这座山下她曾几天几夜不合眼抢救了数百名重伤员就是在这片雪地里她曾把战士冻成冰坨似的脚揣进自己的怀里就是在蒙汉同居的地方她曾率领几百名伤员艰苦跋涉二十八天走过荒芜的沙漠

(2) 随即宋献策问了她姓什么家中有什么人作何营生然后又问大嫂子你出城一趟不容易是住在周王府的西边吗

(3) 可不是么走时都半晌午啦桃叶妈也不由得想夸一夸自己的大木匠免得日后这个猴女婿瞧不起你是邻村人你总该知道你大叔那人啊肚子里有那么些邪门门横道道平素爱日鬼个机器啦新农具啦什么的不信你去看他那间房子摆得满地她用下巴指了指木匠工作的房子

第三章　词汇

第一节　词汇概说

一、什么是词汇

语言是交际的工具，言语交际需要一个个的句子，而造句的单位是词或作用相当于词的固定语。一种语言中全部词和固定语的总和就是词汇（也叫“语汇”）。例如：

词：书、桌子、看、驾驶、难看、了、吗

固定语：载人飞船、江西大学、韬光养晦、开绿灯、老九的弟弟——老十（老实）、和尚打伞——无法无天

现代汉语由古代汉语、近代汉语发展而来，在漫长的历史进程中逐渐积累了大量词语。就一个人而言，所掌握的词汇越丰富，驾驭语言的能力就越强，思想感情的表达就越精确，同时也能更准确地理解他人的话语。

“词汇”不是把词汇总在一起。汇总词语并做注释，这是词典的任务。教材中的词汇是把现代汉语词语作为一个结构系统来研究的，它研究词和固定语的内部结构和外部功能、词语的聚合关系以及词汇系统的构成。比如以下问题就是词汇的研究范围：

① “夏天能穿多少穿多少，冬天能穿多少穿多少”这个句子中“多少”如何理解？

② 如何理解“我想静静”中的“静静”？

③ “公主”的意思是怎么来的？如何理解其内部结构？

④ “瓜子”和“胡子”中的“子”相同吗？为什么？

⑤ “马力”“马达”“马克”“马超”“马车”中的“马”意思一样吗？

⑥ “狼烟”和“狼狗”中的“狼”，所指相同吗？

⑦ 姓王的年轻人我们可以称他“小王”，可是姓司马的年轻人，我们不便说“小司马”，

为什么？

⑧“南昌大学”的名称，校园内曾简缩为“昌大”，可是社会上却仍旧把它简缩为“南大”，为什么？

⑨ 一个词刚诞生时，一般是单义的，可是有的词后来不断增添新的义项，其中的原因是什么？

⑩ 普通话的词汇是如何“汇”起来的？

二、词汇单位

（一）语素

语素是最小的语言单位，即最小的音义结合体。例如：

人　　健　　康　　仿佛　　马达　　奥林匹克

1. 语素的分类

（1）根据语素的音节数量分。

单音节语素：人、了、的、子、健、康
双音节语素：仿佛、玻璃、榴梿、霹雳
多音节语素：欧佩克、托拉斯、奥林匹克

（2）根据语素的构词能力分。

成词语素：人、了、的、仿佛、玻璃、榴梿、霹雳、欧佩克、托拉斯
不成词语素：健、康、民、初、阿、子、者

有的单音节成词语素既可以独立成词，又可以作为合成词的一个成分——语素。例如“人”既可以独立成词（如“到处都是人”），又可以作为语素与其他语素一起构成合成词（如“人们”“人民”“主人”“仙人”）。

（3）根据语素在合成词中的地位分。

合成词中的语素有词根和词缀之分。词根是合成词中位置自由、有实在意义的语素。例如：

学：学习、学历、后学、自学
习：习得、习惯、温习、练习

词缀是合成词中位置固定、没有实在意义的语素。例如：

老：老虎、老师、老板、老鼠
子：桌子、包子、膀子、胖子

2. 语素的确定

“伟大”“馄饨”“马虎”内部是一个语素还是两个语素？有时不好分辨。识别一个单位是否最小的音义结合体，可以使用替代法。所谓替代，是对某个语言片段的组成成分分别进行同类替换。使用替代法要注意两点：

第一，语言片段中的全部成分都要求同时分别作替换。例如：

伟大：

伟__　　伟岸　伟绩　伟人

__大　　广大　巨大　强大

“伟”和“大”都可以在不改变基本语义和所在片段中的顺序位置的情况下分别与其他相关的语素组合。由此确定“伟大”中的“伟”和“大”都是语素。

馄饨：

馄__　　馄？

__饨　　？饨

无法分别对“馄”和“饨”作任何替换，可见“馄”和“饨”分开后便都不是语素。

蜘蛛：

蜘__　　蜘？

__蛛　　喜蛛　檐蛛

“蜘”可作替换而组成“喜蛛”“檐蛛”，但没有替换“蛛”而构成的“蜘×”说法，因此“蜘蛛”还只是一个语素。

第二，替换时要求保持结构单位意义的基本一致。例如：

马虎：

马__　　？马匹

__虎　　？老虎

因为“马虎”中的“马”和“虎”与“马匹”的“马”、“老虎”的“虎”没有什么意义联系。因此，“马虎”只是一个语素。可见，在对一个词进行替换操作时，只有了解词义，才能进行正确的分析。

3. 语素与字的关系

字有形、音、义三个方面，语素是最小的音义结合体。一般来说一个汉字也是一个语素，因为它的字形代表的就是最小的音义结合体。例如：

西　习　喜　系　文　问

但是，也有不少语素是由两个或者两个以上的字构成的：

幽默　　芭蕾　　雷达　　奥林匹克

语素与字的关系可以小结如下：

(1) 一字多素。

一字多素指一个字形代表着语言中不同的语素。之所以说是不同的语素，是因为它所表示的几个义项，意义上没有联系。

① 多音多义字。

喝(酒)　　喝(彩)
还(钱)　　还(有)
单(独)　　单(于)
着(数)　　着(火)　　着(陆)　　(听)着

② 同音同形字

白(纸)　　白(吃)　　白(字)　　(表)白

如果意义之间有联系，那么只能看作一个语素。例如“工人”“工作”“打工”“误工”中的“工”，意义上有联系，因而看作一个语素。

(2) 一字多音一素。

这是异读字，指一个字虽然读音不同，但是表示的意义是同一个，因此看作一个语素。例如：

壳：蛋壳、地壳
血：血压、一针见血

(3) 多字一素。

一般是联绵词或译音词，几个字组合在一起对应一个意义。这样的组合既是语素也是词。例如：

逶迤　　琵琶　　巧克力　　乔姆斯基

(二) 词

1. 什么是词

词是能独立运用的最小的语言单位。“独用(独立运用)”指独立而不是别的词内部的结构成分；“最小”指不能再往下切分，否则不能独立运用或改变原意。

“独用”和“最小”规定了词的大小：“独用”必须以“最小”为规模；“最小”必须以“独用”为标准。例如“健康”是两个语素构成的一个词，因为切分出来的“健”和“康”虽然是最小的音义结合体，但是不能独立运用。又如“老鹰飞走了”可以切分出“老鹰”“飞”“走”和

“了”四个词，其中“了”虽然不作句子成分，但是在句中是独用的，不是别的词的内部成分。

2. 词与语素的区别

二者的共同点是都有“最小”二字，不同点是语素只是“最小”，而词是以“独用”为前提的“最小”，因为二者的功能不同：语素的功能是构词，只要是音义结合体就可以了；词的功能是造句（包括构成短语），因此必须是在句中能够独用的单位。

词和语素既有交叉又有不同。成词语素既是语素又是词，这主要是观察的角度不同。例如“水”“玻璃”，从“最小”看，它们是语素；从“最小且独用”看，它们又是词。这里要说明的是，如果成词语素作为合成词中构词成分，那么它们只能看作语素。例如“水”“玻璃”是语素也是词，但是若出现在“水平”“玻璃杯”中，它们就只能看作语素，因为这时它们只是合成词中的一个成分。又如“互联”和“网”都是词，如果出现在“互联网”中，则是不同层面的三个语素，因为“互联网”是一个词，具有整体意义；如果出现在“互联互通”“织网”中，它们则仍是词，因为“互联互通”“织网”是短语（词组）。

3. 词与短语的区别

词和短语在功能上有共同点，那就是都可以“独用”，不同点是：

（1）从结构上看，词的结构稳固，一般不能扩展，而短语由词构成，可以扩展。例如“大学”不能说成“大的学”，而“大树”则可以说成“大的树”，因此“大学”是词，“大树”一般看作短语。

（2）从读音上看，词的语音结构具有整体性，内部不会有停顿，而短语内部则可以作语音停顿。例如“骨肉亲情”是由两个词构成的短语，朗读时如要短暂停顿，只会在“骨肉”与“亲情”之间停顿，而不会在它们内部停顿。

不同类别的事物之间，典型的成员之间界限是分明的，然而边缘成员之间的界限则不那么分明。词的典型成员，其结构是凝固的，中间不能插入其他成分；而词的边缘成员则会与短语有交叉的地方。例如“理发”这个词不具备词的典型特征，内部可以插入其他成分，可以说成“理了一次发”。

4. 词与短语的转化

（1）词的分离。

现代汉语中有些合成词在使用时往往可以拆开，在中间加进其他成分，从而变成短语。合则是词，分则为短语，这种词称为“离合词”。离合词有两类：

① 述宾式离合词。例如：

理发—理了发、理一次发

伤心—伤了心、伤了他的心

帮忙—帮他的忙、帮大忙、帮不上忙

② 述补式离合词。例如：

达到—达得到、达不到
推翻—推得翻、推不翻
看见—看得见、看不见

(2) 短语的简缩。

现代汉语中有很多短语在使用时可以简化压缩成词。例如：

人民代表大会—人大
地下铁道—地铁
奥林匹克运动会—奥运会
整顿作风—整风

语言形式的使用受语言经济原则的制约。社会用语的简缩现象正是这种经济原则的一种体现：在不影响理解的前提下，尽量用简短的形式表达同样的意义。

（三）固定语

固定语也称作固定短语。它有别于自由短语，自由短语是根据表达需要临时组合而成的，而固定短语则是从形式到意义经常整体使用的，不能随便更改变动其组成成分。在言语活动中，人们像运用词一样把固定语作为一个单位来运用。固定语的作用和功能表明它是词的等价物，是静态单位。

固定语包括专名短语、习用短语和熟语三类。专名短语表示专门事物的名称，主要是一些国家、机关部门、企事业单位名称和科技术语名称。习用短语是常用的固定短语。熟语是一些久经沿用而结构定型的固定语，主要包括成语、惯用语、歇后语和谚语。固定语的成员如表 3-1 所示：

表 3-1　固定语成员表

固定语	专名短语		上海合作组织
	习用短语		总而言之
	熟语	成语	声东击西
		惯用语	开夜车
		歇后语	外甥打灯笼——照舅(旧)
		谚语	日落乌云涨，半夜听雨响

三、现代汉语词汇的特点

（一）双音节倾向

双音节倾向是指在创造新词时，首先考虑用双音节来表达。例如我们会称他人“小王”“老王”“欧阳”，而一般不会说“王”“小欧阳”“老欧阳”，原因就在于双音节倾向的作用。又如：

北京大学—北大

复旦大学—复旦

私人经营—私营

品德好、学习好、身体好—三好

当双音节不足以表达某一专门概念时，才不得不考虑多音节。例如“北师大”“小聪明”“老板娘”。

（二）复合词与短语的结构基本一致

现代汉语的复合词，实际上是古代汉语的短语，因而它们与现代汉语的短语在结构上具有一致性。

眼花—老眼昏花（主谓）

司令—发布命令（述宾）

球拍—羽毛球拍子（偏正）

听懂—听得懂（述补）

语文—语言文学（联合）

思考与练习

1. 为什么说“水”既是语素又是词？

2. 语素与汉字之间的关系有哪几种？

3. “巧克力”包含几个语素？

4. 如果说“大学”“白菜”“草席”“买卖(mai)”是词，那么“大树”“白布”“绸缎衣服”“买卖(mài)”是不是词？为什么？

5. “难过”“吃饭”既可以是词，也可以是短语，如何区分？

6. “手痛”“吃回扣”“火箭军”“巧克力糖”“奶油蛋糕”“南昌大学”是词还是短语？从中能总结出什么样的规律来？

7. 我们常说“法律系”，不说“法系”；而“系”升为“学院”后，则说“法学院”，一般不说“法律学院”，为什么？

8. 下面这句话可以分出多少个词？

一个人追求的目标越高，他的才力就发展得越快，对社会就越有益。

第二节 词汇分类

词汇大家庭里，各成员地位、出身、年龄等是不一样的。例如“日、月、水、火”古今通用、全民通用，“融资、报盘、探月、思维”专业性强，“给力、饭局、裸婚、供给侧”是近年来的新造词，“之、所、尚、且”来自文言文，“啥、冲凉、瘪三、嘚瑟”来自方言，“沙发、基因、巧克力、奥林匹克”是外来词。

我们从地位和来源两个方面对词汇进行下位分类。

一、词汇的地位分类

根据词在词汇中的地位分，词汇可以分为基本词汇和一般词汇。

（一）基本词汇

1. 什么是基本词汇

基本词汇，顾名思义，是基本词的总汇。基本词汇在词汇中所占数量比例并不大，但其地位非常重要。基本词汇和语法一起构成语言的基础，体现语言的本质。基本词汇是词汇中的核心。

基本词汇所表示的都是与日常生活息息相关的事物和概念。例如：

有关自然界的：天、地、山、水、风、雨、草、树。

有关生活和生产资料的：柴、米、油、盐、鞋、帽、刀、车。

有关人体构造的：头、脚、肩、手、心、肺、眼睛、鼻子。

有关亲属关系的：丈夫、妻子、爸爸、姊妹、儿子、孙女。

有关行为动作的：走、跑、飞、吃、喝、想、做、锻炼。

有关性质状态的：大、小、多、少、轻、重、黑、白、好。

有关数量的：一、二、十、百、千、万、斤、个、次。

有关方位、处所、时间的：上、后、早、晚、年、月、秋。

2. 基本词汇的特点

第一，稳固性。

基本词汇所表示的事物和现象非常稳固，因而具有很强的稳固性。千百年来，尽管汉语词汇发生了很大的变化，基本词汇却一直延续下来。

基本词汇具有稳固性，但并不是一成不变的，只是变化极为缓慢而已。有一些古代汉语的基本词在现代汉语中已退出基本词汇行列，例如“社稷、寡人、耜、耒”。同时现代汉语中也有了许多新的基本词，例如“党、电、电脑、经济”。

第二，全民性。

基本词汇意义最明确，为全民所共同理解，在日常交际中最为必需，使用频率最高。离开了基本词汇，人们就不能实现正常的交际。

第三，能产性。

基本词是新词语赖以产生的基础，犹如象形字是构成其他汉字的基础。

基本词汇的上述特点是就其整体而言的，并不是每个基本词都全部具备。例如有些基本词（“我”“你”）构词能力就较弱。基本词汇的几个特点是相互联系的。因为具有全民性，为全民所常用，自然就有了稳固性；由于稳固少变，为全民所熟悉和惯用，人们也就乐意以之作为构成新词的基础，自然也就有了能产性特点；而稳固性和能产性又使其全民常用性更加突出，从而使它在词汇中的地位更加巩固。

3. 根词

基本词汇又可以分为根词和非根词两部分。非根词是基本词汇中能产性较弱的词，例如“我、妈妈、最”构词能力就很弱。根词是指基本词汇中构词能力较强的词，是基本词汇的基础。根词一般是单音节的，很适合于构成新词。例如基本词汇中的“人”就是根词，它本身是词（根词），但又可以作为语素构成一系列的新词：

人们　　人工　　人文　　人间　　人大　　人精　　主人　　世人

“根词”的同素词是“词根”，二者是有区别的：

根词是构词能力很强的词，意思是它能独立成词，又能作为语素与其他语素构成大量的合成词。词根是合成词中位置自由、有实在意义的语素。根词独立运用时就是词，与其他语素构成合成词时就是语素——词根。例如我们说“人”是根词，是因为它是构词能力很强的词；当我们说“人”是词根的时候，指的是它出现在合成词中，作为一个构词语素。

（二）一般词汇

1. 什么是一般词汇

一般词汇包括基本词汇以外的词和固定语，也称作“非基本词汇”。例如：

微博　　案例　　元素　　定律　　共享　　航天　　探月　　思维　　报盘
牛市　　融资　　井喷　　飓风　　供给侧　　火箭军　　宏观调控

一般词汇数量非常庞大。一种语言的词汇丰富与否，并不在于基本词汇数量的大小，而在于一般词汇数量的大小。

2. 一般词汇的特点

一般词汇与基本词汇相对，共同组成词汇。词汇中除去基本词汇就是一般词汇。因此，一般词汇的特点也是相对基本词汇而言的。

第一，缺乏全民性。

一般词汇不是全民通用的。例如“量子”“氯化钠”并不是全民常用的词。

第二，稳定性较差。

一般词汇对社会的发展变化非常敏感。新事物新现象出现，新词语也随之出现。这样的新词语首先进入的是一般词汇。如果所代表的事物或现象消失，词语也会成为一个“死词”。例如随着计算机可移动软磁盘储存器的出现，“软盘”一词便应运而生；随着更先进的储存设备的使用，“软盘”一词又逐渐被遗忘。当然，也有的事物出现后就不大会消失，代表它的词也会一直存在，甚至成为基本词。例如“电脑”一词开始是作为一般词出现的，现在应该算作基本词了，因为它已具备基本词的特点。

第三，构词能力弱。

一般词汇中的词多是双音节，甚至是多音节的，因而构词能力弱。现代汉语的词有双音节倾向，一般也不超过三个音节。因此，双音节词再构词，能力就会有限，更不用说多音节词了。

3. 一般词汇与基本词汇的关系

基本词汇和一般词汇既有不同特点，又相互联系。基本词汇是构成新词语的基础，不断地给语言创造新词语，充实扩大非基本词汇，使词汇日益丰富。

一般词汇中的一些词，由于所表示的事物或概念在较长的历史时期内与人们的生活密切相关，逐渐地获得基本词的性质，转入基本词汇。同时，随着社会的发展，某些原本属于基本词汇的词所表示的事物或现象，在人们的生活中已经消失或显得不甚重要，这些词也会逐渐退出基本词汇的行列，转入一般词汇。

二者的关系可以表示如下：

基本词汇：
- 根词→构成新词→充实一般词汇
- 部分基本词退出→进入一般词汇（如：皇帝、侯爵）

一般词汇：部分词因获得基本词特点而进入基本词汇（如：党、电脑）

二、词汇的来源分类

（一）传承词语

传承词语指从古代汉语词汇中传承下来的词语。它们所表示的事物或现象在现代社会依然存在，因而传承至今。例如：

天　地　山　水　风　树　人　牛
笑　谈　坐　死　小　快　绿　万
长辈　宗族　脚步　议论　平安　痛楚

传承词语包括了现代汉语中的绝大部分基本词和相当数量的一般词语。

(二) 古语词

古语词指来自古代汉语但只在特定语境里使用的词语。古语词可分为两类：历史词语和文言词语。

1. 历史词语

历史词语表示的是历史上曾经存在的事物和现象。例如：

戈　笏　爵　朝廷　天子　太监　殿试　翰林院　参知政事

人们主要是在叙述史实和论述历史文化现象时才使用这类古语词。

2. 文言词语

文言词语指古代遗留下来的只在非常正式的语境里才使用的词语。例如：

尔　吾　尚　倘　若　亦　勿　乃　之　呜呼　闻所未闻

(三) 新造词语

新造词语指新近产生的词语。这个“新”是相对的。例如“民主”“科学”是“五四”时期的新造词语，“抗战”“边区”是抗日战争时期的新造词语，“抗美援朝”“统购统销”是 20 世纪 50 年代初期的新造词语。从现在的角度看，它们显然不是新造词语了。又如近年来产生的“微信”“单独”“双独”“学霸”“蚁族”“蜗居”“支付宝”等新造词语，若干年之后又不能算作新造词语了。

(四) 方言词语

方言词语指从汉语方言中吸收的词语。现代汉语共同语在其形成和发展过程中，以北方方言为基础方言，同时也从其他方言中吸收所需要的方言词语来丰富自己。例如：

俺　靓　整　冲凉　瘪三　忽悠　嘚瑟　穿帮

(五) 专门用语

专门用语主要包括术语和行话。术语指来自各种学科的专门用语。例如：

意识、形而上学(哲学)　意象、蒙太奇(文艺)
实数、微积分　(数学)　电解、氧化剂(化学)

行话也叫行业语，指来自各种行业的专门用语。例如：

大盘、多头（股市）　　　　老生、行头（戏曲）

淡季、销路（商业）　　　　车皮、正点（交通）

（六）网络词语

网络词语指从网络交际中吸收的表现力强、意义明晰的词语。例如：

给力　　雷人　　山寨　　粉丝　　宅男　　宅女　　北漂

网络词语一般指网民使用的局外人不易理解的特殊词语。例如：

囧　　萌　　美眉　　大虾　　斑竹　　恐龙　　菜鸟　　东东

酱紫　　楼主　　冻龄　　神马　　驴友

出于追求新奇、便捷、形象、谐趣的目的，网民创造了不少与通行词语形式、意义和情趣有别的网络词语。网络词语形形色色，多数是昙花一现，不会被共同语吸收。共同语对网络词语的吸收，首先要看是否需要，其次要看意义是否明晰。

（七）外来词

外来词指从外语或国内其他民族语言中连音带义吸收进来的词。外来词的类型：

1. 译音

仿照原词的读音翻译过来的词。例如：

吐司（toast）　　马达（motor）　　沙发（sofa）　　奥斯卡（Oscar）

2. 音译加注

先仿照原词的读音翻译，再加上中文注释。例如：

酒吧（bar）　　啤酒（beer）　　芭蕾舞（ballet）　　太妃糖（taffy）

3. 半音译半意译

原词一半音译，另一半意译。例如：

剑桥（Cambridge）　　迷你裙（miniskirt）　　金利来（Goldlion）

4. 音义双关

译出来的词不仅模仿原词的发音，而且字面能够提示意义。例如：

基因（gene）　　维他命（vitamin）　　可口可乐（Coca-Cola）

要注意区分外来词和本族词。有些概念虽然都是来自外语，但是有区别：仿照原词读音或部分仿照原词读音音译过来的词称作外来词，即“连音带义”吸收过来的词。使用汉语语素和结构模式意译过来的词，不能称作外来词，仍是本族词，因为造词的材料和结构方式都是汉语的。例如“蜜月”是对 honeymoon 的意译，不是音译，因此算作本族词，不算作外来词。又如下面同一个英文词的两种翻译：音译过来的称作外来词，意译过来的称作本族词：

science {赛因斯(外来词) / 科学(本族词)}

democracy {德谟克拉西(外来词) / 民主(本族词)}

还要注意区分外来词和外语词。外来词是音译或部分音译过来的词，而外语词仍是外语，没有经过翻译。例如汉语文本里出现的 E-mail、MBA、GDP 是外语词，而不是外来词。

现代汉语中的外来词大多数都是近代和现代产生的。也有少数外来词产生于古代不同时期，是从古代异域和异族语言中吸收来的，例如“琵琶”“葡萄”“茉莉”“狮”“塔”“罗汉”“菩萨”等。由于进入汉语的历史非常久远，其异族的色彩已经逐渐消磨，人们一般已经不再感觉它们是外来词了，有的已经融入汉语词汇的核心之中而成为基本词。

音译时模仿原词的读音，但是必须符合汉语的语音规则。汉语的每一个音节都有声韵调，因而音译时要注意遵循这一规则。例如 Trump[trʌmp]译成汉语时虽然出现了两种译文，但是它们都符合汉语语音规则：

Trump[trʌmp] {特朗普([t]→特；[rʌm]→朗；[p]→普) / 川普([trʌm]→川；[p]→普)}

思考与练习

1. 为什么说“电脑”是基本词？

2. 为什么说“水”既可以是根词又可以是词根？

3. “电脑”“网页”“鼠标”“网址”“聊天室”“邮件”等，算不算网络词语？为什么？

4. “民主”译自 democracy，“蜜月”译自 honeymoon，为什么不能算作外来词？

5. 如何看待下面字母加汉语语素的词？

X 光　　B 超　　T 恤(衫)

6. 汉语文本中为什么有时会出现外语词？如何看待这一现象？

第三节　词 的 构 造

词可以从不同角度分类。从音节上分，有单音节词、双音节词和多音节词，例如“人”“基因”“火箭军”。从结构上分，有单纯词和合成词。单纯词由一个语素构成，例如“火”“玻璃”“奥林匹克”都是单纯词。合成词由两个或两个以上的语素构成，例如“健康”“老虎”“桌子”“方向盘”都是合成词。词的构造这一节讨论的是单纯词和合成词。

一、单纯词

单纯词可以分为单音节单纯词（单音节词）、双音节单纯词和多音节单纯词。

（一）双音节单纯词

也称作“联绵词”。它由两个音节连缀表达一个整体意义，合起来是一个语素。可以分为如下四类：

双声：琵琶、蜘蛛、仓促、仿佛、伶俐、唐突

叠韵：葫芦、喇叭、阑干、霹雳、逍遥、玫瑰

非双声叠韵：芙蓉、蝴蝶、牡丹、妯娌、玛瑙

叠音：饽饽、孜孜、脉脉、岌岌、泱泱、侃侃

（二）多音节单纯词

一般通过音译的方式从外族语言吸收进来的外来词，不管有多少个音节都是单纯词。例如：

奥林匹克（Olympic）　　白兰地（brandy）　　歇斯底里（hysteria）

二、合成词

合成词包括复合词和派生词两类。复合词由两个或两个以上的词根构成，派生词由词根加词缀构成。

(一) 词根和词缀

1. 词根

词根是合成词中意义实在、位置自由的语素。例如：

① 听：听见、听便、听力、听凭、打听、中听、好听、动听

② 民：民办、民选、民事、民心、人民、全民、移民、农民

“听”和“民”作为语素构词，都有实在的词汇意义；位置自由，可以出现在其他语素的前面，也可以出现在其他语素的后面，因而都是合成词的词根。“听”和“民”不同之处是“听”还可以独立成词，而“民”只能作为词根使用。

2. 词缀

(1) 词缀是合成词中意义虚化、位置固定的语素。词缀分为前缀和后缀。如：

① 老：老鹰、老乡、老外、老粗、老大、老公、老百姓

② 子：日子、里子、矮子、傻子、尖子、瞎子、空子

③ 头：想头、盼头、赚头、念头、奔头、甜头、苦头

④ 化：绿化、淡化、软化、老化、美化、丑化、强化

(2) 词缀的语法功能。词缀有转化和标示的功能。“转化”功能指能够转化词性和意义。词根和词缀组合后，整个合成词的词性和意义一般与词根不同。上例①和②中的词根，有名词性的，也有谓词性的，但是与“老-”和“-子”组合以后，整个合成词便都成了名词，表示人或事物。例③的词根都是谓词性的，但是与词缀“-头”组合以后，整个合成词都成了名词，表示抽象的事物。例④词根都是形容词性的，但是与词缀“-化”组合以后，整个合成词都成了动词，同时产生了使动意义。“标示”功能指能够标示词性。因为词缀具有词性转化功能，因而派生出了词性的标示功能。例如上述含有词缀“老-”“-子”“-头”的词都是名词，含有词缀“-化”的词都是动词。

(3) 准词缀。有这样一类语素，位置固定，但是意义比较实在。从位置固定看，应该看作词缀，但是从意义实在看，又该看作词根。学界一般称之为“准词缀”。例如：

非-：非礼、非卖品　　反-：反人性、反作用

超-：超音速、超声波　次-：次大陆、次声波

(二) 复合词

复合词由词根加合词根而构成。复合词内部词根之间有如下几种结构关系。

1. 主谓式

词根之间有陈述与被陈述关系。例如：

① 河流　民主　国有　私营　兵变　神往　胃溃疡

② 年轻　　性急　　手软　　肉麻　　心虚　　眼花　　胆怯

2. 述宾式

词根之间有支配与被支配关系。例如：

① 养眼　　知己　　留意　　效力　　雪耻　　用功
② 举重　　吃香　　讲和　　失明　　入迷　　怀旧
③ 效劳　　取笑　　怀疑　　抱怨　　催眠　　失察

3. 联合式

词根之间有并列关系。例如：

① 声音　　根本　　戏剧　　制造　　改革　　完整　　丰富
② 江山　　笔墨　　嘴脸　　飞跃　　整理　　调查　　广大
③ 天地　　矛盾　　彼此　　动静　　开关　　高低　　横竖
④ 国家　　窗户　　质量　　忘记　　睡觉　　灯火　　动静

例④有点特殊，两个词根组合，实际只取其中一个词根的意义，另一个只起陪衬作用。这样的复合词也叫偏义复词。

4. 偏正式

词根之间有修饰与被修饰关系。例如：

① 草帽　　手枪　　红旗　　黄酒　　开水　　考卷　　住房
② 席卷　　蚕食　　龟缩　　热爱　　小看　　重视　　胡说
③ 雪白　　漆黑　　浅蓝　　狂热　　飞快　　通红　　冰凉

上述三例各有不同。例①被修饰成分是名词性语素，例②被修饰成分是动词性语素，例③被修饰成分是形容词性语素。

5. 补充式

词根之间有补充与被补充的关系。例如：

① 记住　　推翻　　展开　　改善　　纠正　　提高　　扩大
② 房间　　马匹　　书本　　枪支　　船只　　车辆　　纸张

例②有点特殊，前一词根是名词性语素，后一词根是量词性语素，后一词根补充说明前一词根的计量单位。这种结构方式也可以称作“名量式”。

6. 重叠式

重叠同一个词根而构成合成词。例如：

星星　　爸爸　　哥哥　　仅仅　　偏偏　　常常　　刚刚

要注意重叠词与叠音词的区别：叠音词是单纯词，两个音节只表示一个语素，不能去掉另一个而单用；重叠词是复合词，由两个语素构成。例如“星星”含有两个语素，可以单说“星”（如“一颗星”），因而是重叠词；而“猩猩”是一个语素，不能分开，因而是单纯词。

（三）派生词

派生词是由词根附加词缀构成的合成词，又叫附加词。

1. 前缀＋词根

例如：

① 阿-：阿婆、阿姨、阿妈、阿妹、阿哥、阿大、阿超

② 第-：第一、第九、第一百

③ 初-：初五、初七、初十

2. 词根＋后缀

例如：

① -手：能手、歌手、敌手、副手、舵手、打手、机枪手

② -者：记者、作者、学者、读者、弱者、强者、劳动者

（四）相关问题

1. 造词理据

造词理据即造词的依据。复合词内部关系的判断，需要联系造词理据。有的造词理据从字面上可以判断，例如“褒贬”“国营”“养眼”“钟点”。有的造词理据不容易看出来，需要对其来源有一定的了解。例如：

“公主”一词，如果不明白其来源，其结构很难确定。只有从“公侯为之主婚”的理据中，才能知道“公主”的结构属于主谓式，其造词方法属于使用借代手段的转指造词。

2. 词缀与词根的同形

词缀由词根（实语素）演变而来，不少语素有“分身术”：一是作为词缀，意义已经明显虚化；二是作为词根，意义实在。这样的同形语素，我们需要注意区分。例如：

① “老板”和“老人”，前者“老”无实在意义，是词缀（前缀）；后者“老”有实在意义，是词根。因此，“老板”是派生词，“老人”是偏正式复合词。

② “面子”和“瓜子”，前者的“子”是词缀，读轻声，后者的“子”是词根，读原声调。因此，“面子”是派生词，“瓜子”是偏正式复合词。

③ “绿化”与“变化”，前者的“化”是词缀，后者的“化”是词根。它们的结构模式都是“×＋化”，但是其中的“化”作为词缀时，整个结构的意思是“使之×”，作为词根时则没有

这样的结构意义。因此“绿化”是派生词，“变化”是联合式复合词。

3. 复杂合成词

由两个语素组成的合成词是最常见的，其结构关系也是单一的。由三个或三个以上语素组成的合成词内部会有两重以上的结构关系，这样的合成词可以称为复杂合成词。例如：

① 洗衣机

第一层：洗衣＋机（偏正式）；第二层：洗＋衣（述宾式）

② 绿化带

第一层：绿化＋带（偏正式）；第二层：绿＋化（派生式）

思考与练习

1. 请指出下列各词的结构类型。

花儿　惆怅　地震　伶俐　牡丹　玫瑰　岌岌　可爱
喇叭　芙蓉　枇杷　邂逅　霹雳　团圆　爸爸　参差
毕业　东西　汹涌　记者　同学　滑头　阿广　雪白
胆结石　白兰地　奥林匹克

2. 为什么说“土”既可以是词又可以是词根，而“康”只能是词根？

3. 为什么说“子”既可以是词缀又可以是词根，而“者”只能是词缀？

4. 如何区分叠音词和重叠词？

5. 你是否同意如下观点？

(1) “糊里糊涂、古里古怪、神乎其神、难乎其难”中的“里”和“乎”是中缀。

(2) “凉飕飕、绿油油、热乎乎、金灿灿”中的叠音成分是后缀。

第四节　词　义

词是语言中的基本符号，有能指和所指两个方面。能指是其读音，所指是读音所联系的意义。这个意义就是词义。词义是客观事物在人们头脑里的概括反映。这里的“事物”包括客观存在的一切物体和现象。例如“桌子”各式各样，但是可以概括出“家具；上有平面下有支柱；可用来学习、吃饭等”这样的特点，这样的特点就是一种词义，共同语用“zhuōzi”这个读音来联系它。当我们要表示这个意义时，只需要发出“zhuōzi”这个音，听者通过

“zhuōzi”这个音就可以理解该意义。能指和所指之间的联系是约定俗成的，不同的语言或方言对上述词义使用的读音形式也是不同的，例如英语给该词义的读音是[ˈteibl]。

一、词义的性质

词义是客观事物在人们头脑里的概括反映。这个定义本身说明了词义的性质：“客观事物的反映”表明词义具有客观性，即词义有其客观基础；“概括反映”既表明词义具有概括性，又表明由于概括性而带来的词义边界的模糊性。

（一）客观性

世界上先有客观存在的事物，然后才会在人们头脑里发生概括反映——产生意义。所产生的意义与读音形式一起构成音义结合体，这就是词。例如自古就有的“日、月、风、雨、天、地、山、水”和现代才有的“火箭、卫星、电视、互联网”这些词，都是首先在人脑中产生意义，然后意义再与特定的读音形式一起形成的音义结合体。可见，客观事物是词义产生的基础。

“龙、神、雷公、鬼火”这些词的意义也是某些自然现象或社会现象在人脑中的反映，只不过是一种歪曲了的反映。任何虚构的概念都带有一定的客观因素的成分。例如“龙”这种虚构的动物就由客观世界中各种有关动物的形象特征拼凑改造而成，并赋予兴云行雨的力量。“龙”的意义是建立在客观存在的与龙分别有各种相似性的动物及云雨现象基础上的，不能视为毫无根据的主观臆造。

（二）概括性

所谓概括，指词义概括的是同一类事物的本质属性，舍弃了个别的、非本质的属性。例如“人”的词义是“能制造工具并使用工具进行劳动的高级动物”。这个意义概括的是“人”的本质属性，包括了所有的“人”，只要符合这一词义特征的都是“人”，舍弃了性别、年龄、种族、国别、时代、身材、外表等方面的差别。又如“早晨”的词义是“从天将亮到八九点钟的一段时间”，这个意义概括了所有这个时段的“早晨”。可见，任何词义都具有概括性，不针对某个具体的事物。

词义具有概括性，不指具体的事物，但是在特定的语境中，其意义则一般是具体的。例如“妈”这个词，在词典里，其意义“母亲”是抽象的，指所有的“妈”。但是，进入具体的语境中，“妈”就不是任指的了，一定是指特定的“妈”。张三说“我找妈去”，句中的“妈”就只指“张三的妈”。

（三）模糊性

词义的模糊性与概括性是相联系的。词义是概括而来的，因而指示的是一个大概的范围，中心部分是明确的，边界则一般是模糊的。例如身材究竟几尺才算“高”，年龄究竟多大才算“老”，气温究竟达到多少度才算“热”，在日常交际中并没有明确的界定，人们一般只凭直觉去判断。又如“早上”与“上午”、“美”与“丑”、“远”与“近”，其边界也都是模糊的。

要说明的是，并不是所有的词义都是模糊的。有些词的意义是明确的，有确定的界限。例如“直角”“双音词”，其界限是明确的。

词义的模糊性既反映了现实世界和人们认识中的不确定性，又反映了人们实际交际中表达的需要。人们日常交际中常常需要使用模糊词语。即使是法律文本，有时也需要使用模糊词语，如“数额巨大”“民愤极大”。

当然，需要明确具体数据，尤其是提供科研数据的时候，必须做到精确，甚至要对具有模糊性的词语加以定义。例如法律上使用的“幼女”“少年”等词，必须给以严格的年龄规定，使之表意明确。

二、词义的单位

词义可以划分单位，分为义项和义素两级单位。

(一) 义项(义位)

义项是最自然、最基本的语义单位。我们通常说“一词多义”，指的是一个词有多个义项。通俗地说，词的一条解释就是一个义项，多义词有多条解释，也就有多个义项。义项具有概括性，不是具体意义。例如“妈”的义项是“母亲”，但是这个义项不是指具体某个母亲，而是泛指所有的母亲。“母亲”这个义项只有进入具体的表达中，才会是定指的。比如说“小王的妈来了”，“妈”的义项“母亲”就是定指的，指“小王的母亲”。

(二) 义素

义项只是最自然的语义单位，但不是最小的语义单位，就像音节是听觉上最自然的语音单位，但不是最小语音单位一样。义项可以分出若干语义特征，这些语义特征就是义素，就像音节可以分出若干最小的语音单位——音素一样。可见，义素是最小的意义单位。例如“桌子”的三个特征“家具；上有平面下有支柱；可用来学习、吃饭等”，就是三个义素。这三个义素加合在一块构成“上有平面下有支柱，可以用来学习或吃饭等的家具”的解释就是“桌子”的义项。

要注意义素和语素的区别。现代汉语的语素也是古代汉语中的词，因此语素和词一样都是音义结合体。这里的“义”就是词义或语素义。词或语素一般是多义的，也就是说一个词或一个语素可能包含多个义项，而义素只是义项中的一个特征而已。例如“桌”在古代汉语中是名词，在现代汉语中看作语素，作为名词用时要说成“桌子”。“桌”和“桌子”

在现代汉语中虽然一个看作语素，一个看作名词，但是二者的意义都是一样的。因此义项“上有平面下有支柱，可以用来学习或吃饭等的家具”既可以看作词义也可以看作语素义，其中的三个特征[＋家具][＋上有平面下有支柱][＋可用来学习、吃饭等]就是三个义素。这里要注意的是，不要认为义素由词构成，义素只是用词来表示的语义特征。

三、词义的分类

（一）概念义和附属义

从义项内部看，词义包含概念义和附属义两个方面。词义不仅包含对客观事物的认识，还包含主观评价和具体用法。这种“认识”产生概念义，“评价”和“用法”产生附属义。例如“后果”的词义既包含了“最后的结果”，又包含了“不好”的评价。“最后的结果”就是概念义，“不好”就是附属义（贬义）。

1. 概念义

概念义也称作理性义，是词义中表示概念的部分，即反映人们对客观事物理性认识的部分。

概念义与所指称的事物有机联系着，这种联系通过人的抽象思维得以实现，具有一个“事物→思维→概念义”的词义形成过程。例如通过对“冰”概括，得出的概念义是“水在0℃以下凝结成的固体”；通过对“爱”的概括，得出的概念义是“对人或事物有很深的感情”。

概念义又可分为通俗意义和专门意义。通俗意义是一般人的认识，反映非本质的外部的特征。专门意义是专业人员的特殊认识，反映内部的本质特征。例如“圆”，通俗意义是“像太阳、车轮、脸盆等东西的形状”，而专门意义则是“在平面上一动点以一定点为中心、一定长为距离而运动一周的轨迹”。

2. 附属义

附属义，顾名思义，是附着于概念义之上的附加意义。附属义可以分为色彩意义和搭配意义两类。例如经常用于正式场合的词，会带上书面语色彩；经常用于非正式场合的词，会带上口语色彩。

(1) 色彩意义。

词的色彩意义包括感情色彩、语体色彩和形象色彩。

① 感情色彩。

感情色彩是词义中人们对事物的评价意义。这种色彩意义包括褒义、贬义、中性三种色彩。例如“英雄”带褒义，“叛徒”带贬义。又如“成果”“后果”“结果”三种概念义基本一致，但是感情色彩不同，分别带有褒义、贬义、中性色彩。

具体的使用中可能改变词的感情色彩。例如“老实”不带褒贬色彩，但是在“这人有点太老实了”中，就带有“不够灵活”的意思，因而有贬义色彩。又如“战斗”也不带褒贬色彩，但是在“战斗的一生”中则带有褒义色彩。这种临时色彩是语境赋予的。

② 语体色彩。

语体色彩是指词由于经常用于特定语境而形成的语体意义，总体上可以分为书面语体和口语体两类。例如“儿童”与“小孩”，概念义一致，但是语体不一样：“儿童”带有书面语色彩，“小孩”带有口语色彩。“父亲”和“爸爸”也是一样：“父亲”带有书面语色彩，“爸爸”带有口语色彩。

③ 形象色彩。

形象色彩指构词语素显示出来的一种具体生动的形象感。例如下列各词都带有形象色彩：

高堂　鸡冠花　白头翁　仙人掌　挂面　红领巾　染指　推敲　蛇足　饭碗

(2) 搭配意义。

搭配意义指由于词的特定搭配习惯而形成的附属义。例如“肥”和“胖”，理性意义相同，但搭配有所不同：

肥—动物　胖—人

如果改变习惯搭配，词会产生附加意义。以“肥”指人，便有贬义(粤方言区等某些方言地区除外)，而以“胖”称动物，则是一种喜爱。

有些词搭配意义不同，理性意义也会有所不同。例如表示动物“叫”，汉语的说法就很丰富：

(龙)吟　(虎)啸　(马)嘶　(狼)嚎
(犬)吠　(猿)啼　(狮)吼　(鸟)鸣

(二) 本义、引申义、基本义

从多义词义项之间的关系看，有的义项表示的是本义，有的义项表示的是引申义，有的义项表示的是基本义。本义是词的原始意义，引申义是从一个意义通过相关或相似的方式引申而来的意义，基本义指现代最常用、最重要的意义。

从词源学角度看，多义词必然有一个义项是最早产生的，这个义项就是词的本义，其余的义项与本义有联系，是从本义引申发展而来的。例如多义词“走”的义项是：

① 奔跑(奔～相告)；② 人或动物的脚交互向前移动(孩子会～了)；③ 运行、移动、挪动(车～不了啦/这步棋～错了)；④ 离开(明天我要～了)；⑤ 婉言人死(他这么年轻就～了)；⑥ 亲友间来往(～亲戚)；⑦ 漏出、泄漏(他说～了嘴)；⑧ 改变或失去原样(唱～调了)。

上例①是本义，②—⑧都是引申义，其中②由①引申而来，③—⑧由②引申而来。义项②是最常用、最重要的意义，因而是基本义。

有几点需要说明：

第一，基本义与本义可以一致，例如“山”的基本义就是本义；也可以不一致，例如“兵”的本义是“兵器”，基本义则是“士兵”。

第二，词的本义在现代汉语中有三种演变情况：一种是已经完全消失，现代的一般词典中已不再把它列出。例如“我”最早的时候指称一种兵器，现在很少有人了解了。第二种是作为语素义。例如“干”的本义是“盾”，现在只存在于“干戈”一词中。第三种是兼属基本义，这样，词的本义和基本义重合。例如“水”和“刀”。

第三，词义引申的方式有两种：一是相关，二是相似。通过相关的方式引申而来的意义是借代义，通过相似的方式引申而来的意义是比喻义。这样，引申义可以分为借代义和比喻义两类。例如：

打：① 敲击；② 殴打、攻击；③ 实施某些行为（打游戏/打草稿）。

歪：① 偏；② 不正当的（～风）。

上例后面的义项都是通过相关的方式由①引申而来的，因而后面的引申义都是借代义。又如：

铁：① 一种坚硬的金属；② 形容坚强；③ 形容确定不移。

辫子：① 把头发分股交叉编成的长条儿；② 比喻把柄。

上例后面的义项都是通过相似的方式由①引申而来的，因而后面的引申义都是比喻义。

词的比喻义虽然是通过比喻而来的，但不同于修辞上的比喻。比喻义是词的一种固定意义，而修辞上的比喻则是临时赋予一个词某种意义，离开比喻环境，这种意义就不存在了。

四、词义与语素义的关系

词的意义是词义，语素的意义就是语素义。现代汉语中很多不能成词的语素，在以单音节为主的文言文中也都是词。

单纯词只含有一个语素，因此单纯词的意义也可以说是语素义。我们这里要谈的是合成词的词义。合成词的词义与语素义的关系如下：

（一）直陈

直陈指语素义相加，整个词义可以根据语素意义的加合来理解。例如：

私营：私人经营

内疚：内心愧疚

真诚：真实诚恳

(二) 引申

引申指通过借代和比喻两种方式引申出词义。

1. 词义是语素义的借代用法

例如：

眉目：眉毛和眼睛，泛指容貌。

丹青：两种颜料，借指绘画。

黑板、挂面(具体代类别)

2. 词义是语素义的比喻用法

例如：

林立：像树林一样密集地竖立着。

雪花：像花一样的雪片。

手足：比喻兄弟。

(三) 偏义

两个语素构成的复合词中，词义偏向其中一个语素，另一个语素意义失落或模糊。这样的词称作偏义复词。例如：

忘记　　窗户　　质量　　干净　　虚实

有些合成词的语素义难以与词义相联系，其原因通常有：

第一，语素是简缩形式。例如：

狼烟：古代边防报警时烧狼粪升起的烟。“狼”是“狼粪”的缩略形式。

出梅：出了黄梅季，黄梅季结束。“梅”指“黄梅季”。

面的：用作出租车的小型面包车。“面”指“面包车”，“的”指外来词“的士”。

第二，语素使用通假字。例如：

昭雪：洗清(冤枉)。“雪”通“刷”。

翔实：详实。“翔”通“详”。

第三，词所包含的理据属于外部理据，有出处。例如：

“垄断”，源于《孟子·公孙丑下》：“必求龙(同‘垄’)断而登之，以左右望而罔市利。”原指站在市集的高地上操纵贸易，后泛指把持和独占。

“劳燕分飞”，语出古乐府诗句“东飞伯劳西飞燕”，比喻夫妻、情侣别离。

五、词义的演变

词义的演变主要有四种类型：扩大、缩小、深化、转移。

（一）词义的扩大

词义的扩大分两种情况：

一是词义义项的增加，在原有义项的基础上引申出新的义项。例如：

舌头：原有义项“辨别滋味、帮助咀嚼和发音的器官”，后又引申出新义项“能提供情况的俘虏”。

幌子：原有义项“商店门外表明所卖商品的标志”，后又引申出新义项“进行某种活动时所假借的名义”。

二是词义所指范围的扩大。例如：

布：原义“麻葛织品”扩大为现义“用棉、麻等织成，可以做衣服或其他物件的材料”。

肉：原义“动物的肉”扩大为现义“人或动物体内接近皮的柔韧的部分”。

（二）词义的缩小

和词义的扩大一样，词义的缩小也有两种情况：

一是词义义项的消失。例如：

《古代汉语常用字典》中的“爱”：① 爱；② 怜惜，同情；③ 吝惜，舍不得。

《现代汉语词典》中的“爱”：① 对人或事物有很深的感情。② 喜欢。③ 爱惜；爱护。④ 常常发生某种行为；容易发生某种行为。

上例“爱”的古义② “怜惜，同情”和古义③ “吝惜，舍不得”在现代汉语中已都消失了；另一方面，也有新的义项增加。

二是词义所指范围的缩小。例如：

坟：本指一切高大的土堆，后来专指坟墓。

羽毛：本指鸟羽和毛发，后来专指鸟羽。

（三）词义的深化

词义的深化指词的某一义项在外延不变的情况下，内涵发生了由简单到复杂、由肤浅到深刻、由不正确到正确的变化。例如对“人”的认识的深化：

《说文解字》：天地之性最贵者也。

《现代汉语词典》：能制造并使用工具进行劳动的高级动物。

（四）词义的转移

词义的转移指词的某一义项由反映甲类客观事物转到反映乙类客观事物。例如：

书记：原指从事公文、书信工作的人员，现指党、团等各级组织中的负责人。

行李：原指使者或旅行，后指出行时所带的包裹、箱子等。

思考与练习

1. 词义是如何概括出来的？
2. 词义为什么具有模糊性？
3. 义素与义项（义位）的关系怎样？分析一个词的义素对理解词义有什么意义？
4. 词的概念义和附属义是怎么产生的？
5. 本义与基本义、基本义与引申义、引申义与比喻义的关系是什么？
6. “挂面”的词义与语素义的关系是什么？
7. “狼烟”是什么意思？它对我们理解词义有什么样的启示？

第五节 词的聚合

物以类聚，人以群分。能聚合成类的事物必定有共同特征。词的类聚也一样，能聚合在一块的，也必定有共同的特征，相关的词则以这个特征为核心聚合在一起。能够让词聚合成类的特征有三个方面：词的读音、词的字形和词的意义。以读音为聚合特征，可以形成同音词；以字形为聚合特征，可以形成同形词；以意义为聚合特征，可以形成语义场和同素词。这三类聚合还可以形成交叉，例如同音同形词、同素词。本节分同音词和同形词、语义场、同素词三个部分讨论词的聚合。

一、同音词和同形词

（一）同音词

1. 什么是同音词

同音词指两个或多个读音相同、意义不同且没有联系的词。如果进一步联系字形，同音词可以分为两类：同音异形词和同音同形词。

(1) 同音异形词。

同音异形词指字形不同、意义不同的同音词。例如：

① 很—狠　跟—根　风—封　是—事

② 游记—邮寄　案件—暗箭—按键

③ 裁减—裁剪　出诊—初诊　形式—形势

例③双音节同音词中有一个成分字形相同。

(2) 同音同形词。

同音同形词指字形重合但内部义项没有联系的同音词。例如：

① 花(～开了)—花(～钱)

② 别(～了)—别(～去)

③ 杜鹃(鸟名)—杜鹃(花名)

④ 仪表(～堂堂)—仪表(～厂)

2. 同音词形成的原因

以有限的语音形式去反映无限的客观事物，必然会出现以一个语音形式指称多个客观事物的现象。就现代汉语而言，同音词的产生主要是由于以下原因：

第一，因语音变化而同音。有些古代不同音的词，由于语音的演变而成了同音词。例如“夹”与“家”古代不同音，“夹”古音读入声，现代读音归入平声而变得与“家”同音。

第二，因词义分化而同音。有些词在古代是多义词，发展到现代，几个义项逐渐失去原有的内在联系，但读音并没有发生变化，于是这个多义词便分解成了同音词。例如“刻”的两个义项“雕刻”和“时刻”本是相联系的：古用漏壶计时，上有表时的刻度，到现在已看不出二者之间的联系了，于是“刻”便分解成了同音词。

第三，因出现外来词而同音。翻译时使用原有的语音形式去指称新的内容，使得外来词与原有的词成为同音词。例如：

① 米(大米)—米(meter)

② 奔驰(很快地跑)—奔驰(Benz)

第四，因造词偶合而同音。例如：

① 新生(新的生命)—新生(新的学生)

② 人流(像河流似的连续不断的人群)—人流(人工流产)

3. 同音同形词与多义词的区别

多义词是一个词，同音同形词则是不同词的重合，但是看上去像一个词。因此，二者容易混淆。二者的区别标准是义项之间的联系：如果义项之间有联系，则是多义词，否则是同音同形词。例如：

① 黑：像煤或墨的颜色（～头发）；黑暗（天～了）。

② 花：可供观赏的植物（种了很多～）；耗费（～了很多钱）。

例①"黑"的两个义项有联系，因而是多义词。例②"花"的两个义项没有联系，因而是同音同形词，词典解释时也常写作"花$_1$"和"花$_2$"。

要注意这样一种现象：一个词，从整体上可以看作同音词，也即几个词的重合；从具体的义项看，分出的同音词本身又可以是多义词。例如"白"的义项可以分为三类，这三类义项之间没有联系，因而是同音同形词。词典在释义时将"白"分为"白$_1$""白$_2$""白$_3$"。但是，它们各自本身又可能拥有多个有内在联系的义项。以"白$_3$"为例：

白$_3$：① 陈述（告～）；② 戏剧中在唱词之外用说话腔调说的语句（独～）；③ 地方话（苏～）。

"白$_3$"的三个义项之间有联系，因而它本身是一个多义词。

（二）同形词

1. 什么是同形词

同形词指字形重合但意义不同的词。联系读音看，同形词也可以分为两类：一类是同形同音词，也叫同音同形词，上文已有阐述。另一类是同形异音词。这类词是两个或两个以上不同读音、不同意义的词在字形上的重合。例如：

只 zhǐ（～要）—只 zhī（一～狗）

还 hái（～来）—还 huán（～钱）

重 chóng（～来）—重 zhòng（很～）

大意 dàyì（段落～）—大意 dàyi（麻痹～）

便宜 biànyí（～行事）—便宜 piányi（价格～）

2. 出现同形词的原因

第一，因变音造词而同形。汉语同形词主要是由于改变读音造词而产生的，即在既有词的基础上变更音节中的成分（声母、韵母或声调）来创制新词，新造词和既有词保持同一字形而成为同形词。例如"降 jiàng（～雨）—降 xiáng（～敌）"。

第二，因造词偶合而同形。部分同形词是由于造词时构词成分偶合而读音不同所形成的。例如"对头 duìtóu（方法～）"与"对头 duìtou（冤家～）"。

第三，因汉字简化而同形。汉字的简化也使得某些词成了同形词。例如"发 fà（头～）"的繁体是"髮"，"发 fā（～财）"的繁体是"發"，简化时都写作了"发"。

3. 区分同形异音词与一字多音

单音节的同形异音词，例如“只”“还”，是词，也可以说是字。因此，这样的同形异音词也可以说是同形异音字。这里就要注意将同形异音词与一字多音现象区分开来：前者是不同字的字形重合，后者是一个字，虽然读音不同，但是意义上有联系。例如：

血：xuè（～管）—xiě（～淋淋；吐～）

担：dān（负～）—dàn（挑～）

薄：bó（～弱）—báo（～饼）

上例的多音字（多音一字）充当合成词中的语素。如果这样的“字”独立运用，便是词。例如“薄”，在“这个纸板很薄”中既可以读 bó 又可以读 báo，但是意义是一样的。这时我们可以说“薄”是一词多音了。像“薄”这样的词，虽有多个读音，但是意义相同或相关，看作一个词。至于“薄”看作一字多音还是一词多音，其实是一回事，纯粹看它是用作语素还是用作词。

二、语义场

（一）什么是语义场

语义场指含有共同语义特征（义素）的一组词形成的聚合。例如以“交通工具”为语义特征形成的聚合有“飞机”“火车”“汽车”“电车”“地铁”“高铁”“公共汽车”“卡车”“自行车”等；以“要求”为语义特征形成的聚合有“请求”“恳求”“哀求”等；以“对温度的感觉”为语义特征形成的聚合有“热”“凉”“冷”等。

语义场内部的成员可以有很多，例如“交通工具”这个语义场就有很多成员；也可以只有两个，例如“师徒”“夫妻”等语义场，内部成员都只有两个。

有的语义场内部成员排列上有顺序，表示数目、时间、学位、军衔等的语义场，内部成员都按照一定顺序排列。例如“季节”这个语义场内部成员的顺序是“春、夏、秋、冬”，“学位”这个语义场内部成员的顺序是“学士、硕士、博士”。

（二）语义场的内部成员

语义场是以某种语义特征为核心形成的词的聚合。不同的语义场，其内部成员之间的关系是不一样的。语义场内部成员之间的关系大致可以分为：类义关系、上下义关系、同义关系和反义关系，依次互为类义词、上下义词、同义词和反义词。

1. 类义词

指称同一类事物的词互为类义词。例如：

① 平辈亲属：哥哥、弟弟、姐姐、妹妹、堂哥、堂弟、堂姐、堂妹、表哥、表弟、表姐、表妹

② 父辈亲属：爸爸、妈妈、伯父、伯母、叔父、叔母、舅父、舅母、姑父、姑母、姨父、姨母

③ 书写工具：毛笔、钢笔、铅笔、粉笔、蜡笔、画笔、圆珠笔、蘸水笔

上述是以“平辈亲属”“父辈亲属”和“书写工具”为语义特征形成的三个语义场，语义场内的各词互为类义词。

表达中，有时为了把话说得具体形象，往往列举同一语义场的部分类义词代替整体。例如说“桌椅板凳”就可以代替一切家具，说“煎炒烹炸”就可以代替一切烹调手法。

2. 上下义词

上下义词（也称作上下位词）是指相互之间有属种关系的词。表示属概念的词是上义词，表示种概念的词是下义词。语义场内部可以有层级之分。上一层面的词相对于下一层面的词而言是上义词，下一层面的词相对于上一层面的词就是下义词。可见，上下义词是相对的。例如“人”与“男人”“女人”相比，“人”是上义词，“男人”“女人”是下义词。“车”与“汽车”相比，“车”是上义词，“汽车”是下义词。“汽车”和“小轿车”“大卡车”等相比，“汽车”是上义词，“小轿车”“大卡车”则是下义词。

3. 同义词

（1）什么是同义词。

同义词与类义词有联系——类义词包含同义词。同义词是意义基本相同但有细微差别的一组词。例如：

船—船只　　成果—结果—后果

小孩—儿童　父母—高堂

抚养—扶养　富裕—富有

（2）同义词的辨析。

同义词都有细微差别，这细微差别大致表现在意义、色彩、用法三个方面。因此，同义词的辨析可以从这三个方面进行。

第一，从意义上辨析。同义词意义上的细微差别主要表现在侧重点不同、词义轻重不同和范围大小不同。例如：

① 合作—协作

② 极力—竭力

③ 船—船只　　事情—事件

例①词义的侧重点不同，“合作”着重指共同从事某项活动，合作者一般没有主次之分；“协作”着重指互相配合，协作者之间往往有主次之分。例②词义轻重程度不同，“极力”是极度地使用力量，“竭力”是竭尽全部力量，程度比“极力”重。例③词义范围大小不同，“船”是个体，“船只”是船的总称；“事情”和“事件”都指发生的情况，但“事情”概括的范围大一些，而“事件”一般指比较重要和不平常的事情，范围较小。

第二，从色彩上辨析。同义词色彩上的细微差别主要表现在感情色彩、语体色彩和形象色彩三个方面。例如：

① 团结（褒义）—勾结（贬义）
成果（褒义）—后果（贬义）—结果（中性）
② 光临（书面）—来到（口语）
头颅（书面）—脑袋（口语）—头（中性）
③ 父母—高堂（具有形象色彩）
职业—饭碗（具有形象色彩）

第三，从用法上辨析。同义词用法上的细微差别主要表现在搭配对象和句法功能两个方面。例如：

① 爱护—爱戴　　抚养—扶养
② 富裕—富有　　忽然—突然

例①搭配对象不同，“爱护”指爱惜并保护，搭配的对象可以是人，也可以是物；可以是具体的，也可以是抽象的。“爱戴”指敬爱并拥护，只能与人搭配，且只用于下对上。“抚养”指爱护并教养，用于长辈对晚辈，例如“抚养子女”；“扶养”指供养，一般用于平辈之间。

例②句法功能不同，“富裕”和“富有”都可以是形容词，都可以受程度副词的修饰。但是“富有”还可以是动词，能带宾语，而“富裕”则不能。原因在于“富有”内部是偏正结构，中心语是“有”，因此可以带宾语。“富裕”内部是联合结构，“富”和“裕”同义，都是形容词性的。“忽然”和“突然”都可以作状语，但是“忽然”只可以作状语，而“突然”除了作状语之外，还可以作定语和谓语。

(3) 同义词的运用。

同义词的大量存在是词汇丰富的显著标志，它可以满足人们多方面的表达需求。具体地说，同义词有以下几个方面的表达作用。

第一，可以使表达精确、严密。例如：

公诉人经审判长许可后，可以讯问被告人，辩护人在审判人员审问被告人后，亦可以向被告人发问。（讯问、审问、发问）

第二，前后连用，可以使语句生动活泼，富于变化。例如：

我们以我们的祖国有这样的英雄而骄傲，我们以生在这个英雄的国度而自豪！（骄傲、自豪）

第三，可以使表达委婉含蓄。言语交际活动中有许多“委婉语”和“禁忌语”，大都借用同义词来表达。例如称死亡为“去世”，称发胖为“发福”，称怀孕为“有喜”，称受伤为“挂花”。

第四，可以使语体风格鲜明。例如：

人民解放军所到之处，深望各界人民予以协助。兹特宣布约法八章，愿与我全体人民共同遵守之。

例中"所到之处""予以""兹""特""愿""之"都是文言词语，显得郑重有力，如换成同义的口语词，就失去了布告的特有风格。

4. 反义词

(1) 什么是反义词。

反义词指意义上相反或相对的一组词。反义词可以分为如下两种类型：

① 绝对反义词。

绝对反义词之间的关系是一种"非此即彼"的关系，不存在中间的状态。肯定甲必然否定乙，否定甲必然肯定乙。例如：

动—静　　生—死　　错—对　　反—正　　主观—客观

② 相对反义词。

相对反义词指相互对立的两端存在着中间状态。它们之间的关系是：否定甲未必一定就是乙，否定乙也未必一定就是甲。比如"黑—白"，说"不黑"，不等于就是"白"，因为还有介于黑白之间的不能称作"黑"也不能称作"白"的情形。又如：

大—小　　冷—热　　高—低　　漂亮—丑陋

(2) 反义关系的复杂性。

第一，在特定语境中绝对反义词可以转换成相对反义词。例如"死—活""即—离""男—女"是绝对反义词，但是在具体的表达中可以出现"半死不活""若即若离""不男不女"这样的中间状态。

第二，有些反义词并不是客观事物矛盾对立的反映，而只是人们心理上的一种认可。例如"黑—白"，是"红—黄—蓝—白—黑"五种颜色中的两种，本身并不矛盾，只是在长期的言语交际活动中被当作矛盾的事物看待，成为认知习惯上的反义词。

第三，多义词的每一个义项都可能有反义词，形成了一个词同属几个反义义场的现象。例如：

深 { 浅（水～）
　　 薄（关系～）
　　 淡（颜色～）

词的反义现象与同义、多义现象相互联结，使词义之间形成错综复杂的对应关系，从而构成复杂的词义网络。例如：

“痛苦”可以和“愉快”“快乐”“高兴”“幸福”分别形成反义词，也可以和“难受”“悲痛”“伤心”形成同义词。

(3) 反义词的运用

反义词是客观事物矛盾对立关系的反映，恰当地运用反义词揭示事物对立的性质，可以使人们在鲜明的对比下认清事物的真假、善恶、是非、曲直，收到很好的表达效果。具体地说，反义词有以下几个方面的表达作用。

第一，反义对举，是非显豁。例如：

卑贱者最聪明，高贵者最愚蠢。

第二，反义连用，强烈深刻。例如：

朋友，我相信，到那时，到处都是活跃跃的创造，到处都是日新月异的进步，欢歌将代替了悲叹，笑脸将代替了哭脸，富裕将代替了贫穷，康健将代替了疾苦，智慧将代替了愚昧，友爱将代替了仇杀，生之快乐将代替了死之悲哀，明媚的花园，将代替了凄凉的荒地！（方志敏《可爱的中国》）

第三，反义类比，幽默讽刺。例如：

① 后来这终于从浅闺传进深闺里去了。（鲁迅《阿Q正传》）

② 有些天天喊大众化的人……实在他的意思仍是小众化。（毛泽东《反对党八股》）

第四，反义词构成对偶句、精警句，相互映衬，含蓄有力。例如“熟悉而又陌生”“谦受益，满招损”“假作真时真亦假，无为有处有还无”。

第五，反义词可以互为语素，构成复合词或成语。例如：

东西　　多少　　冷暖　　出入

兴亡　　高低　　横竖　　早晚

本末倒置　　眼高手低　　乐极生悲　　苦尽甘来　　深入浅出

三、同素词

（一）什么是同素词

同素词的聚合既是读音的聚合，也是字形的聚合，有的还是意义的聚合，因为语素是音和义的结合体，写出来还有字形。两个或多个具有相同语素的词称为同素词。例如：

整齐—齐整　　成长—长成　　埋怨—抱怨

（二）同素词的分类

(1) 从语素多少看，同素词有语素完全相同和语素部分相同两类。语素完全相同的同素词是语序逆反的结果。例如：

① 歌颂—颂歌　　友好—好友　　水井—井水
② 富有—富裕　　抚养—扶养　　模糊—含糊

（2）从同素词的内部结构看，同素词有结构相同和结构不同两类。例如：

① 代替—替代　　解劝—劝解　　积累—累积
② 虚心—心虚　　人为—为人　　人工—工人

由于语素相同，许多同素词在语义上存在着密切联系，有的也构成同义词，例如“代替—替代”“解劝—劝解”。有的同素词所指对象完全不同，不能构成同义词。例如“虚心—心虚”“人为—为人”。

有些词看似同素词，其实并不是。例如“头骨”和“骨头”，其中的“头”并不相同，不构成同素词。

思考与练习

1. 词是如何形成聚合的？有哪几类聚合？
2. 如何理解同音同形词的聚合？
3. 同音同形词与多义词的字形相同，如何区别？
4. 何为语义场？如何理解语义场的层级性？
5. 语义场内部有一些什么样的成员？
6. 怎样辨析同义词？请辨析下面几组同义词。

品位—品味　　激励—鼓励　　徘徊—徜徉
点染—渲染　　以至—以致　　申明—声明
长年—常年　　截止—截至　　爱惜—爱护

7. 请举例说明一个词可以处于几个反义义场中的现象。
8. 请说说同素词对同义词的辨析有着什么样的作用。

第六节　熟　　语

词汇包括了语言中的词和固定语，熟语是固定语中除了专名短语和习用短语以外的部分。作为固定语，熟语结构固定，意义具有整体性。熟语包括成语、惯用语、歇后语、谚语等。谚语实际上是句子，只不过是作为词汇中结构固定的备用单位看待的，所以也列入固定语中。

一、成语

成语是在长期语言实践中形成的一种形式简洁而意义精辟的固定语。它是汉族人民喜闻乐见的一种词汇材料，是汉族优秀文化中的一枝奇葩，对增强汉语的表达效果起着重要作用。

（一）成语的结构

成语以四字格为基本形式，也有少数成语多于四个字。例如“风马牛不相及”“司马昭之心，路人皆知”。

结构上，成语与一般的短语保持着较大的一致性。成语的内部结构关系不仅有联合、主谓、述宾、述补、偏正等结构方式，还有紧缩复句的结构关系。例如：

龙飞凤舞　天高地厚　高瞻远瞩　水深火热（联合式）
毛遂自荐　名副其实　百花齐放　胸有成竹（主谓式）
包罗万象　莫名其妙　大放厥词　无所事事（述宾式）
重于泰山　问道于盲　逍遥法外　死得其所（述补式）
不刊之论　中流砥柱　世外桃源　恍然大悟（偏正式）
拔刀相助　拍案叫绝　弃暗投明　温故知新（连动式）
引人入胜　令人生畏　指鹿为马　请君入瓮（兼语式）
一见钟情（连贯关系）
百读不厌（让步关系）
因噎废食（因果关系）
锲而不舍（递进关系）

（二）成语的特点

1. 结构的凝固性

成语的结构形式是长期沿用而凝固下来的，不能随意改变。结构形式包括内部成分和词序两个方面。成语的内部成分一般不能改变。例如“掩耳盗铃”不能说成“掩耳偷铃”，“不屈不挠”不能说成“不挠不屈”。一些成语中选用的成分非常准确贴切，自然容不得变更。例如“前车之鉴”和“风雨同舟”，“车”“舟”都是交通工具，但它们显然不能互换：前车颠覆犹有辙印可辨，前舟覆没则无痕迹可警示后来者；风雨之中，“舟”“车”同样不安全，但

“舟”于浩渺之间无所依托，其危难肯定甚于“车”。一些成语则因约定俗成而不能变更。旧制 16 两为一斤，才有“半斤八两”的说法，今改为 10 进制，但也无必要另说“半斤五两”。

成语内部语序一般也不能改变。例如“过河拆桥”说成“拆桥过河”，便不再是成语了；“屡战屡败”说成“屡败屡战”则改变了原意：前者说的是一败涂地，后者说的则是面对失败挫折的积极态度。

2. 意义的整体性

成语意义含蓄精深，是高度融合的整体。成语多有意在言外的情形，理解时要从整体上把握，不能望文生义。例如“完璧归赵”，表层意思是指历史故事，由此引申为泛指把东西完整无缺地归还其主人。又如“尺短寸长”，是“尺有所短，寸有所长”(《楚辞》)的简缩，比喻人或事物各有长处和短处。有些成语看似意思相近，其实表意有很大差异，要注意辨别。例如“无微不至”与“无所不至”，对人关爱是“无微不至”，只有做坏事才说“无所不至”。又如说人“不可救药”，是指他坏得不可挽救，只有说“药不可救”，才是真的病得很重。

(三) 成语的来源

成语是汉族人民在长期语言实践中提炼出来的，其来源多种多样。

1. 出自古代的神话

例如：

女娲补天(《淮南子·览冥训》)

画龙点睛(《历代名画记·张僧繇》)

鸡犬升天《神仙传·刘安》

精卫填海(《山海经·北山经》)

2. 出自寓言故事

这类成语都说明一定的道理，包含深刻的思想内容，有教训或讽喻的意味。例如：

叶公好龙(《新序·杂事》)

邯郸学步(《庄子·秋水》)

守株待兔(《韩非子·五蠹》)

杞人忧天(《列子·天瑞》)

3. 出自历史故事

这类成语往往是对历史人物、事件的叙述。例如：

请君入瓮(《朝野佥载·周兴》)

夜郎自大(《史记·西南夷列传》)

望梅止渴(《世说新语·假谲》)

四面楚歌(《史记·项羽本纪》)

4. 出自古代的诗文语句

例如:

百废俱兴(范仲淹《岳阳楼记》)
学而不厌(《论语·学而》)
老骥伏枥(曹操《步出夏门行》)
青出于蓝(《荀子·劝学》)

5. 出自人民群众的口头俗语

例如:

一干二净　三心二意　七手八脚　九霄云外
鸡毛蒜皮　指手画脚　拐弯抹角　助人为乐

6. 来源于外族语言

这类成语早期的多与佛教有关。明清以来,西方文化中的典故、格言及著作中的精练汉译语句,有些成了成语。例如:

天花乱坠　现身说法　回头是岸　一尘不染
新陈代谢　物竞天择　弱肉强食　火中取栗

7. 新创成语

例如:

古为今用　洋为中用　一分为二　力争上游
只争朝夕　以人为本　解放思想　破除迷信

(四) 成语的运用

1. 正确理解

恰当运用的前提是正确理解。要正确地理解成语,必须注意如下几个方面:

第一,掌握成语的含义。如“七月流火”(《诗经·豳风·七月》),常被误解为表示天气炎热,其实是说当夏历七月心宿二(即恒星“大火”)偏下(即“流”之意)时,天气便由热转凉了。

第二,分清成语的感情色彩。带褒扬色彩如“正大光明”“中流砥柱”“春风化雨”,带贬义色彩的如“为虎作伥”“利令智昏”“衣冠楚楚”。

2. 正确运用

成语言简意赅,极富表现力,如果使用得当,可以收到表意精确、形象生动、结构匀称、音律和谐等修辞效果。例如:

对于他们，第一步需要还不是“锦上添花”，而是“雪中送炭”。（毛泽东《在延安文艺座谈会上的讲话》）

上例用两个成语说明文艺工作提高和普及的关系，生动形象，给人留下深刻印象。又如：

我独不解中国人何以于旧状况那么心平气和，于较新的机运就这么疾首蹙额；于已成之局那么委曲求全，于初兴之事就这么求全责备？（鲁迅《这个与那个》）

这段话巧妙地运用四个两两相反的成语，形成排比和对偶，使语句音律和谐，寓意深刻，极富感染力。

成语的运用要注意如下两点：

第一，注意成语适用的对象、范围和场合。“德高望重”只用于有地位的老人，“聪明伶俐”只用于小孩。“万籁俱寂”描写自然界的寂静，“鸦雀无声”则形容众人聚集处极其安静。“永垂不朽”所用必是庄重场合，“屁滚尿流”则显然不宜在庄重场合中使用。

第二，注意成语的规范读法和写法。例如“病入膏肓”中的“肓”不能读成或写成“盲”，“负隅顽抗”的“隅”不能读成或写成“偶”；“重于泰山”不能说成“重于黄山”，“望洋兴叹”不能说成“望河兴叹”。

二、惯用语

惯用语是一种短小通俗的固定语，主要用于口语。惯用语多用比喻的方式表示意义，简明生动，通俗有趣。例如“走后门”就是通过比喻的方式引申为“通过不正当的手段达到某种目的”。“传声筒”原指话筒，用以比喻只会重复别人的话而毫无自己见解的人或文章。

（一）惯用语的结构

惯用语以三字格为基本形式，也有多于三个字的。从结构关系看，惯用语多为述宾式和偏正式，也有主谓式和联合式的。

1. 述宾式

挖墙脚	穿小鞋	敲竹杠	吹牛皮
翘尾巴	碰钉子	钻空子	磨洋工
走后门	开夜车	走过场	打交道
泼冷水	扯后腿	拍马屁	打埋伏
唱对台戏	喝西北风	吃闭门羹	钻牛角尖

2. 偏正式

拦路虎	高帽子	马后炮	墙头草

耳边风　　下马威　　绊脚石　　大锅饭
铁饭碗　　醋坛子　　眼中钉　　替罪羊

3. 其他结构方式

脚踏两只船(主谓式)
睁只眼闭只眼(联合式)
赶鸭子上架(兼语式)
干打雷不下雨(转折关系)

(二) 惯用语的特点

1. 结构相对稳定

惯用语的结构相对稳定。它的结构具有一定的固定性,不过没有成语要求那么严格。述宾式的惯用语就像离合词,可以进行有限的替换、扩展或成分的易位。例如“泼冷水”可以说成“泼凉水”,“碰钉子”可以说是“碰了一个大钉子”,“开夜车”在特定的语境中可以说成“夜车不能多开”。但是,不能改变惯用语原有的比喻色彩。例如“赶鸭子上架”说成“赶兔子上架”就失去原意了。

2. 具有比喻引申意义

惯用语的意义具有双层性,除字面意义之外,还必须具有深层次的比喻引申意义。例如“炒鱿鱼”,鱿鱼一炒就卷起来了,像是卷铺盖,借此用来表达“解雇”“解职”的意义。又如“敲门砖”,本指拿砖敲门,门一敲开,砖就丢弃了,以之比喻用来取得名利或达到某种目的的初步手段。

3. 口语色彩较浓

惯用语口语色彩较浓,通俗平易,富有情趣,因为惯用语通过比喻方式表示意义,喻体也都是通俗易懂的。这一点通过与同义的成语相比较可以看得更清楚:

阿谀奉承—拍马屁　　李代桃僵—背黑锅

4. 多数带有贬义色彩

惯用语在感情色彩上也很有特点,大多数都是贬义的,常用来表示谐谑、讽刺、贬斥的感情色彩。当然也有一些例外,例如“满堂红”和“开绿灯”,感情色彩分别是褒义的和中性的。

(三) 惯用语的来源

1. 从行业语演变而来

例如:

走过场　　唱双簧　　台柱子(源于戏剧用语)

打游击　　打埋伏　　打头阵(源于军事用语)

二一添作五　　三下五除二(源于珠算口诀)

2. 来源于典故

例如：

“吃闭门羹”来源于冯贽《云仙杂记》；“眼中钉”来源于陶岳《五代史补》；“鸿门宴”来源于司马迁《史记·项羽本纪》。

3. 其他来源

例如：

“拆烂污”来源于吴方言；“老鼻子”来源于北方方言；“马后炮”来源于棋艺；“替罪羊”来源于《圣经》故事。

三、歇后语

歇后语是由近似于谜面、谜底的前后两部分组成的固定语。因为后半部分可以隐去，让听者去体会猜测它的含义，所以称歇后语。它具有口语色彩，表达生动活泼、幽默风趣。例如：

老鼠钻风箱——两头受气

一根绳上的蚂蚱——谁也跑不了

孔夫子搬家——尽是书(输)

没有骨架的伞——支撑不开

墙上挂门帘——没门儿

大海捞针——无处寻

(一) 歇后语的表意方式

歇后语的前半部分一般是形象的表述，后半部分解释这种表述的含义。这种含义的解释有三种情况：通过比喻、通过双关和直接说出。

1. 通过比喻解释含义

字面是比喻，意在言外。例如：

石头上钉钉子——硬碰硬(互不相让或毫无回旋的余地)

瞎子点灯——白费蜡(白费工夫)

2. 通过双关解释含义

后半部分某个词形成双关。例如：

哑巴吃黄连——有苦难言(语义双关)
老虎拉车——谁赶(敢)(谐音双关)

3. 直接说出含义

后半部分是对前半部分的直接解释。例如:

千里送鹅毛——礼轻情义重
诸葛亮皱眉头——计上心来

(二) 歇后语的来源

1. 来源于日常生活

日常生活中的事物或事件是创造歇后语的主要来源。例如:

聋子的耳朵——样子货
绱鞋不用锥子——针(真)好
老鼠钻进书箱里——咬文嚼字

2. 来源于奇特的想象

大胆而奇特的想象也成为创作歇后语的材料。例如:

船头上跑马——走投无路
老虎挂念珠——假充慈悲
竹篮打水——一场空

3. 来源于典故

历史人物、神话传说、小说故事也是歇后语的创作材料。例如:

刘备招亲——弄假成真
周瑜打黄盖——愿打愿挨
姜太公钓鱼——愿者上钩
张天师家闹鬼——说也难信
猪八戒吃人参果——不知滋味
孔夫子挂腰刀——能文能武

恰当地运用歇后语,可使言语交际生动活泼、风趣幽默。但是,内容庸俗、消极的歇后语,应该摒弃。

四、谚语

谚语是流传于人民群众口头上的精练通俗、寓意深刻的固定语,它通常包含着人民群众在社会生活中的各种经验和人生哲理，对生活实践有着指导性的价值。

（一）谚语的内容

谚语的内容非常丰富，涉及各个不同领域。有反映生活经验的，有总结生产实践经验的，有反映自然规律的，等等。一般根据内容把谚语分为事理谚、修养谚、社交谚、时政谚、生活谚、风土谚、自然谚、气象谚、农林谚、工商谚、文教谚等类别，其中事理谚语、生活谚语和气象谚语特别多。例如：

众人拾柴火焰高

磨刀不误砍柴工

事不经不懂，路不走不平

有志不在年高，无志空活百岁

若要小儿保平安，常带三分饥与寒

庄稼一枝花，全靠肥当家

朝怕南云涨，晚怕北云堆

（二）谚语的结构和意义

1. 谚语的结构

谚语是作为句子使用的，从结构上看有两种类型：

第一类是单句结构。例如“人穷志短”“家和万事兴”“没有不透风的墙”。

第二类是复句结构。例如“一招鲜，吃遍天”“上有天堂，下有苏杭”“若要人不知，除非己莫为”。复句结构的谚语，一般句式整齐，多数押韵。有些复句结构的谚语，前后句子格式完全相同，前句起比喻作用，后句表达实在的意义。例如“一个篱笆三个桩，一个好汉三个帮”。也有的前后句意思相近或相反。例如“车到山前必有路，船到桥头自然直”“酒逢知己千杯少，话不投机半句多”。

2. 谚语的意义

谚语主要在口语中流传，意义一般比较浅显，容易理解。谚语的整体意义一般有两种情况。一是谚语的整体意义是内部成分的相加。例如“活到老，学到老”。二是整个谚语的比喻义才是谚语的整体意义。例如“羊毛出在羊身上”“三天打鱼，两天晒网”。

（三）谚语的特点

1. 口语性强

谚语以口语为基础，又比口语凝练、优美。它一般都短小精悍，读起来顺口，听起来悦耳，易懂易记。

2. 形象生动

谚语常常运用比喻、比拟、对比、烘托等修辞方式，把抽象的事物或道理形象地表达出来，从而引起听读者联想，获得深刻的印象。

谚语以灵活多样的表现形式，广泛而深刻地反映了社会生活，且通俗易懂，句式匀整，音调和谐，读起来朗朗上口，为广大人民群众所喜闻乐见。但也应该注意到，有些谚语表现的观念带有一定的局限性，含有陈旧的意识和偏见。例如“各人自扫门前雪，莫管他人瓦上霜”“人不为己，天诛地灭”“人无横财不富，马无夜草不肥”，自然是应该摒弃的。

思考与练习

1. 试分析下列成语的结构。

闭门造车　叶公好龙　守株待兔　百废俱兴　青出于蓝
过河拆桥　取长补短　开门见山　请君入瓮　问道于盲

2. 请指出下面成语中的错别字。

黄粮一梦　鼓惑人心　重蹈复辙　响扼行云　委屈求全
无所不致　岂人忧天　濯发难数　如火如茶　淹没无闻

3. 下列句子中的成语使用是否正确，为什么？

(1) 当时暴雨如注，满路泥泞，汽车已无法行走，抢险队员们只好安步当车，跋涉一个多小时才到大坝。

(2) 会议期间，农科院等单位在会场外摆出了鲜花盆景销售摊儿。休息时，摊儿前车水马龙，产品供不应求。

(3) 您刚刚乔迁新居，房间宽敞明亮，只是摆设略显单调，建议您挂幅油画，一定会使居室蓬荜生辉。

4. 解释下列惯用语的意义。

高帽子　安钉子　背包袱　穿小鞋　打交道　敲边鼓
下马威　开夜车　挖墙脚　踢皮球　磨洋工　挤牙膏

5. 成语、惯用语和歇后语三者的主要区别是什么？

第四章 语法

第一节 语法概说

一、语法

(一) 什么是语法

词汇研究词或词的等价物,语法研究词的组合。要表情达意,就需要把词语组合起来。两个或两个以上的词组合涉及规则问题。什么样的词与什么样的词可以组合,它们组合的顺序怎样,是否需要虚词,虚词该放在什么位置,这些都需要遵循一定的规则。例如:

突然事件—＊忽然事件
老科学家、有情人(可以作不同的分析)
中国朋友—中国的朋友(前后短语的意思不一样)
我吃鱼—＊我吃三条鱼—我吃了三条鱼
请稍等—＊请稍微等
我把自行车放在教室前面—＊我放自行车在教室前面
他去—他去的(前后两句意思不一样,后一句还有歧义)
客人来了—来客人了(前后两句表达功能不一样)

上述这些组合现象都与语法有关。什么是语法?语法是句子的结构规则和使用规则。

第一,句子的结构规则。词与词可以组合成短语,但是最终是要组合成言语交际的基本单位——句子。词语怎样搭配,句子怎样构成,都要遵循一定的规则。例如:

① 了、一、写、篇、他、文章
→他写了一篇文章。/文章他写了一篇。
→＊写了一篇他文章。/＊他篇了一写文章。

② 我们打败了敌人。→我们把敌人打败了。

我们打赢了敌人。→ * 我们把敌人打赢了。

上例打了星号的语句表示不合格。例①是同样的词语连写出来的句子，有的合格，有的不成话；例②两句只有一字之差（“败”和“赢”），同样的变换，后一句却不合格。又如名词可以和动词搭配，“名词＋动词”一般构成主谓关系，“动词＋名词”一般构成述宾关系；副词可以修饰谓词，但一般不能修饰名词。这些都表明句子不是词语的任意堆砌，而是要遵循一定的结构规则的。

第二，句子的使用规则。同一个意思往往可以用不同的句子来表示。例如：

① 他吃了饺子。

② 他把饺子吃了。

③ 饺子被他吃了。

④ 饺子他吃了。

上例各句的基本意义一致。为什么同一个意思需要那么多句子形式？我们明显感觉到上述同义句各有各的用途，使用时要根据上下文做出选择。要凸显动作处置的结果，则需要选择②；要表示被动意义，则需要选择③；如果要回答“我放在餐桌上的饺子呢？”的提问，则选择④更切合上下文。

可见，句子不仅有结构规则，还有使用规则。我们在表达中如果违反了这样的规则，就会感到不顺。例如“客人来了”和“来客人了”，哪句听起来更顺？要看语境：如果大家正在期待的某个客人出现了，选用前一句会很顺；要是选用后一句，大家听起来就会感到不顺。

如果说词汇是建筑材料，语法就是结构图纸。有建筑材料，没有结构图纸，无从构建特定建筑物。词语的任意加合不能成句，句式的任意选择不能做到精确表达。可见语法在言语交际中十分重要。

（二）语法单位

语法的基本单位有三个：词、短语和句子。词和短语的区别在词汇部分已做过比较。语法部分讨论词，与词汇部分不同。词汇部分讨论词，着眼点在词的内部，讨论词的构成和词的意义，而语法部分讨论词，着眼点在词的外部，讨论词与词之间的语法关系。同样，语法部分讨论短语，也与词汇部分不同。词汇部分讨论的短语是固定短语，是词的等价物，而语法部分讨论短语，着眼点在于自由短语（词语的临时组合及其关系）。

理论上，词构成短语，短语构成句子。但实际上有独词句的存在，也有很多一个短语形成的句子。因此，词、短语和句子的区别，不在于长短，而在于是否联系特定的现实现象。例如“好”是一个词，但是大家在观看球赛时发出的“好”，那就成为具有表述性的句子了。“严禁吸烟”是短语，但是写在公共场合提醒人们不要吸烟时，它就是句子。“他喜欢钓鱼”可以是短语，但是在陈述“他”的爱好时则是句子，当然在“我知道他喜欢钓鱼”中则又是短语。“喜欢”是一个词，但是用于回答“你喜欢钓鱼吗”时，则是句子（省略句）。因此，词与句子、短语与句子之间不仅有构成关系，而且有实现关系。

（三）语法的性质

1. 抽象性

语法规则都是在大量的具体用法中概括出来的。例如：

“名词不能用‘不’否定”这条规则几乎适用于所有名词，“山”“水”“学生”“衣服”“街道”“文化”“语言”“足球”等，前面都不能出现“不”。“污水处理”“北大学生”“健康组织”“祖国的花朵”等短语在具体意义上毫无共同之处，但在结构规则上却有共同之处：都是由定语加中心语组成的偏正短语。

“你去吗？”“这本书他看过吗？”“你为什么不说？”等句子，在具体意思上以及结构方式上都不一样，但是在表示“疑问”这一方面是相同的：都是疑问句。

儿童在学习母语时，能用已学会的词语说出大人都没有听过的句子，就是因为习得了抽象的结构规则和使用规则，能自行组织具体的句子。成年人学习外语时也会出现类似的情况。

语法的抽象性特征还能让我们在学习和研究时，使用抽象符号表示语法关系，例如“不＋VP”“NP＋VP_1＋VP_2”。

2. 递归性

语法是句子的结构规则和使用规则。规则总是有限的，而人们说出和写出的句子则是无限的。有限的规则之所以能够生成无限多的句子，是因为抽象出来的语法规则具有递归性。

递归性指相同的规则可以在不同层面重复使用。例如“庐山/风景//秀丽”，第一层是主谓结构，第二层谓语部分也是主谓结构，小的主谓结构嵌套于大的主谓结构之中。

“位于前湖之滨的/风景优美的//南昌大学///校区”，每一层都是偏正结构，小的偏正结构嵌套于大的偏正结构之中。

正是由于有限的规则可以重复使用，层层嵌套，我们才能用有限的规则支配相对有限的词语去造出交际所需要的各种句子。

3. 民族性

人类思维的规律基本上是一致的，但不同民族表达同一内容的语法形式却不尽相同。例如现代汉语数词与名词间要出现量词，而英语则不需要量词。汉语名词性偏正结构是“定语＋中心语”，而傣语的则是“中心语＋定语”。汉语的述宾结构是“述语＋宾语”，而日语的则是“宾语＋述语”。从语言的接触中也可以看出语法的民族性，外文汉译时必须接受汉语语法规则的支配，例如，英语短语或从句定语要放在中心语之后，但译成汉语时，却要把该定语放在中心语之前。

4. 稳固性

不是说语法在历史的长河中没有任何变化，而是说相对于语音、词汇而言，语法继承性多，变动性少。这可以很明显地从汉语的发展中看出。现代汉语“主＋述＋宾”这种结构在甲骨文中就已存在，如“河杀我？河不我杀？”（董作宾《殷墟文字乙编・中辑》）。其中“河杀我”就是“主＋述＋宾”结构。此外，现代汉语的连动结构、兼语结构、双宾结构等，也是先秦两汉汉语中常见的，如“项庄拔剑起舞”（《史记・项羽本纪》），“命夸蛾氏二子负二山”（《列子・汤问》），“楚王赐晏子酒”（《晏子春秋》）等。这些都体现了语法的稳固性。

（四）为什么要学习语法

我们表达思想或理解话语时，并没有先想好语法再进行表达或理解，因为我们是在听说读写中下意识地习得语法的，在表达或理解时也是下意识地使用语法的。语法以抽象的规则形式存在于我们的大脑中。既然大脑中有特定的语法规则，那为什么还要学习呢？

这是因为语法学习可以让存在于大脑里的感性的语法规则上升到系统的理性知识，从而自觉地利用语法规则来表达思想和理解话语。例如“他常常上课”可以说，而“他往往上课”不能说，原因是什么？仅凭感性是无法解释清楚的，只有通过语法学习才可以解释清楚。又如有些很长很复杂的句子一时很难把握意思，或者显得别扭但又不知怎样改动，或者能改动但又说不出为什么，要解决这类问题也必须借助语法知识。更值得一提的是，如果法律契约文本中有歧义而发现不了，则可能造成无法估量的损失。

一旦自觉地掌握了语法规则，就能更好地驾驭言语表达和话语理解。语法规则的感性认识上升到理性认识后，就像大脑里有了更强大的防火墙，我们的大脑里对比较隐蔽的语法问题，也会弹出报警窗口。科班出身的人之所以能够在语言文字工作的岗位上把关，就因为他通过研习把感觉上升到了自觉，把感性上升到了理性。

二、语法学

语法是语言中客观存在的规则，而关于这一规则的理论就是语法学。一种语言客观的语法体系只有一个，然而关于这个体系的语法学则可以有多个：语法学者，由于所使用的语法理论或研究方法不同，往往会对同一个客观的语法体系做出不同的描写和解释。例如现代汉语客观存在的语法体系只有一个，但是现行的现代汉语语法教材却有好多种，这些教材对同一个客观存在的语法体系的描写和解释不可能完全一致，各有自己的理论体系。

可以看出，我们平常说的“语法”实际上有两个含义：一是指句子的结构规则和使用规则本身；二是指关于句子结构规则和使用规则的理论。前者是客观存在的，后者是对前者研究后所得出的系统的结论。例如在“这样说不符合语法”这个句子里，“语法”指前者；

在“语法是一种专门的学问”这个句子里，“语法”指后者。有必要区分时，人们把前者叫作语法，把后者叫作语法学。例如“传统语法”“结构主义语法”“转换生成语法”“三维语法”实际上是“传统语法学”“结构主义语法学”“转换生成语法学”“三维语法学”的简便说法。

三、语法分析

语法分析的方法很多。这里不涉及具体的方法，只着重说明下面两条带有方法论性质的原则。

(一) 形式与意义相结合的原则

语法形式指表示语法意义的形式，语法意义指语法形式所表示的意义。形式和内容是一张纸的两面。一定的语法形式都会表达一定的语法意义，一定的语法意义需要一定的语法形式表示，不同的语法形式通常表达不同的语法意义。例如“老师好”和“好老师”，前者是“名词＋形容词”，后者是“形容词＋名词”，因而语法意义不同：前者是主谓关系，后者是偏正关系。又如“我在南昌下车”和“我在南昌下的车”，二者的语法形式不同：后者述宾之间出现了“的”，因而语法意义有所不同；前者所表示的事件是未然的，而后者所表示的事件是已然的。

遵循形式与意义相结合的原则，具体表现为如下两个方面：

第一，从形式入手探求语法意义。例如“他在北京读了大学”和“他在北京读的大学”，两句的概念意义是一致的，都是“在北京读过大学”。但是二者的语法形式不同：前者用“了”，后者用“的”。顺着这种“不同”，我们最终能够找到二者在不同形式的后面隐含着的不同语法意义：前者的“读了大学”是新信息，焦点是“大学”（常规焦点）；后者隐含了“读了大学”，这个信息是旧信息（已知信息），焦点是“在北京”（对比焦点）。又如“客人来了”和“来客人了”，为什么要倒过来说？这种不同的形式背后语法意义也是不同的：前者的“客人”是定指的，是大家预先知道的客人；后者的“客人”是非定指的，是大家预先不知道的客人。

第二，为语法意义找到形式验证。例如我们感觉“战争”和“打仗”虽然词汇意义近似，但是词性（也是语法意义）有所不同。但是我们不能凭感觉，必须为我们的观点找到形式上的验证。形式上，“战争”主要分布在主语、宾语位置上，可以出现在数量结构的后面（“一场战争”），而不能出现在否定副词的后面（不说“不战争”）；“打仗”主要分布在谓语的位置上，不能出现在数量结构的后面（不说“一场打仗”），但能出现在否定副词的后面（“不打仗”）。分布形式的不同反映出词性的不同：“战争”是名词，“打仗”是动词。又如我们感觉“出租汽车”有偏正关系和述宾关系两种理解，这可以用添加虚词来验证：如果可以说成“出租的汽车”，就表明它内部有偏正关系的意义；如果可以说成“出租了汽车”，就表明其内部有述宾关系的意义。

（二）静态与动态相结合的原则

静态与动态有两个方面的意义：① 静态指不与具体语境相联系的状态；动态指与具体语境相联系的状态，要求研究语法时不要忽略上下文。我们研究语法时一般是指这一方面的意义。② 静态指语言发展的某一个共时阶段，例如“现代汉语”就是汉语发展的一个特定阶段；动态指语言的历史发展，例如现代汉语是从古代汉语、近代汉语演变过来的，要求研究现代汉语语法时不要割断历史。

语法研究要遵循静态与动态相结合的原则，注意区分静态与动态两个层面。例如主谓结构的语序规则是“主语在谓语前”，状中结构的语序规则是“状语在中心语之前”。但是在具体的句子（动态）里，可以有“主语在谓语后”和“状语在中心语之后”的情形。例如在“怎么啦，你？”中主语在谓语之后，“他走过来了，慢慢地，慢慢地”一句中状语在中心语之后。

又如单说（静态）时不能说“他手”，而要说“他的手”，但是进入具体的句子（动态）中则又可以说“他手”，如“他手被什么东西戳了一下”。再如“他的妈妈”和“他妈妈”都可以是静态短语，但在具体的句子（动态）里只能选择其中的一种，这是因为二者适合的语境是不一样的：前者适合凸显偏项的语境（如“是他的妈妈，不是我的”），后者适合不必凸显偏项的语境（如“他妈妈的手表丢了”）。

思考与练习

1. 如何理解“词汇是建筑材料，语法是结构图纸”？
2. 人们是怎样习得和使用语法规则的？
3. 语法存在于什么地方？为什么要学习语法？
4. 表现语法意义的形式（手段）主要有哪些？
5. 语法研究中怎样贯彻“形式与意义相结合”和“静态与动态相结合”的原则？

第二节　词类（上）

一、词的句法分类

（一）词类划分的依据和标准

物以类聚，人以群分。可见自然界和人类社会本身就存在着各种各样的自然形成的类别。科学研究首先要区分这些类别，进行命名，以便于描写和解释事物之间的各种关系。每一类事物都是以某一特征或某一系列特征形成的聚合。

语言也一样，语音、词汇、语法都要进行分类。词汇部分要讲词的分类，语法部分也要讲词的分类。二者分类的角度是不一样的：

词汇讲“词的分类”，其着眼点是词的内部，一般根据词本身的音节、意义和结构进行分类。词的语法分类（“词类”）的着眼点则是词的外部，一般根据它在句法结构中占据特定句法位置的能力（分布功能）进行分类。例如名词经常分布在主语和宾语位置上，能与数量结构组合。

1. 词类划分的依据

词类的自然区分是以词汇类义为依据的。没有学习过语法的人，你告诉他“书”是名词，那么他应该能判断“桌子”“剪刀”等词也是名词；你告诉他“走”是动词，他应该能判断“吃”“跳”等词也是动词；告诉他“大”是形容词，他应该能判断“高”“粗”等词也是形容词。英语单词也一样，知道了 book 是名词，能推断 desk、scissors 等词也是名词；知道了 walk 是动词，能推断 eat、jump 等词也是动词；知道了 big 是形容词，也能推断 tall、thick 等词同样是形容词。原因何在？他依据词汇类义判断词类：表示事物的是名词，表示动作的是动词，表示属性的是形容词。

其实，我们给词进行句法分类，依据的就是词汇类义：设法让表示事物的词进入名词类，表示动作的词进入动词类，表示属性的词进入形容词类，等等。

如果能完全按照词汇类义区分词类，那是很省事的。例如类义典型的“书”“走”“高”不用多想就可以分别划入名词、动词、形容词。但是，类义不典型的就有困难了。例如“战争”“是”“自动”“偶尔”，归类时就可能见仁见智。因此，还需要具有可操作性的形式作标准。

2. 词类划分的标准

词类划分的标准是词的句法功能，即词的句法分布。例如名词经常出现在主语和宾语位置，可以出现在数量结构的后面，不能出现在副词后面。“战争”虽然和“打仗”一样都具有动作意义，但是分布不一样：“战争”符合名词的分布，而“打仗”不符合名词的分布，因此“战争”是名词，“打仗”不是。

作为标准，必须具备两个条件：排他性和固定性。

（1）排他性。同一个词可以分布在多种句法位置，而且不同类的词在分布上还会出现交叉现象。例如汉语的“战争”“打仗”“孤独”都可以分布于主语、宾语、述语、定语的位置；英语的 war 可以出现在主语、宾语、定语、宾补和表语位置上，lonely 可以分布在定语、宾补和表语位置上，fight 可以分布于述语位置，还可以以非谓语形式出现在其他句法位置。因此，词类划分只能选取有区别作用的分布特征，而不能是全部分布特征。具体做法是依据词汇类义，选取具有排他性的分布特征来确保实际分类与我们心目中的意义类别一致。例如要确保我们心目中表示动作行为的词进入动词一类，我们至少得设定如下一组排他性特征框架：

① ____＋宾语

② ＊很＋____（心理动词除外）

③ 重叠式：A(一)A 或 ABAB

通过上述分布框架能把现代汉语动词与其他词类区别开来，动作类义典型的词都能鉴定为动词一类，动作类义不典型但能进入上述①和②框架的“是”“属于”“加以”“显得”等也能归入动词类而不会引起争议。

当然，许多动词不能同时满足这三个框架条件，不及物动词不能满足①，心理动词不能满足②。因为词类是个原型范畴，有隶属度的问题，满足条件越多的词隶属该词类范畴的程度就越高。例如不能带宾语的不及物动词，其隶属动词的程度，就不如及物动词高，或者说比起及物动词，这种原型动词，它是稍微边缘的成员。

(2) 固定性。排他性框架组应是固定的，不能作任何修改，因为作为标准，必须是静态不变的，不能是动态多变的，否则就称不上标准。例如带宾语应该是动词的分布特征，可是在动态使用中有时形容词也可以带上宾语：

歪着脖子　　红过脸　　脏了衣服　　矮人家一截

上例不能说明形容词兼属动词了。我们是为动词设定了可以带宾语的特征框架，但是它的表述是：“____＋宾语”，里面没有时态助词等其他词语。这个框架的规定是光杆动词带宾语，不能增添其他词语，否则改变了鉴别标准。按照“____＋宾语”这个标准，去掉增加的词语，“歪脖子”“红脸”“脏衣服”只能看作偏正结构，“矮人家”则不通。又如：

走了太阳，来了月亮，又是晚上。

上例并不能说明“走”和“来”是及物动词，因为鉴别及物动词的框架“____＋宾语”中不能出现时态助词等词语。上例假如去掉时态助词“了”，就不能成立了。

英语的情况也类似。例如“Here comes the bus”和“There goes the bell”，从表面看是动词加名词，好像满足“V＋O”的条件，可以把其中的 come 和 go 判为及物动词；但实际上不行，因为判断及物动词的框架是光杆动词加名词，而这两句去掉 here 和 there 变成“come the bus”和“go the bell”就没有合格度了。

这里要强调的是，分类时，我们会给每一类词设定特征框架，这样的框架就是标准。标准具有排他性和固定性，是静态的，不能变更。通过这样的标准分定的词类，无论出现在句子的哪个位置，都不能改变词性，否则就会出现“词无定类”的情形。例如名词除了出现在主语和宾语的位置上以外，还可以出现在谓语和定语的位置上；动词除了出现在谓语的位置上以外，还可以出现在主语、宾语和定语的位置上；形容词除了出现在定语的位置上以外，也可以出现在谓语、主语和宾语的位置上。如果因为分布不同而改变词性，那么动词、名词、形容词这三大词类就成了一个词类了。若这样，就有违我们分类的初衷。当然，也有兼类现象，兼类的条件后面会谈。

（二）词类的划分

词类是个层级体系。现代汉语词类划分的标准是句法功能（句法分布），具体的分类则是逐层进行的，不同的层面，分类的句法标准不一样。

首先，根据能否充当句法成分，词可以分为实词和虚词两大类。

其次，实词和虚词依据各自的区别特征（句法特征框架）又可以分别分为：

实词：名词、数词、量词、动词、形容词、副词、区别词、代词、象声词、叹词

虚词：介词、连词、助词、语气词

第三，实词的小类太多，还可以适当归类，归为以下三大类：

体词：经常充当主语和宾语的词，包括名词、数词、量词（通常是数量短语一块作句法成分）。

谓词：经常充当谓语的词，包括动词和形容词。

加词：只充当修饰语（定语和状语）的词，包括区别词和副词。

上述三类实词不涵盖代词、象声词和叹词，因为它们是语用的类别，不是句法的类别（详见下文）。汉语词的分类如表 4-1 所示。

表 4-1　汉语词的分类表

词类				词例
实词	基本类别	体词	名词	教师　感情　昨天　旁边　前面
			数词	二　十　百　千　万　第一　若干
			量词	尺　斤　亩　个　次　趟　回　遍
		谓词	动词	提高　出去　爱　可以　是　进行
			形容词	愉快　白　雪白　绿油油
		加词	区别词	初级　国营　慢性　头等　超音速
			副词	十分　正在　亲自　难道　岂　不
	特殊类别	代词	人称代词	我　她　你们　自己　大家　人家
			指示代词	这　那　这些　那样　各　某　每
			疑问代词	谁　哪　什么　多少　怎么　怎样
		拟音词	象声词	哗　叮咚　轰隆　嘀嗒　扑哧
			叹词	啊　喂　哼　呸　咦　唉　哎呀

（续表）

词类		词例
虚词	介词	在　从　自　随着　关于　对于
	连词	和　并　而　不仅　由于　但是
	助词	着　了　的　得　似的　的话
	语气词	吗　吧　呢　呀　啊　嘛　罢了

几点说明：

1. 量词和方位词

这两类词有点特别，量词和单音节方位词在现代汉语中不单独作句子成分。量词除了能进入“论……”“按……计算”等特定组合以外，不能作句法成分；单音节方位词只可以进入“向右转”这样的文言式结构。因此，有的学者把它们归入虚词。我们把它们归入实词，理由是：

（1）量词可以受数词的修饰而组成数量短语，数量短语则可以作句法成分。量词可以重叠，重叠形式可以作句法成分，虚词则不能重叠。另外，很多量词由名词和动词兼任。

（2）现代汉语单音节方位词虽然不能单独作句法成分，但是它们来自文言，文言文中的单音节方位词都可以单独充当句法成分；现代汉语的合成方位词都能单独充当句法成分。整体上看，方位词具有名词的性质，更适合归入名词一类。

2. 代词和拟音词

代词和拟音词的名称来自语用功能，因为有指代作用，所以称作代词；因为有模拟声音的作用，所以称为拟音词。

（1）根据词的句法分类标准，代词家族中的词实际上可以分别归入体词、谓词和加词。例如：

体词：我、我们、这里、这些

谓词：怎么（它怎么了）、怎么样（这个人怎么样）、这样

加词：这么、怎样（怎样做）、怎么（你怎么去）

但是完全按照句法标准来归类也会遇到问题：第一，它们有指代作用，替代具体的实词。第二，它们具体归入到哪一类词？有一定困难。比如“这里”“这些”归入体词的哪一类？“怎么样”归入谓词的哪一类？不好操作。因此，学界根据它们的指代作用，把它们称作“代词”，归入“特殊类别”。

（2）叹词和象声词的区别仅在于是否人发出来的声音，而且叹词用在间接引语中作句法成分时（如“他喂喂个不停”）也纯粹是拟音，与象声词无异，因而合并，统称“拟

音词”。根据词的句法分类标准，拟音词家族中的词实际上可以分别归入谓词和加词。例如：

他不停地“啊”着。（谓词用法）

隔壁传来“啊”的惊叫声。（加词用法）

三班选手“啊啊”叫着走进医务室。（加词用法）

同样的，完全按照句法标准来归类也会遇到问题：第一，它们模拟声音，具有一定的特殊性。第二，具体归入哪一类？不好操作。因此，也只好把拟音词归入“特殊类别”。

3. 词类的下位分类

每一类词内部还可以根据需要作不同的下位分类，目的在于帮助说明同一类词内部成员的不同用法。分类标准可以是句法功能，也可以是其他标准。例如动词根据能否带宾语，可以分为及物动词和不及物动词。又如名词根据其生命度，可以分为有生名词和无生名词。详见下文。

（三）虚词的功能

实词的功能是作句法成分，虚词的功能是什么呢？它是语法意义的标记。虚词的功能较多：标明结构关系、表明时体、凸显语气等。例如：

学校商店（有歧义）—学校的商店—学校和商店

语言文学—语言和文学

他老师有意见—他对老师有意见

他吃红米饭—他吃过红米饭—他吃了红米饭

他会去北京—他会去北京的

他会去北京？—他会去北京吗？

思考与练习

1. 词类划分的标准是什么？制定标准的依据是什么？
2. 人们不用想起词类划分标准就能判断“酒”是名词，为什么？
3. 词类划分的标准具有什么样的特点？
4. “这本书的出版”中“出版”是动词还是名词？为什么？
5. 如何理解词类是一个层级系统？
6. 为什么说代词和拟音词是特殊类别？

第三节　词 类（中）

二、各类实词

（一）名词

1. 名词的主要语法特征

名词经常分布于主语和宾语位置上，还能作定语，与其他词类相比，具有如下语法特征：

（1）一般都能进入“数词＋物量词＋____”框架。例如“两个鸡蛋”“三本书”“一个人”“一些意见”“一批军火”中的“鸡蛋”“书”“人”“意见”“军火”。

专有名词一般不进入上述框架，但有时也是可以的，如“千万个雷锋在成长、有两个南昌那么大”。

（2）一般能进入“介词＋____＋动词”框架。例如“把门打开”“被他批评”“在家休养”“向老师鞠躬”。有些非名词在特定条件下也可以出现在某些介词后面，例如“从生到死”“从小到大”。但这一用法不具有普遍性，一般只出现在“从……到……”格式里。

（3）不能进入“不＋____”框架。例如一般不说“不战争”“不桌子”“不电灯”等。有时也有副词“不”出现在名词前面的，但那只限于某些固定格式。例如“管他……不……”“……不……，……不……”：“管他经理不经理的”“人不人，鬼不鬼”。

（4）有些名词带有某些前缀和后缀作为形式标记。如“阿姨”“阿爸”“剪子”“胖子”“兔子”“学者”“劳动者”“赚头”“甜头”“盖儿”中的“阿-”“-子”“-者”“-头”“-儿”就是名词的标记。

2. 名词的下位分类

每一类词内部可以有不同的下位分类。词的下位分类不限于句法标准，还可以是语义、语用等标准。从名词的指称范围看，名词可以分为普通名词和专有名词。

从名词的语义功能上看，名词可以分为人物名词、处所名词、时间名词和方位名词：

（1）人物名词(包括“有生名词”和“无生名词”)表示人或物等，如“外宾”“运动员”“雷锋”“马”“鱼”“山”“河流”“电灯”“桌子”。

（2）处所名词，也叫处所词，表示处所，如“亚洲”“中国”“江西”“滕王阁”“附近”“周围”“门口”等。

（3）时间名词，也叫时间词，表示时间，如“中秋”“春季”“星期天”“上午”“现在”“将来”“过去”“从前”“昨天”“今天”“明天”“国庆节”等。

时间名词还有其特殊之处，就是常作状语。人物名词和处所名词中也有作状语的，但不常见。

（4）方位名词，也叫方位词，表示方位（方向和位置）。方位词可以分为单纯方位词和合成方位词：

① 单纯方位词，也叫单音节方位词，共有16个。

上　下　前　后　左　右　东　西　南　北　中　内　外　里　间　旁

单音节方位词在现代汉语中不能单独充当句法成分，只能附着在实词后面。有时也会遇到下列现象：

向后转、朝南开、往东走
由表及里、南辕北辙、外强中干、东奔西走
人群里三层，外三层。
上有天堂，下有苏杭。
东有村，西有店。

上述的方位词虽是单音节的，但都充当了句法成分。这种现象是古代汉语用法的遗留。

② 合成方位词，也叫双音节方位词，是由单纯方位词作为语素自相组合或与其他语素组合而成的方位词。例如：

自相组合：上下、前后、左右、里外、内外
与"以"组合：以上、以下、以前、以后、以内、以外
与"之"组合：之前、之后、之间、之内
与"头"组合：上头、下头、前头、后头、东头、西头、里头、外头
与"边"组合：上边、下边、前边、后边、左边、右边、东边、西边、南边、北边、外边、里边、旁边
与"面"组合：上面、下面、前面、后面、左面、右面、东面、西面、南面、北面、外面、里面
其他：底下、当中、中间

方位词有着名词的语法特征：能作主语或宾语（如"东边有山""看着前面"），能分布在介词后面（如"从南到北"）。但是，方位词也有特殊之处：

第一，出现在实词性成分后面，构成方位短语。例如"桌子"与"桌子上"不同，前者表示事物，后者表示方位。"桌子上"也可以说成"桌子上面"，这样的短语内部的结构仍可以看作准偏正结构。又如：

口中　杭州东　教室里　树林间　村子旁　上海南面

第二，不少方位词有着引申用法，不实指方位。例如：

表示时间：开会前、下班后、春节前、寒假后、营业中
表示在某个方面：思想上、政治上、理论上、历史上

表示范围或界限：二十上下、县团级以上、四十岁以下

(二) 动词

1. 动词的主要语法特征

(1) 及物动词能带宾语,即能进入“____+宾语”框架。如“喝水”“割麦子”“买东西”中的“喝”“割”“买”。不及物动词一般不能进入这个框架,如“休息”“咳嗽”之类是不能带宾语的。

(2) 一般不能受“很”的修饰,即“*很+____”,如不能说“很吃”“很走”。但是有些动词,如心理动词,可以接受“很”的修饰,如“很爱”“很尊敬”。这一点与形容词一致,但是区别明显:心理动词毕竟是动词,后面可以带宾语,形容词则不可以。

(3) 多数动词有重叠形式,单音节动词的重叠形式为“AA”(或“A 一 A”),双音节动词一般为“ABAB”。如“帮(一)帮”“说(一)说”“帮助帮助”“研究研究”。

2. 动词的下位分类

(1) 根据能否带宾语,可以把动词分为及物动词和不及物动词两类。及物动词能带宾语,也称“外动词”“他动词”或“有宾动词”,如“我看书”“他写字”中的“看”和“写”;不及物动词一般不能带宾语,也称“内动词”“自动词”或“无宾动词”,如“他在咳嗽”“爸爸休息了”中的“咳嗽”和“休息”。

(2) 根据主体对动作行为能否自控,可以把动词分为自主动词(也称“可控动词”“有心动词”)和非自主动词(也称“非可控动词”“无心动词”),前者如“吃”“走”“踢”,后者如“醉”“病”“倒塌”。

(3) 根据动词在动核结构中联系的强制性语义成分(动元)的数量,可以把动词分为一价动词(如“来”“休息”)、二价动词(如“说”“看”)、三价动词(如“给”“送”)三类。

(4) 根据语义特征,可以把动词分为如下几类:

① 动作动词:看、说、站、讨论、创作、游泳、跳舞

② 状态动词:完、醒、病、胜利、受损、瘫痪、倒塌

③ 心理动词:想、爱、尊敬、喜欢、讨厌、担心、热爱

④ 使令动词:请、命令、请求、强迫、驱使、派遣

⑤ 关系动词:是、姓、属于、像、具有、等于

⑥ 形式动词:加以、致以、予以、给以、进行

⑦ 趋向动词:上、下、来、去、出去、上来

⑧ 能愿动词:能、能够、可以、可能、会、愿意、应该、敢、肯

3. 趋向动词

趋向动词是表示动作趋向的动词。这种动词很有特色,可以分为三组:

第一组:来、去

第二组：上、下、进、出、过、回、起

第三组：上来、上去、下来、下去、出来、出去、过来、过去、回来、回去、起来

第一组以说话人为参照点，向着说话人的方向移动为“来”，离开说话人为“去”。第二组以说话人之外的事物或位置为参照点。第三组兼有第一、第二组的特点。如“上来”，“上”表示从低往高走，“来”表示朝着说话人的位置，表明说话人在上面。若说“上去”，“去”表示离开说话人所处的位置，表明说话人在下面。

趋向动词除了能作谓语之外，还能作补语。如“寄来”“脱下”“跑回去”。有的趋向动词还有引申用法，词义虚化。如“热起来”“好起来”“坚持下去”“瘦下去”中的“起来”和“下去”分别表示动作或性质变化的“开始”和“继续”。虚化了的趋向动词实质上已经演变为表示时体的时态助词。

4. 能愿动词

现代汉语能愿动词，也称“助动词”或“情态动词”，也是一类很有特色的动词，可以分为两组：

第一组：能、能够、可、可以、可能、会

第二组：该、应该、应当、要、得、敢、肯

能愿动词实际上是一个语用类，其主要功能是语用上的“评议”(对某个事件表示主观态度)。它们主要出现在状语位置上，如“你可以走了”“你应该这样做”“他会说英语”。在特定的语境里，也可以单独作谓语，如“这样做可以”(评议的事件置于句首作主题)、“你敢吗”(“敢”后表事件的词语省略)。

能愿动词大都能进入“不×不”这个格式中，表示委婉或强调的语气。第一组能愿动词用在这个格式中有委婉的意味，如“不能不相信”不等于“能相信”，而是“应当相信”的意思，不过语气要委婉一些。第二组能愿动词用在这个格式中有强调的意味，如“你不该不听父母的”比“你应该听父母的”强调的意味更重一些。

(三) 形容词

形容词的主要语法特征如下：

(1) 性质形容词能进入“程度副词＋____”框架，如“很高”“非常冷”“很严肃”“十分正确”。状态形容词不能进入这个框架，因为状态形容词实际上是单音节性质形容词与表示程度的语素合成的形容词。例如“冰凉”“雪白”“鲜红”“绿油油”中的“冰”“雪”“鲜”“油油”都是表示程度的语素。

(2) 许多形容词可以重叠。单音节形容词的重叠形式是“AA”，如“大大”“高高”“短短”“细细”。这类重叠式修饰动词时表示程度的加强，修饰名词时不仅没有加强的意味，反而表示程度减弱，即表示一种轻微的程度。例如：

大大缩短了距离(程度加强)

大大的眼睛(与“大眼睛”相比程度减弱)

高高举起(程度加强)

高高的个儿(与“高个儿”相比,程度减弱)

双音节形容词的重叠一般表示程度的加强,有三种格式:

① AABB:高高兴兴、踏踏实实、勤勤恳恳、干干净净、和和气气、随随便便

② A里AB:小里小气、古里古怪、慌里慌张、糊里糊涂

③ ABAB:冰凉冰凉、雪白雪白、通红通红、笔直笔直、碧绿碧绿、鲜红鲜红

格式②里的AB限于某些含贬义的形容词,重叠后既表示程度加强,又表明嫌恶的感情。格式③里的重叠形式与双音节动词的重叠形式相同,但是区别是明显的:这里的AB是带有表示程度的语素的双音节形容词。

(四)副词

1. 副词的主要语法特征

副词一般只作状语,所以经常分布于“____+谓词”框架,如“很好”“非常好”“亲自去”“大力支持”。例外情况也有,比如程度副词“很”“极”“万分”等除了作状语之外,有的还可以作补语。如“很机智—机智得很”“极方便—方便极了”“万分兴奋—兴奋万分”。

2. 副词的下位分类

一般把副词分为以下几类,其中有的是根据语义特征立类的,有的是根据语用特征立类的。

① 程度副词:很、十分、非常、格外、更加、过于、顶、最、极端、比较、越发、稍微、略微

② 情状副词:亲自、互相、大力、赶紧、陆续、大肆、赶快、尽情、连忙、悄悄、依稀、特意、特地、仿佛、极力、尽量、相继、私下、暗中

③ 频率副词:再、又、也、还、一再、再三、再次、屡次、重新

④ 时间副词:立即、立刻、马上、已经、才、就、正、在、正在、刚、刚刚、已经、曾经、依旧、依然、渐渐、永远、一直、始终、终于、偶尔、忽然、起初、随即、随时、一向、历来、从来、原来

⑤ 范围副词:只、都、全、共、一共、总共、光、统统、仅、仅仅、一齐、一概、全都、单

⑥ 否定副词:不、没、没有、别、未、莫、勿、甭、休、未必、不用、不必

⑦ 语气副词:难道、也许、大概、莫非、必、准、必定、必然、的确、当然、其实、却、公然、居然、竟然、索性、偏偏、偏、简直、几乎、幸亏、幸而、反倒、反正、横竖、究竟、到底、毕竟、决、绝、何尝、明明、只好、未免、可、断然

3. 副词使用中应注意的几个问题

(1) 有的副词有关联作用(亦可称作“关联副词”)。常见的有“却”“再”“又”“就”“才”

“还”“越”等。这类副词除了作状语之外，还起关联作用，如“他没听懂，却没再问”“既当先生，又当学生”“一说就懂”“再难也不怕”“越活越年轻”。

(2) 有的副词存在多种语法意义，使用时要加以区分。

第一，分布不同则意义不完全相同。例如：

又：

他今天又来了。(表频率)

山又高，路又滑。(表并列)

心里有千言万语，嘴里又说不出。(表转折)

第二，在句首和在句中意义不一样。例如：

就：

就我去看电影。(表范围)

我就去看电影。(表时间或语气)

幸好：

幸好你来了(不然我们会迷路的)。

你幸好来了(不然你会错过这次机会的)。

(3) 有的形容词也可以作状语，它们与副词的区别在于：副词只作状语，而形容词除了作状语之外，还可以作定语和谓语。试比较：特别—格外。

特别鲜艳	格外鲜艳	(状语)
特别的人	*格外的人	(定语)
这件事很特别	*这件事很格外	(谓语)

从上面比较可以看出“特别”是形容词，“格外”是副词。

(4) 时间名词也可以作状语，它与时间副词的区别在于：时间副词只作状语，而时间名词除了作状语之外，还能作主语和宾语。例如“现在”和“正在”、“刚才”和“刚刚”的意义相近，都可以作状语，所不同的是：“现在”“刚才”前面可以添加介词，而“正在”“刚刚”前面不可以加介词。

(5) “没有(没)”既可以是否定副词，也可以是动词，区别在于：动词前面的“没有”是副词，名词前面的“没有”是动词。试比较：

他今天没有(没)来上课。	(副词)
教室里没有(没)人。	(动词)

(6) “没有(没)”和“不”的区别。

第一，“没有(没)”用于客观叙述，限于指过去和现在，不指将来。“不”用于主观意愿，可指过去、现在和将来。试比较：

前天他没有来。　　　　　　（客观）

前天（请他）他不来。　　　　（主观）

第二，“不”可用在所有能愿动词前边，“没有（没）”只限于“能”“能够”“敢”等少数几个，如“不会讲”“不该去”“不愿走”中的“不”都不可以用“没有（没）”替换。“不”和“能愿动词＋动词”组合有五种形式，如“不能去/能不去/不能不去/能不能去/能去不能”；而“没有（没）”只有一种形式，如“没能去”。

（五）区别词

1. 区别词的主要语法特征

区别词经常作定语，分布于“____＋名词”框架，如“男运动员、小型飞机、中级职称、急性肺炎、万能墨水笔”中的“男、小型、中级、急性、万能”。

形容词与区别词的不同之处是前者还能作谓语，而后者不能。因此，有的语法书称区别词为“非谓形容词”。

2. 区别词与副词的区别

有些区别词既能作定语也能作状语。例如“急性”，可说“急性肺炎”，也可说“急性发作”。又如“共同”，既可说“共同心愿”，也可说“共同奋斗”。鉴别区别词与副词的方法是：只能作状语不能作定语的是副词（如“亲自”）；既能作定语又能作状语的是区别词（如“共同”）。

（六）数词

1. 数词的主要语法特征

数词能进入“____＋量词”框架，如“一尺”“三个”“九十九朵”“十五次”。数词一般和量词组合成数量短语充当句法成分。

2. 数词的下位分类

数词可以分为基数词和序数词两类。

（1）基数词：表示数目的多少。如“一”“二”“一百一十”。

（2）序数词：由基数词前面加上“第”“初”而来，表示次序。如“第九”“初十”。

3. 相关用法

（1）不用“第”的序数。

有时表示序数不用“第”，但实际上隐含“第”，如“一中”，等于“第一中学”；“（住在）四楼”，等于“（住在）第四层楼”；“十六中队”，等于“第十六中队”。又如分析问题时按顺序用“一”“二”，等于说“第一部分/点/类”“第二部分/点/类”。此外还有些习惯用法，例如：

大儿子　　小女儿　　老大　　老三　　头一回

(2) 概数表示法。

① 数词或数词短语后面加“多”“把”“来”“几”“上下”“左右”“以上”“以下”。例如：

一千多人　　千把人　　一千来人　　十几斤　　五十上下

五十左右　　五十以上　　五十以下

② 一到九之间，相邻的两个数连用，表示范围在这两个数之间。例如：

五六个　　五六十斤　　一两百　　二三百　　四五千　　八九万

③ “成……上……”或“(好)几……”。例如：

成千上万　　几十天　　几百斤　　好几百年

④ 口语中“两”可以表示不定数目(限于二至九)，相当于“几”。例如：

过两天再说(过几天再说)

我说两句(我说几句)

(3) 倍数和分数。

① 倍数以“基数词＋倍”表示，如“一倍”“十倍”“三十倍”。倍数也可以用分数表示，如“百分之二百”等于两倍，“百分之三百”等于三倍。倍数一般用于数目的增加，不用于数目的减少，如可以说“增加了两倍”，不可以说“减少了一倍”。

② 分数常用固定结构表示，格式是“几分之几”，如“三分之一”“百分之五十”。口语中也用“成”“分”表示分数。例如“五成”等于“百分之五十”，“一成”等于“百分之十”，“三分”等于“百分之三十”。

(4) 数量增减的表示方法。

① 表示增加。“增加了”“增长了”“提高了”“上升了”——不包括底数，指净增数。“增加到”“增长到”“提高到”“上升到”——包括底数，指总数。例如原来是 5，现在是 10，可以说“增加了一倍”，或“增加了 100%”；或者说“增加到两倍”，或“增加到 200%”。

② 表示减少。“减少了”“降低了”“下降了”——指差额；“减少到”“降低到”“下降到”——指余额。例如以前是 10，现在是 7，可以说“减少了 30%”，或者说“减少到 70%”。

(5) 两和二。

① 个位数在一般量词前用“两”，如“两本书”“两倍”“一年零两个月”。多位数中的个位数用“二”，如“二十二”“一百零二”。

② 度量衡单位前“两”“二”都可以用，但量词“两”前只用“二”。例如：

两升(二升)　　两丈(二丈)　　两斤(二斤)　　二两

③ “十”前用“二”，“百”前用“二”或“两”，“千”“万”“亿”前多用“两”。例如：

二十　　二百二十块（两百二十块）　　两千元　　两万　　两亿

④ 序数、小数、分数只能用“二”，“半”前用“两”。例如“第二”“二哥”“二月”“零点二”“二分之一”“两半”。要注意区分“二次世界大战”与“两次世界大战”、“二儿子”与“两个儿子”。

（6）“一”的活用。

① “一……一……”，前面的“一”是“每一”的意思。例如：

一人一本　　一个萝卜一个坑

② 用在某些体词性词语前，“一”有“同一”或“满”的意思。例如：

（他们）不一（同一）条心　　一（满）身汗
一（满）房子人　　一（满）肚子阴谋诡计

③ “一＋动词或形容词”，整个结构有动作或状态变化迅速的意思。例如：

一学就会　　把眼一瞪　　心一凉　　鼻一酸

（7）俩和仨。

“俩”等于“两＋量词”，“仨”等于“三＋量词”，如“俩人（＝两个人）”“仨人（＝三个人）”。因此，“俩”和“仨”作定语或作复指语时，不需要再添加量词。例如：

俩人　　俩钱　　他们俩　　仨瓜俩枣　　哥儿仨

（七）量词

1. 量词的主要语法特征

（1）量词附着于数词或指示代词后面，即能进入“数词/指示代词＋____”框架，组成量词短语（包括数量短语或指量短语）。例如：

三个　　六本　　两次　　八斤　　这个　　那本　　每吨　　某件　　这次

（2）单音节量词一般可以重叠，构成AA式，如“个个”“只只”“棵棵”“块块”。单个量词不能直接作句法成分，但重叠后可以充当句法成分，表示“每一”或强调“多”。例如：

个个都会唱歌。（“每个人”；主语）
棵棵树苗都长得很好。（“每棵树苗”；定语）
传来阵阵的歌声。（相当于“一阵阵的”，强调“多”；定语）

（3）“一＋A”可以重叠为“一AA”或“一A一A”，表示“每一”“多”“逐一”等意义。例如：

一个个呆若木鸡。（“每个人”；主语）
一担担（一担一担）的南丰蜜橘。（强调“多”；定语）
一棵棵（一棵一棵）扶起来。（“逐一”；状语）

“AA”和“一 AA”作主语都可以表示“每一”,有时角度不同。试比较:

个个神采飞扬。(从整体看)
一个个神采飞扬。(从个体看)

2. 量词的下位分类

量词可以分为名量词和动量词两类。

(1) 名量词(也称“物量词”):表示人或物的单位,能进入“数词/指示代词+____+名词”框架,如“三个人”“一本书”“五亩地”“两斤油”。

① 专用的名量词。

度量衡单位:寸、尺、米、丈、里;分、亩、顷;升、斗、石;两、斤、磅、吨
个体单位:个、只、件、支、朵、把、条、张、本、片、辆、架、颗、块、篇、匹、场、阵
集体单位:双、对、副、堆、批、群、帮、班、打
不定单位:点、些

“点”和“些”可以和“有”组成“有点”“有些”。“有点”“有些”后面可以接名词或谓词。在接名词时,“有”是动词,“点”“些”等于“一点儿”“一些”,如“有点灰尘”“有些水”;在接谓词时,“有点”“有些”可以看作副词,表示程度,如“有点后悔”“有些想家”。

② 借用的名量词。

借用的名量词主要有借用名词和借用动词两类。

借用名词。例如:

一尾(鱼)　一杯(水)　一盒(饼)　一线(希望)　一道(闪电)　一眼(磨)
一车(货)　一肚子(气)　一处(风景)　一笔(交易)　一床(被子)

借用动词。例如:

一发(炮弹)　一捧(米)　一挂(鞭炮)　一抹(斜阳)

由名量词构成的数量结构作定语且其中的数词是“一”时,“一”常可省略。例如:

买(一)套衣服　有(一)个村子叫李庄　喝(一)杯水　买(一)挂鞭炮

(2) 动量词:表示动作行为的单位,能进入“动词+数词+____”框架,构成“述补短语”,如“跑三趟”“看两遍”“踢一脚”等。动量词有两个小类:

① 专用的动量词。例如:

次　回　趟　遍　场　阵　顿　下　遭　番

② 借用的动量词。往往借用名词,例如:

(看)一眼　(踢)一脚　(砍)一刀　(开)一枪　(抽)一鞭子

3. 量词的相关问题

(1) 有些量词既可以是名量词又可以是动量词。例如：

顿：一顿饭、骂了一顿

场：一场电影、大闹了一场

把：一把米、拉了他一把

(2) 有些量词是复合量词。例如：

人次　　架次　　吨公里

(3) 不同的名词、动词要求特定的量词配合。例如：

一缕轻烟　　一股浓烟　　一匹马　　一头牛　　一只狗　　踢了一脚　　打了一拳

(4) 注意不同的量词所表达的不同意义。例如：

下了一场雨(时间较长)

下了一阵雨(时间较短)

(八) 代词

1. 代词的主要语法特征

体词、谓词、加词的命名来自句法功能，而代词这个名称来自它“指代”的语用功能：凡是有指代某个实词作用的词都可以归入代词，无论分布在体词、谓词还是加词位置上。如果要彻底贯彻句法功能分类，代词可以分别归入其所指代的各词类，即指代体词的归入体词，指代谓词的归入谓词，指代加词的归入加词。但是考虑到代词这个名称已经约定俗成，而且在语用上归为一类也有方便之处，所以本教材还是专列一类。

2. 代词的下位分类

(1) 根据句法功能分类。

① 代体词。

代体词主要用来作主语和宾语，其句法功能和一般体词是一样的，可以归在体词类。但代体词另有一种语用功能，即在句子中用它来“代替”某个体词或体词短语：有的代体词代替指人名词，如“我”“你”“他”“咱”“你们”“谁”；有的代体词代替指物名词，如“它”“它们”“什么”；有的代体词代替时间名词，如“这时”“那时”“何时”；有的代体词代替处所名词，如“这里”“那里”“哪里”“何处”。

② 代谓词。

代谓词具有谓词的语法特征，其句法功能和一般谓词是一样的，可以归在谓词类。但代谓词另有一种语用功能，即在句子中用它来“代替”某个谓词或谓词短语。主要的代谓词如“这样”“那样”“怎么样”“怎样”“如何”。

③ 代加词。

代加词用于"代替"某个加词，其句法功能和一般加词是一样的，可以归在加词类。代加词包括代定词和代状词两小类。代定词主要用来作定语，如"多少""几""这么些""那么些"。代状词主要用来作状语，如"这么""那么""怎么""多么"。

（2）根据语用功能分类。

① 人称代词。

人称代词主要起指代人或物的作用。例如"你""他""咱""它""她们""它们""大家""人家""自己"。"它""它们"实际上指代事物，本可以称作"物称代词"，但为了方便，统称"人称代词"。这与英语的人称代词(personal pronoun)所指范围也是一致的。

② 指示代词。

指示代词主要起指示、区别的作用。基本指示代词有"这"和"那"，其他指示代词分两类：一类含有"这"或"那"，另一类不含"这"或"那"。例如：

这里、那些、那儿、这会儿、那么些、这样、那么样
每、各、某、该、另外、一切、任何、所有、其余、其他

指示代词的作用大致有以下几类：

表示定指：这、那、该
表示不定指：某、任何、一切
表示分指：每、各
表示旁指：其他、其余

③ 疑问代词。

疑问代词主要起询问的作用。例如：

谁　什么　哪　几　多少　哪里　哪儿　多会儿　怎么　怎样　怎么样

代词虽然可以从两个方面去分类，但是在实际的使用中，我们不用"代体词""代谓词""代加词"这样的句法名称，而是使用"人称代词""指示代词""疑问代词"这样的语用名称。

3. 代词的某些用法

（1）代词的活用。

人称代词、指示代词、疑问代词这三类代词都可以活用。所谓活用是指除了实指（如疑问代词表示疑问）之外，还有其他用法。

第一，不定指用法。例如：

① 你告诉我，我告诉他，没半天工夫，大家都知道这件事了。（"你""我""他"都是不定指）
② 这孩子要这要那，纠缠个没完。（"这"和"那"不定指）

③ 不知谁把窗户打破了。（“谁”不定指）

④ 看上去很面熟，似乎在哪儿见过似的。（“哪儿”不定指）

第二，任指用法。例如：

① 谁都会唱这首歌。（“谁”意为“任何人”）

② 他什么歌都会唱。（“什么”意为“任何”）

③ 我哪儿也不去。（“哪儿”意为“任何地方”）

第三，虚指用法。例如：

① 你喜欢拉二胡，就拉他个痛快吧！

② 先种他个几亩试试。

③ 你想吃就吃他一个饱。

上面三例的“他”无所指称，只起增强语势的作用。又如：

甲：你写的字真漂亮！

乙：哪里哪里。（谦辞）

（2）我们、咱们。

“咱们”一般包括听话人在内，“我们”一般不包括听话人。例如“我们明天参加义务劳动，你要是没事，咱们一块去”。有时“我们”也可以包括对方，如“你来得正好，我们一起去看足球赛”。

（3）别人、人家。

第一，“别人”和“人家”指说话人和听话人以外的人，可以指单数，也可以指复数。二者可以互换，这是共同点。例如：

① 我们做好自己的事情，别人（人家）的事情我们管不了。

② 人家（别人）都不怕，就你怕。

第二，“人家”可以确指某人，意思跟“他”或“他们”相似，也可指自己，指“我”，含有亲热或俏皮的意味。这种用法的“人家”不能换成“别人”。例如：

① 你把东西给人家送回去吧。

② 你慢点走行不行，人家跟不上啊！

第三，“人家”后带复指语时，不能换成“别人”。例如：

① 人家小芳天天六点钟就起床。

② 我是新手，比不上人家班长有经验。

第四，“别人”表示“另外的人”时，不能换成“人家”。例如：

这里除了他，别人都不会这样做。

（九）拟音词

词是语言的基本符号，是音义结合体；其音与义的结合是任意的，一般无理据可循。例如“书”的意思，英语的发音是[buk]，汉语普通话的发音是 shū，南昌有的地方发音是 sī。但是语言当中还有些实词主要用来表示由心理感情或物质运动引发的声音，这样的实词是音与义相通的。如用“唉”描摹人们在叹息时发出的声音，用“哈哈”描摹人们在高兴时发出的声音，用“叭！叭！”描摹子弹出膛时发出的声音。读音与人或物在特定条件下发出的声音有关的实词，称作拟音词。拟音词可以分为两类：叹词和象声词。

1. 叹词（也称“感叹词”）

叹词主要用于描摹人在表达某种特定情感时发出的声音，有“唉”“哟”“喂”“啊”“哎哟”“哼”“咦”“嗯”“哦”“哎呀”“哈哈”等。

叹词在句法上除了独立成句以外，主要用来作谓语和定语。例如：

① 喂！一手交钱，一手交货！（独立成句）

② 他一直嗯，嗯，嗯，什么话也没说。（谓语）

③ 我听见电话传来喂喂的声音。（定语）

2. 象声词（也称“拟声词”）

象声词描摹无生命的物体或有生命的动物发出的声音，不表特定情感。例如“砰”“哗啦”“噼啪”“叮当”“咚咚”“唧唧”“汪汪”“叽叽喳喳”“嗡嗡”。

象声词在句法上除了独立成句以外，主要用来作状语和定语。例如：

① 叭！叭！几声枪响。（独立成句）

① 他心里怦怦地跳。（状语）

③ 只听到轰隆一声，房子就坍倒了。（定语）

思考与练习

1. 分辨名词、动词和形容词，并说明理由。

任务　任性　感想　感动　兴奋　疑问　怀疑　修养
休养　友好　友谊　反对　反动　忍耐　耐性　想念
想头　珍贵　珍惜　愿望　希望　约会　约定　现在
早晨　附近　火红　记者　看法　普遍　普及　重视
重要　重要性

2. 区别下列名词和副词(可以根据能不能加介词来鉴别)。

早上　平时　向来　时常　马上　现在　目前　即将
最近　立刻　刚刚　暂且

3. 分辨副词和形容词,并说明理由。

平常　常常　都　仅仅　深刻　猛然　完全　完整
依然　永远　永久　偏偏　幸亏　幸运　尤其　连忙
稍微　微小

4. 代词有哪些非实指用法?

5. 性质形容词和状态形容词之间的联系是什么?

6. “相信”“希望”“了解”“喜欢”等动词经常受程度副词的修饰,能看作形容词吗?

7. 名词一般不能受副词修饰,但语言中却有“他都大学生了”“今天已经星期六了”“人不人,鬼不鬼”“很男人”“最前线”之类的说法。应该如何解释?

第四节　词 类（下）

三、各类虚词

(一) 介词

1. 介词的主要语法特征

介词能进入“____＋名词”框架,组成介词短语作状语。例如:

从明天(开始)　在家(自修)　朝南面(走)
按原则(办事)　把作业(做完)　被他(批评)

“从……到……”这样的框架介词中可以填入谓词。例如:

从难到易　从不熟练到熟练　从生到死　从不懂到懂

2. 介词的下位分类

从介词所表示的语法意义上看,介词可以分为以下各类:

表示时间方所:从、自、自从、于、打、到、在、当、朝、向、往、顺着、沿着、随着
表示方式:用、以、按、照、按照、依、依照、本着、根据、凭、凭借

表示目的：为、为了、为着

表示原因：因、由于、因为

表示对象和范围：对、对于、把、向、跟、与、同、比、给、关于、至于

表示排除：除、除了、除去

表示被动：被、叫、让、给

上述介词中的“着”“了”“过”是语素，不是时态助词。

3. 介词与动词的区别

现代汉语的介词大多数是从古代汉语动词演变而来的，有些词还兼有介词和动词两种功能。例如“在”“为”“比”“到”“给”“朝”“经过”“通过”。试比较：

为：他为谁？为大家。（动词）/我们为人民服务。（介词）

朝：学校的大门朝南。（动词）/学校的大门朝南开着。（介词）

比：今天我们比技巧。（动词）/你比他强。（介词）

通过：计划通过了。（动词）/通过学习，我们提高了认识。（介词）

介词和动词的区别在于：

（1）动词能肯定否定相叠表示疑问，即进入“×不×”框架，介词不能。试比较：

他在不在宿舍？（动词）

他在黑板上写了几个字。（“在”为介词，不能改为“在不在”）

（2）大部分动词能带时态助词“了”，介词则不能。试比较：

汽车经过了八一桥。（动词）

*经过了认真的考虑，他决定到新疆去。（介词）

他给了我一本书。（动词）

*他给了我买了一本书。（介词）

（二）连词

1. 连词的语法特征

连接词语或分句。例如：

哥哥和弟弟　聪明而美丽　讨论并通过（连接词语）

因为老师出差了，所以我们下午没有课。（连接分句）

2. 连词的下位分类

（1）从连接单位看，可以分为词语连词和分句连词：

① 词语连词。例如：

和、跟、同、与、并、及、以及

② 分句连词。例如：

于是、从而、甚至、况且、何况、不过、不论、任凭、以免、以便、免得、除非、就算、假使、即使、如果、以致、因此、由于

不但……而且、与其……不如、或者……或者、与其……宁可、不是……就是、要么……要么、因为……所以、虽然……但是

③ 有的连词既可以连接词语又可以连接分句。例如：

而、或、或者、还是、并且、不但……而且

(2) 从连接关系看，可以分为联合关系连词和偏正关系连词：

① 联合关系连词。例如：

和、跟、同、与、及、以及、而、而且、或、或者、还是、并、并且、于是、从而、甚至、况且、何况、然后、接着

不但……而且、与其……不如、或者……或者、与其……宁可、不是……就是、要么……要么

② 偏正关系连词。例如：

只有、只要、尽管、不过、不论、任凭、以免、以便、免得、除非、就算、假使、即使、如果、以致、因此、由于

因为……所以、虽然……但是

3. 相关问题

(1) 连词与关联副词的区别。

有些起关联作用的副词也可以用来连接分句，它们与连接分句的连词的区别是：关联副词既有关联作用，又有修饰动词的作用，不能出现在主语之前。连词只表连接，既可出现在主语前，也可以出现在主语后。例如：

他虽然没有听懂，却没有再问。

虽然他没有听懂，但他却没有再问。

“虽然”既可以出现在主语前也可以出现在主语后，因而是连词，“却”紧跟动词，只能在主语后面，因而是副词。“但”“但是”只出现在主语前面，主语省略时才显得在动词前，因而是连词。

(2) 连词与介词的区别。

有的词兼属连词和介词两种功能，如“因为”“由于”“和”“跟”“同”“与”。

因为天下大雨，所以她没有出门。（连词）

因为她，这豆腐店的买卖非常好。（介词）

连词与介词可以用如下方法区别：

① 和、跟、同、与。

作为连词，它们表示并列，所连接的各部分平等，不分主次，因此可以互换位置而意思不变。例如“他和我都是南昌大学的学生”换成“我和他都是南昌大学的学生”意思不变。作为介词，它们前后两部分有主次之分，不能互换。若调换位置，意思就变了。例如：

我和他谈过这件事。（以“我”为主）

他和我谈过这件事。（以“他”为主）

② 因为、由于。

“因为”“由于”作连词用时，后面是分句；作介词用时，后面是名词性词语。例如：

由于他身体不太好，老师不让他参加校运会。（连词）

由于健康原因，老师不让他参加校运会。（介词）

(3) “和”“跟”“同”“与”的区别。

“跟”“同”多用于口语，“与”带有一些文言色彩，口语里用得少，文章里用得最多的是“和”。

(三) 助词

1. 助词的主要语法特征

助词附着于实词上表示某种语法意义。例如“你看过新来的老师吗?”其中的“过”附着在“看”后面表示动作的经历，“的”附着在“新来”后面，表示偏正关系。

2. 助词的下位分类

(1) 结构助词：的、地、得。

这三个助词分别作为定、状、补的标志，都念轻声“de”。

① 的。

“的”分布于名词性偏正结构，用于定语和中心语之间，中心语一般为名词，有时也为谓词。前者如“全新的计划”“受表扬的那个班级”“书的海洋”；后者如“式样的新颖”“品质的高尚”“春天的到来”。

“的”还可以附着在动词、形容词、代词及短语的后面组成“的”字结构。例如“穿的”“大的”“他们的”“去参观的”。

② 地。

“地”分布于谓词性偏正结构，用于状语和中心语之间，中心语为谓词。例如“好好地休息”“不断地前进”“格外地鲜艳”。

③ 得。

“得”分布于补充短语，用于述语和补语之间。例如“唱得很好”“说得大家都笑起来了”“天黑得伸手不见五指”“冷得发抖”。

(2) 时态助词：着、了、过。

时态助词也叫动态助词，主要作用是附着在动词后表示动作的状态，都念轻声。“着”表示动作进行或持续，如“我吃着饭呢”“手里拿着一本书”。“了”表示动作的完成或实现，如“吃了饭”“买了电脑”。“过”表示动作的经历，如“看过”。

(3) 其他助词：们、似的、来、多、把。

① 们。

“们”是个表示复数意义的助词，经常附着在表人名词后面，如“先生们”“同胞们”。表示事物的名词一般不能与“们”组合，但在一定的语境里有时也可带上“们”，如“青蛙们”“蝴蝶们”。

表人名词后边若用了“们”，则前边不能再加表示确定数目的定语，如不能说“三位先生们”“两位代表们”。

② 似的。

“似的”附着在词或短语后面起描写作用，相当于“一般”“一样”。如“像野马似的”“踢皮球似的”“花园似的城市”“仿佛睡着了似的”“乐得什么似的”。

③ 来、多、把。

“来”“多”“把”经常附着在数词或量词之后，表示概数。例如：

十来斤　　十多斤　　十斤多　　五百来人　　五百多人

斤把米　　千把人　　十多个人

(四) 语气词

1. 语气词主要语法特征

语气词表示说话人的语气，是一种表示句子语用功能的词。

(1) 主要附着在句子后面，表示某种语气。例如：

你去过纽约吗？

我去过纽约的。

不早了，快起来吧！

(2) 有时附着在句子的主题(话题)后，有提示主题、引起对方注意的作用。例如：

我呢，一直就是不赞成的。

你这个人啊，什么都好，就是性子太急。

譬如喝茶吧，他最讲究。

他爱好体育，排球啊，篮球啊，乒乓球啊，都喜欢打。

2. 语气词的下位分类

常用的语气词主要有“的、了、么、呢、吧、啊”六个，都念轻声。语气词可以连用，甚至可以合成一个音节。例如：

她不来了么？
她明天去的吧？
他明天会来吗？（么＋啊）
我可见到你啦！（了＋啊）

四、词的兼类

（一）什么是兼类

确定词性的依据是各自的句法功能特征，符合动词句法功能特征的是动词，符合介词句法功能特征的是介词。词一旦划定词类后，入句时不能因为所出现的位置不同而改变词性。比如动词一般出现在谓语位置，出现在主语、宾语和定语的位置上时，仍应该看作动词。

如果按照这样的说法，就不应该有兼类了。然而确实存在兼类现象。例如“报告”就是动词兼名词。如何鉴定兼类现象呢？

鉴别标准仍然是各类词的特征框架。兼类指同一个词能进入两种以上词类的特征框架，而不是指同一个词可以出现在不同的句法位置。例如把“端正”看作兼类词，不是因为它既可以出现在定语、谓语的位置上又可以出现在述语的位置上带宾语，而是因为它既可以进入形容词的特征框架（“很端正”），又可以进入动词的特征框架（“端正态度”）。我们说“出版”不是兼类词，是因为它虽然既可以出现在述语位置上带宾语又可以出现在主语和宾语的位置上，但是只能通过动词特征框架，而不能通过名词特征框架。常见的兼类现象有：

动/名兼类：领导、指示、计划、翻译、代表、编辑、工作、总结
形/动兼类：端正、丰富、明白、团结、密切、热、充实、突出、活跃、方便、繁荣
形/名兼类：理想、经济、矛盾、科学、困难、幸福

另外，还有介词和动词、介词和连词相兼的，前面已做了说明。关于兼类，需要注意的是：兼类是就一个词单说而言的，如果进入具体的上下文，其词性则是单一的。例如“报告”是兼类词——动词兼名词，但是在具体的上下文中，其词性则是单一的。例如：

向上级报告工作。（动词）
写一份工作报告。（名词）

（二）兼类的原因

我们知道，制定词类划分标准（特征框架）的依据是词汇类义。例如制定动词划分标准的依据是动词的词汇类别意义——动作行为，目的是让所有属于“动作行为”类义的词都能进入动词一类。也就是说，词类划分，意义是基础，形式特征是标准。由此，我们可以反观兼类的基础：产生了归约性词汇类义。例如“科学”在“事物”类义的基础上产生了“性状”类义，因此它能通过为这两个类义设定的名词和形容词特征框架，成为兼类词。又如“很理想”“很牛”也是一样。

然而，“很中国”“很雷锋”中的名词并不兼属形容词，因为“中国”“雷锋”指称性很强，很难产生归约性的“性状”类义。

（三）兼类词与同音词

兼类词与同音词的共同点是经常具备两类词的句法功能特征，不同点是兼类词意义上有联系，而同音词意义上没有联系。例如：

“科学”既可以是名词（“学科学”），又可以是形容词（“很科学”）；“老”既可以是形容词（“老科学家”），又可以是副词（“老哭”）。但是，“科学”是兼类词，因为它所兼属的两类词意义上有联系，而“老”是同音词，因为它所兼属的两类词意义上没有联系。又如“打门”的“打”（动词）和“打今天起”的“打”（介词），这两个“打”在意义上没有联系，所以是同音词，不是兼类词。

（四）兼类与活用

活用是由于修辞的需要把甲类词临时当作乙类词来用。例如：

那弹性的胖绅士早在我的空处胖开了他的右半身了。

这个连长太“军阀”了！年纪不大，脾气可不小。

“胖开”中的“胖”是形容词临时活用为动词，不属兼类。“军阀”是名词临时活用为形容词。又如“很淑女”“很香港”，也是名词临时活用为形容词。

活用与兼类的共同点是：意义上有联系；不同点是：活用是临时性的用法，而兼类是经常性的用法，即经常具备两类或两类词以上的语法特征。

思考与练习

1. 虚词在句法分布上有什么共同特点？
2. 虚词的语法功能是什么？

3. 有的教材把副词归入虚词，你的看法如何？

4. 关联副词与连词的区别是什么？

5. 语气词与助词的主要区别是什么？

6. 语气词与叹词的区别是什么？

7. 兼类的先决条件是什么？为什么？

8. 词类与句法成分为什么不能“一对一”（例如动词对应谓语、形容词对应定语、名词对应主语和宾语）？

9. 指出下列一段话各词的词性。

建设的速度问题，不是一个单纯的经济问题，而是一个尖锐的政治问题。为什么说社会主义制度优越呢？归根结底，因为社会主义制度能够创造出比资本主义更高的劳动生产率，更高的国民经济发展速度。

10. “端正”能受“很”修饰，也能带宾语，“尊敬”的情况也类似。“端正”和“尊敬”的词性完全一样吗？

11. 指出下列句子中“的”的词性和用法。

(1) 红的是玫瑰，粉的是月季。

(2) 绿绿的叶儿，红红的花儿，十分好看。

(3) 他一定会来找我的。

(4) 他在南昌下的车。

(5) 你昨天回来的，是吗？

12. 指出下列句子中“就”的词性和意义。

(1) 篮球联赛明天就开始。

(2) 我就不相信我学不会。

(3) 教室里就一个学生。

(4) 大家就创作方法进行了热烈的讨论。

(5) 你就说得再好听，我也不相信。

(6) 就他一个人去了那儿。

13. 分析下列句子中语气词“呢”的用法。

(1) 你买什么呢？

(2) 有很多事情等着我们去做呢。

(3) 小李呢？

(4) 你何必要这样呢？

(5) 我呢，就喜欢踢足球。

14. 分辨下列句子中兼类、同音和活用，并说明理由。

(1) 这样做可以方便群众。

出入都很方便。

(2) 我们要看到光明。

我们要光明正大。

(3) 我在写信。

(4) 他从不说谎。

阳光从上面射下来。

(5) 我们反对官僚主义。

你也太官僚主义了。

第五节 短 语（上）

短语是由两个或两个以上的词按照一定方式构成的结构体，也叫“词组”。一般来说，短语指词与词组合成的结构体，“结构”指结构体内部的构造。比如“好天气”这个结构体是短语，其内部的“修饰语＋中心语”（偏项＋正项）便是该短语的“结构”。短语和句子都是结构体，它们的根本区别不在于长短，而在于是否与特定的现实发生联系。

一、短语的分类

短语可以从内部考察其结构关系，也可以从外部考察其句法功能。根据结构关系，短语可分为主谓短语、述宾短语、偏正短语、述补短语、联合短语、同位短语、连动短语、兼语短语、紧缩短语、介词短语、方位短语、量词短语、助词短语等。根据句法功能，短语可分为名词性短语、谓词性短语和加词性短语。

（一）短语的结构分类

1. 以内部结构方式命名的短语

以内部结构方式命名的短语主要有主谓短语、述宾短语、偏正短语、述补短语、联合短语、同位短语、连动短语、兼语短语、紧缩短语等。

（1）主谓短语。

两个成分之间有陈述与被陈述关系。例如：

鲜花盛开　　身体好　　今天晴天　　门开了　　他休息

（2）述宾短语。

两个成分之间有支配与被支配关系。例如：

喝水　　写文章　　去北京　　是老师　　弯着腰　　苦了孩子们

（3）偏正短语。

两个成分之间有修饰与被修饰的关系，包括定中短语和状中短语。

① 定中短语，即由“定语＋中心语”组成的偏正短语。例如：

高尚的情操　　他的到来　　老人的孤独　　崇高理想　　南国风光

② 状中短语，即由“状语＋中心语”组成的偏正短语。例如：

都去　　应该去　　偶尔想起　　很好　　严格地训练　　慢慢地走

（4）述补短语。

述补短语也称补充短语，两个成分之间有补充与被补充的关系，补语对述语的结果或状态有评价作用。例如：

听得清楚　　好得很　　苦得要命　　红得好像燃烧的火

打扫干净　　走出来　　跑了两趟　　看它一眼　　累极了

（5）联合短语。

两个或两个以上的成分联合在一起组成联合短语，成分之间有并列或选择关系。例如：

语言文学　　谦虚谨慎　　少而精　　讨论并通过　　今天或明天

（6）同位短语。

同位短语也称“复指短语”，两个词语从不同的角度复指同一个人或事物。例如：

革命摇篮井冈山　　他们俩　　你自己　　赵坚医师　　工人周勇

（7）连动短语。

连动短语也称“顺递短语”，两个或两个以上的动词性词语顺递连用，一般有先后和目的关系。它们之间没有主谓、述宾、偏正、述补、并列等关系；中间没有语音停顿，也没有关联词语。例如：

走过去开门　　背了竹筐上山去采药　　借书看　　有理由提出

（8）兼语短语。

兼语短语由“动词$_1$＋名词＋动词$_2$”构成，“动词$_1$＋名词”为述宾结构，“名词＋动词$_2$”

为主谓结构，其中的“名词”是“兼语”（“宾语兼主语”）。例如：

领着我们干　　请他讲一讲　　叫他来　　托他帮忙　　派小王去

（9）紧缩短语。

两个成分之间常有关联词语连接，其间有递进、假设、条件等复句所具有的语义关系。例如：

越来越好　　不仅可能而且必要　　非去不可　　不打不相识

2. 以内部成分命名的短语

含有介词、方位词、量词、助词的短语，分别称作介词短语、方位短语、量词短语、助词短语。

（1）介词短语。

介词短语由介词加体词或谓词构成。例如：

在北京（开会）　　把门（打开）　　（飞）往纽约
（放）在院子里　　对他出国（有意见）　　从学榜样到做榜样

（2）方位短语。

方位短语由“实词＋方位词”构成。例如：

黄昏后　　大江上下　　下课前　　营业中
英雄塑像前　　长江以南　　房屋验收之前

（3）量词短语。

量词短语由“数词/指示代词＋量词”构成，可以分为数量短语和指量短语。例如：

数量短语：五本、四张、一趟、三遍
指量短语：那个、每吨、某个、这回

量词短语还可分为名量短语和动量短语。修饰名词性词语的为名量短语，修饰或补充说明谓词性词语的为动量短语。例如：

名量短语：两个（学生）、这位（先生）
动量短语：一脚（踢翻）、（抄写）两遍

（4）助词短语。

助词短语由“实词＋助词”构成。例如：

“的”字短语：白的、用的、在部队的
比况短语：（像）小老虎似的、（像）闪电似的、（像）流水一般

(二) 短语的功能分类

从句法功能上看，短语主要分为体词性短语、谓词性短语和加词性短语。

1. 体词性短语

体词性短语的作用相当于一个名词，经常分布在主语或宾语的位置上。例如“炒菜的锅”是个体词性短语，因为它的作用相当于一个名词：一般出现在主语或宾语的位置上。名词性短语主要包括体词性偏正短语、名词性联合短语、同位短语、方位短语和“的”字短语。例如：

高高的白桦林	(偏正短语)	第三者的出现	(偏正短语)
内心的痛苦	(偏正短语)	语言文学	(联合短语)
数学老师王宁	(同位短语)	前湖旁边	(方位短语)
桌子上面	(方位短语)	去庐山的	(“的”字短语)

2. 谓词性短语

谓词性短语的作用相当于一个谓词，主要分布在谓语的位置上。谓词性短语包括动词性短语和形容词性短语：谓词性偏正短语、谓词性联合短语、主谓短语、述宾短语、述补短语、连动短语、兼语短语和紧缩短语。例如：

踏实地工作	(偏正短语)	讨论并通过	(联合短语)
能够克服	(偏正短语)	队伍整齐	(主谓短语)
学习英语	(述宾短语)	清楚得很	(述补短语)
开车去庐山	(连动短语)	请他跑一趟	(兼语短语)
非去不可	(紧缩短语)	一吃就饱	(紧缩短语)

3. 加词性短语

加词性短语作用上相当于一个加词，常分布于定语、状语或补语的位置上，主要包括量词短语和介词短语。例如：

一把(椅子)	(量词短语)	(去)一趟	(量词短语)
在南昌(出生)	(介词短语)	把东西(拿走)	(介词短语)

(三) 其他分类

1. 从结构层次的多少看，短语可以分为简单短语和复杂短语

简单短语只包含一个结构层次。例如“去南昌”内部只有述宾关系，是简单短语；“我去”也是简单短语，因为内部只有主谓关系。复杂短语是多层次的短语，包含两个或两个以上的结构层次。例如“我去南昌”包含两个结构层次：第一层是主谓关系，第二层是述宾关系。复杂短语是简单短语的扩展，因而要分析复杂短语，首先必须分析简单短语。复

杂短语是以第一层关系命名的，例如“我明天去南昌”这个复杂短语的第一层是主谓关系，因而可称作“主谓短语”。

2. 从意义上看，短语可以分为单义短语和多义短语

词的意义以多义为常，短语的意义以单义为常，但也有短语是多义的。例如“出租汽车”，内部既可以是述宾关系，也可以是偏正关系。又如“局长的儿子”，既可以理解为“某局长的儿子”，又可以理解为“局长身份的儿子”。这里的“多义”也可以称作“歧义”。

3. 从结构的固定与否看，短语可以分为自由短语（临时短语）和固定短语

多数短语是临时组合而成的自由短语，词与词组合的先决条件是语义上能搭配。例如“天气”和“好”，可以组成主谓短语“天气好”，也可以组成偏正短语“好天气”。有些短语则是定型的，即固定短语，是词的等价物，其结构成分和结构形式都不能随意变化。例如“南昌大学”“大材小用”“胸有成竹”等都是固定短语。

二、短语的句法结构

词与词组合成短语的同时也就产生了内部结构。短语的结构可以从表层（显层）和深层（隐层）两个角度考察：表层对应句法结构，深层对应语义结构。句法结构是指两个或两个以上的句法成分按照一定规则组成的语法结构，如主谓结构、偏正结构。语义结构是指两个或两个以上的语义成分按照一定规律组成的语法结构，如“施事＋动核＋受事”结构、“受事＋动核”结构。

凡是结构都有两个方面：结构成分和结构关系。句法结构有句法成分和句法关系，语义结构有语义成分和语义关系。这里先分析短语的句法结构。

（一）句法成分

句法结构内部的组合项之间的关系可以归为主谓、偏正、述宾、述补、联合等关系，承担这些结构关系的关系项叫作句法成分。主谓关系的关系项有主语和谓语，述宾关系的关系项有述语和宾语，偏正关系的关系项有定语和中心语、状语和中心语，述补关系的关系项有述语和补语，联合关系的关系项有两个或两个以上的并列语。通常只提主语、谓语、述语、宾语、定语、状语、补语、中心语等句法成分。这些句法成分，在短语里是短语成分，在句子里是句子成分。

1. 主语和谓语

（1）主语。

主语是谓语陈述的对象。从语义上看，主语可以是动作的施事、受事、工具、时间、处所等。例如：

他们吃西瓜(施事)

西瓜被他吃掉了(受事)

那个筐子用来装白菜(工具)

以前发生过这样的事(时间)

墙上挂着一幅画(处所)

从词性上看,主语主要由名词性词语充当。时间名词既可以作主语又可以作状语。当主语位置只出现时间名词且没有省略其他名词性成分时,这个时间名词是主语;当时间名词与其他词语同现于主语位置时,时间名词看作状语。例如:

昨天阳光灿烂("昨天"作主语)

昨天南昌阳光灿烂("南昌"作主语,"昨天"作状语)

昨天小王去了深圳("小王"作主语,"昨天"作状语)

昨天见到了小王(省略了主语,"昨天"作状语)

有两点需要注意:

第一,时间副词不能作主语,只能作状语。例如:

刚刚下完雨("刚刚"作状语,不能看作主语)

马上要出太阳了("马上"作状语,不能看作主语)

第二,主语也可以由谓词性词语充当,但有条件限制,其谓语一般是形容词,或者述语为"是""使"等词。例如:

写作很难

谦逊是一种美德

骄傲使人落后

(2) 谓语。

谓语和主语相对,表达陈述的内容。作谓语的主要是谓词性词语,有时也有名词性词语作谓语。名词性词语作谓语有一定条件:一般用肯定形式,主要是表示时间、籍贯、数量、身体特征、身份变化等方面的词语。例如:

秋收即将结束(谓词谓语)

今天的天气很好(谓词谓语)

今天星期三(名词谓语;时间)

他广东人(名词谓语;籍贯)

这间屋子三扇门(名词谓语;数量)

那个战士挺高的个儿(名词谓语;身体特征)

他已经大学生了(名词谓语;身份)

2. 述语、宾语和补语

(1) 述语。

述语是和宾语、补语相对而言的。述语与宾语是支配与被支配关系,补语与述语是补充与被补充关系。汉语的述语由谓词性词语充当。例如:

吃馒头(动词作述语)
热得很(形容词作述语)
跌破了头(述补短语作述语)

(2) 宾语。

宾语是述语后边表示人物或事件的成分。从语义上看,宾语可以是动作的受事、施事、结果、工具、处所等。例如:

读英语(受事)
来客人了(施事)
发明了计算机(结果)
写毛笔(工具)
住四楼(处所)

从词性上看,多数动词只带名词性宾语,有的动词只带谓词性宾语,有的动词既可以带名词性宾语,又可以带谓词性宾语。例如:

提高水平/来了三个人(名词性宾语)
感到难受/加以批判(谓词性宾语)
喜欢英语/喜欢学英语(名词性宾语/谓词性宾语)
研究这件事/研究怎样安排工作(名词性宾语/谓词性宾语)

有的动词能带双宾语,一般是前一个宾语指人,叫近宾语(也称"间接宾语"),后一个宾语指物,叫远宾语(也称"直接宾语")。例如"她教我们数学","我们"是近宾语,"数学"是远宾语。能带双宾语的动词如"问""教""欠""还""租""给""送""赠""输""赔""奖励""告诉""请教"。这类动词一般情况下要求两个宾语同现。但在一定的语境里,也可以出现其中的一个,如"借(他)五块钱""告诉你(一个好消息)"。如果远宾语较长,近宾语之后也可用逗号或冒号隔开,隔开后,仍是双宾语。例如"小王告诉我们,火车明天上午九点开出"。

另外,由于介词是由动词演变过来的,所以习惯上介词后面的成分也称宾语。

(3) 补语。

补语是述语后边的补充成分,对述语的动作或状态有评价作用。

① 从语义上看,补语可以分为以下几类。

A. 结果补语。

结果补语用来补充说明动作的结果，通常由谓词充当。例如：

看懂　　说清楚　　照顾好　　打扫干净

述补结构中间可以插入“得/不”来表示可能或不可能实现动作的某种结果。例如：

看得懂　　看不懂　　说得清楚　　说不清楚

动词可以同“得来/不来”“得了/不了”组成述补短语。例如：

合得来　　合不来　　解决得了　　解决不了

从形式上看，其中的“得”“不”不可去掉，去掉则不成结构，这一点与结果补语的可能式不一样。但从语义上看，这类补语表示动作行为实现的可能性，这一点与结果补语的可能式基本相同，因而可以把它们看作一种比较特殊的结果补语。

B. 趋向补语。

趋向补语用来补充说明动作的趋向，由趋向动词充当。例如：

送去　　送上去　　送上来　　传过去　　拿出来　　站起来

述补结构中间也可以插入“得/不”表示可能或不可能实现动作的某种趋向。例如：

送得去　　送不去　　传得过去　　传不过去

在使用趋向补语时需要注意两个问题：

第一，“动词＋复合趋向动词”组成的补充短语如果带宾语，其宾语的位置有两种情况：

一是表示处所的宾语只能插在复合趋向动词之间。例如：

爬上山去　　跑下楼来　　放回动物园去

二是表示事物宾语的位置有三种：出现在复合趋向动词之间、之前或之后，具体能够出现在哪一个位置上，则要受到上下文的制约。例如：

拿出一支钢笔来　　拿出来一支钢笔　　拿一支钢笔出来

拿那支钢笔出来　　拿出那支钢笔来　　*拿出来那支钢笔

第二，“起来”“下去”用在某些谓词后面，有时不表示趋向，而分别表示动作（或状态）的开始和持续。例如：

打起来　　冷起来　　胖起来　　说下去　　冷下去　　瘦下去

C. 情状补语。

情状补语用来补充说明动作（或性状变化）引起的情状，述语和补语之间必须用结构助词“得”。例如：

说得很好　　说得不好　　洗得干干净净　　累得爬不起来了　　冷得像冰似的

情状补语的肯定式与结果补语表可能的肯定式都用“得”，但二者有区别：

第一，从语义上看，情状补语是对已然动作（或性状变化）引起的情状进行评价或描述，结果补语的可能式表示的是动作行为可能带来的结果。例如：

这个工作你做得很好（已然；“很好”是对动作的评价）
你有经验，这个工作你一定做得好（未然；“好”是动作可能出现的结果）

第二，从形式上看，二者的疑问式、否定式都不相同。试比较：

情状补语：这工作做得好不好？做得不好（否定）
结果补语：这工作做得好做不好？做不好（否定）

D. 数量补语（动量补语）。

数量补语用来补充说明动作的量，由动量短语充当。例如：

去一趟　　检查了三次　　打一拳　　砍一刀　　住了一年

E. 程度补语。

程度补语用来补充说明动作（或性状变化）的程度，述语主要是形容词和表示心理活动的动词。述语和补语之间一般需要助词“得”，补语一般由“很”“多”“慌”“厉害”“要命”“要死”“不行”“不得了”“了不得”等词语充当。例如：

疼得厉害　　痒得要命　　怕得要死　　困得不行　　忙得不得了　　高兴得不得了

有的则不需要“得”，补语一般由“极”“透”“多”“死”等词充当。例如：

好极了　　糟透了　　好多了　　讨厌死了　　恨死了

② 补语的语义指向。

补语虽然分布在谓词后面，但语义指向却有多种：有的指向它前面的谓词，有的指向主语，有的指向宾语。例如：

她走得太快了（“太快”指向“走”）
他喝醉了酒（“醉”指向“他”）
他喝完了酒（“完”指向“酒”）
中国队打赢了日本队（“赢”指向“中国队”）
中国队打败了日本队（“败”指向“日本队”）

③ 数量短语作补语与作宾语的区别。

数量短语既可作补语，又可作宾语，其区别是：

第一，表物量的是宾语，表动量的是补语。例如：

新书买了五本("五本"作宾语,语义上指向"新书")
新书买了两次("两次"作补语,语义上指向"买")

第二,表时量的既可以是补语,也可以是宾语。一般情况下,表时点的是宾语,表时段的是补语。例如:

工作到半夜才下班("半夜"指午夜,是时点)
工作了半夜("半夜"即"半个夜晚",是时段)

3. 中心语与定语、状语

(1) 中心语。

中心语是指受定语或状语修饰(包括限制和描写)的句法成分。定语的中心语一般由体词充当,有时也可由谓词充当。例如:

这里的河道　　玻璃房子　　蓝蓝的天　　这本书的出版　　狐狸的狡猾

状语的中心语通常由谓词充当,例如"刚刚离开""很勇敢"。另外,能分布在谓语位置的名词性词语有的也可以受状语(副词)的修饰。例如:

(今天)才星期一　　(会场里)仅十多个人　　(他)都大学生了

(2) 定语。

定语是体词性偏正短语(定中短语)中的偏项(也叫体词性修饰语),它与中心语之间有时要出现"的",有时不出现"的",有时两可。

定语对中心语的作用表现在两个方面。一是对中心语进行限定,可称为"限制性定语"。例如:

三个学生　　这本杂志　　老李的房子　　这本书的发行

二是对中心语加以描写,可称为"描写性定语"。例如:

高尚的情操　　绿油油的麦子　　平平常常的事情

有些定语与中心语的语义关系比较特殊。例如:

他的字写得不错(=他写字写得不错)
比尔的汉语说得很流利(=比尔说汉语说得很流利)
他没有帮过我们的忙(=他没有给我们帮过忙)
别开老李的玩笑(=别跟老李开玩笑)

当偏项出现多项定语时,就有一个顺序问题。多项定语的排列顺序有两种情况:

一般顺序是:a. 表领属的词语;b. 量词短语;c. 形容词或描述性词语;d. 表性质的名词。例如:

他那件新狐皮大衣　　（a+b+c+d）
两扇肮脏的玻璃窗户　　（b+c+d）

违背一般顺序而前置的定语一般要带上修饰标记“的”；如果原来有“的”，则要继续保留。例如：

小瓷茶壶　（c+d）　　瓷的小茶壶　（d+c）
一间新房子（b+c）　　新的一间房子（c+b）
那只白猫（b+c）　　白的那只猫（c+b）
那个穿红衣服的孩子（b+c）　　穿红衣服的那个孩子（c+b）

（3）状语。

状语是谓词性偏正短语（状中短语）中的偏项（也叫谓词性修饰语），它与中心语之间有时要出现“地”，有时不出现“地”，有时两可。

状语对它的中心语的作用也表现在两个方面。一是对中心语进行限定，可称作“限制性状语”。这类状语可以限定动作行为的时间、处所、程度、范围、对象等，也可以表示肯定、否定或语气。例如：

已经睡觉/明天去　　（时间）
在教室上课/（在）屋里坐　　（处所）
很喜欢他/十分用功　　（程度）
都来了/全走了　　（范围）
向他学习/为人民服务　　（对象）
一定去/不去　　（肯定/否定）
偏要去/也许会来　　（语气）

二是对中心语加以描写，可称为“描写性状语”。例如：

埋头读书　　高高举起　　慢慢地走　　眉梢带笑地说

当偏项出现多项状语时，也有一个顺序问题。多项状语的排列顺序大致是：a. 时间词语；b. 处所词语；c. 副词；d. 形容词。例如：

（我）昨天在图书馆里又仔细对了一遍（a+b+c+d）
（看的人们）也都无聊地走散（c+c+d）

上述句法成分实际上不在同一个层面上。主语和谓语可以各由一个词充当（如“春光明媚”），其内部不能再切分。更多的情况是主语和谓语本身都是由短语充当的，各自内部可以往下切分。这样的话，首先分出主语和谓语。接着往下分，主语又可以分出定中结构（定语和中心语）；谓语又可以分出述宾结构（述语和宾语）、状中结构（状语和中心语）或述补结构（述语和补语）。

(二) 句法关系

句法成分组合时产生的句法关系主要有：

主谓关系(由“主语＋谓语”构成)

述宾关系(由“述语＋宾语”构成)

述补关系(由“述语＋补语”构成)

定中关系(由“定语＋中心语”构成)

状中关系(由“状语＋中心语”构成)

联合关系(由“联合项 1＋联合项 2＋……”构成)

“定中关系”和“状中关系”可以合称偏正关系。“主谓短语”的意思是“结构为主谓关系的短语”,“偏正短语”的意思“结构为偏正关系的短语”,其他以此类推。

三、短语的语义成分与语义结构

(一) 语义成分

语义成分也称作“语义角色”或“语义格”,有时也称作“题元”“动元”或“论旨角色”。语义成分中的动词(也叫“动核”)是核心,其他的语义角色都由核心动词指派。不同的动词指派的语义角色是不一样的。例如“吃”这个行为动词可以指派施事和受事两个角色;“像”这个关系动词能指派起事和止事两个角色;“病”这个状态动词能指派系事这个角色。在分析语义结构时,一般把形容词作为状态动词来对待。常见的语义角色有：

1. 施事和受事

施事指动作的发出者,受事指动作的承受者。例如“狗咬人”,“狗”是施事,“人”是受事。

2. 起事和止事

起事指关系双方的起方,止事指关系双方的止方。例如“他是北京人”“小王属龙”,“他”和“小王”都是起事,“北京人”和“龙”都是止事。从表层看,该结构的动词是关系动词。

3. 系事

系事指性状的系属者,即性状所系属着的事物。例如“大家很悲痛”中的“大家”就是系事。从表层看,该结构的谓语是形容词,包括状态动词。

4. 与事

与事指动作的参与者。例如“他给我一本书”“他向你道歉”中,“我”和“你”都是与事。从表层看,与事对应的句法成分是间接宾语或者是介词宾语。能标记与事的介词主要有“给”“对”“向”“为”“替”“跟”“和”“与”“同”“比”等。

语义成分可分为核心成分和外围成分。动词必有的语义成分是核心成分,缺之,语义结构不完整。例如“吃”必须有施事和受事两个成分,“病”必须有一个语义成分——系事。这里要说明的是,所谓必有成分,是就语义结构而言的,在具体表达的时候不一定需要出现词语。例如动词“吃”，就它的语义结构而言，它必须是：施事＋吃＋受事，但是在表达的时候，由于有语境的提示，施事或受事位置上可能不出现词语。比如“你吃了饭吗?”，回答可以是“吃了”。这个回答中“吃了”同样隐含了施事和受事，但是由于有语境的提示，不需要出现代表施事和受事的“我”和“饭”。

动词不必有的语义成分就是外围成分，缺之，也不影响语义结构的完整。例如“吃”这个动作发生的时间、处所等，虽然也是语义成分，但是属于外围成分。又如：

① 你可以用刀切西瓜（刀：工具）

② 他明天动身（明天：时间）

③ 她在北京卖水果（北京：处所）

例①“切”的必有成分为施事和受事，分别由“你”和“西瓜”充当，工具（“刀”）这个语义成分不是“切”必有的成分。例②“动身”需要一个施事，由“他”充当，“时间（明天）”不是“动身”的必有成分。例③“卖” 的必有成分为施事和受事，分别由“她”和“水果”充当，处所（“北京”）不是“卖”的必有成分。

（二）语义结构

动词和它指派的语义角色形成语义结构，也叫“动核结构”“题元结构”或“论旨结构”。动核结构的模式称作“句模”。常见的语义结构模式有如下几种：

① 施事＋动核＋受事：她吃苹果、我喝水、值日生擦黑板

② 施事＋动核：鸟儿飞翔、小张毕业了、汽车来了

③ 施事＋动核＋与事＋受事：我送他一件礼物、老师教大家汉语

④ 施事＋与事＋动核：我们为人民服务、她向我道歉

⑤ 系事＋动核：房子倒了、小王病了、小明很聪明

⑥ 起事＋动核＋止事：上海是大城市、他像爸爸、二加二等于四

上面分析的都是主谓短语，实际上其他短语也可以做语义分析。例如“她洗的衣服”表层虽是偏正结构，但是深层却是“施事＋动核＋受事”，与“她洗衣服”的语义结构是一样的。“来客人了”深层与“客人来了”是一样的，都是“施事＋动核”结构。

思考与练习

1. 名词性偏正短语的中心语一般是名词（如“我们的家乡”），谓词性偏正短语的中心语是谓词（如“疯狂地进攻”“非常寂寞”）。但“敌人的进攻”“老人的寂寞”等名词性短语里中心语却是谓词，该如何解释？

2. 什么是短语的表层结构和深层结构？什么是显性语法关系和隐性语法关系？

3. 有的人把结果补语和趋向补语的可能式处理为“可能补语”，你认为这样做是否妥当？

4. 请谈谈短语、句法结构、语义结构的联系和区别。

5. 句法分析为什么引入“述语”“中心语”这两个概念？

6. 分析下列短语的异同。

爸爸妈妈—爸爸的妈妈　　兔子尾巴—兔子的尾巴

泰和乌鸡—泰和的乌鸡　　日本朋友—日本的朋友

7. 分别说出下列短语的结构和功能类别

在医院举行、文化科学知识、站了起来、两张铁床、喜欢钓鱼、有人在哭、喝西北风、对正义事业的支持、咱们俩、越级上报、说完就走、一趟、吃的、谈话中、于北京、喝得不多、月光下、太平洋上不太平、静得掉一根针都能听见、去看病人

8. 指出画线部分是什么句法成分。

(1) 春天的到来

(2) 学习很重要

(3) 我们做了认真的分析

(4) 懂得怎样做人、觉得难受、喝闷酒

(5) 工厂应该科学处理废气废水

(6) 系统地掌握专业知识是必要的

(7) 这种严格的训练很有成效

(8) 买一打、买一次、买得放心

9. 从句法和语义两个角度分析下列短语的结构。

(1) 他没有喝醉酒

(2) “走”属于动词

(3) 奶奶买菜的篮子

第六节　短语（中）

短语内部的结构包括句法结构（显层）和语义结构（隐层）。上文介绍了短语的结构成

分和结构关系，这里介绍对这两种结构的分析方法。

四、短语的句法分析

（一）成分分析法

这种析句方法由于主要着眼于句法成分和中心词的确定，所以人们常常把它称作“中心词分析法”。分析步骤是先提取主干（找出“主语＋述语＋宾语”或“主语＋谓语”中各成分的中心词），然后再补出枝叶（各“中心词”的修饰成分——定、状、补）。例如：

这些工人很快就建好了一座桥

↓

这些工人很快就建好了一座桥

↓

（这些）工人 ［很快］［就］建〈好〉了（一座）桥

“＝”表示主语，“＿”表示谓语，“～”表示宾语，“（ ）”表示定语，“［ ］”表示状语，“〈 〉”表示补语。

这种方法有很大的局限性：忽视句法结构的层次性，把六大句法成分放在同一个平面来分析；抽出的“主干”（中心词）往往不能概括整个短语的意义。例如：

“错误思想必须清除”，其主干“思想清除”无法概括整个短语的基本意义。“思想”与“清除”并不直接进行组合，而是“错误”先与“思想”组合成“错误思想”，“必须”先与“清除”组合成“必须清除”，然后由“错误思想”与“必须清除”组合。

就分析多义短语看，这种局限性表现得更为明显。如“这张照片放大了一点儿”这个短语是多义的：

① 相当于“这张照片只放大了一点儿”

② 相当于“这张照片放得太大了点儿”

但是，如果用中心词分析法，是无法区分上述两种不同意义的，因为不管①义还是②义，都只能分析为：

（这张）照片 放〈大了一点儿〉

（二）层次分析法

层次分析法又叫直接成分分析法。这种析句方法依据句法结构层层套合、直接组成成分常常两两对应的特点，顺次逐层分出各自的两个“直接组成成分”（简称“直接成分”）。层次分析的客观基础是语法构造的层次性。其分析步骤是：逐层切分出直接成分，除了联合短语可能多分之外，其他短语都是不断二分，切分到词为止。例如：

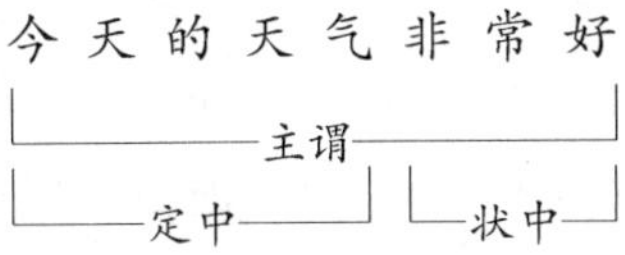

或分析为：

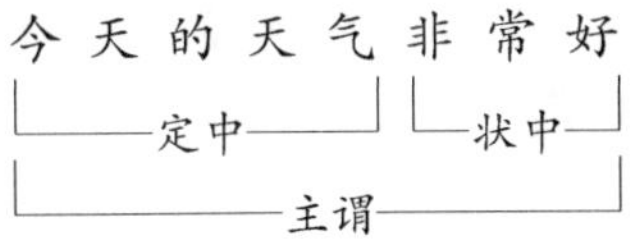

层次分析法可以分析多义短语。上文“这张照片放大了一点儿”是个歧义结构，中心词分析法不能加以区分，但层次分析法却可以很好地加以区分。

按①义，应该分析为：

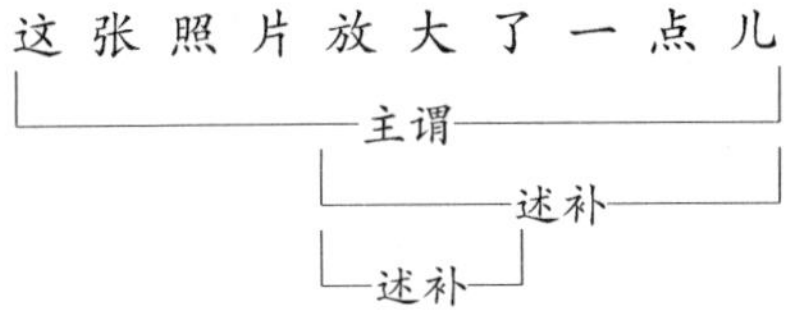

按②义，应该分析为：

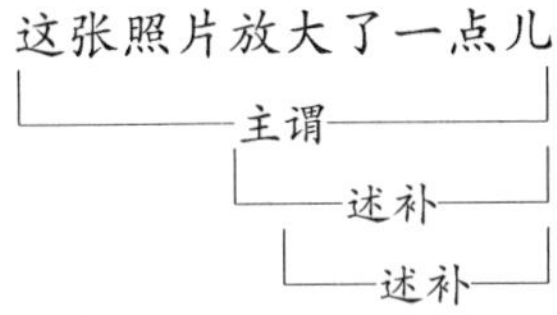

下面具体谈谈复杂短语的层次分析。层次分析一般切分到词，但为了突出重点，下文的举例有时不切分到词，能说明问题即可。对于能进行二分的复杂短语来说，在哪个地方一分为二，必须遵循一定的切分原则——结构、功能和意义三原则。

1. 切分三原则

(1) 结构原则。

结构原则指切分出来的直接成分必须能够成立。例如“一个多么令人羡慕的家庭”切分为“一个”和“多么令人羡慕的家庭”两个直接成分，都能成立；假如切分为“一个多么令人羡慕”和“家庭”两块，则不合适，因为“一个多么令人羡慕”这个结构不能成立。

(2) 功能原则。

功能原则指切分下来的直接成分能够组合。例如“一棵枣树上”，若切分为“一棵枣树”和“上”，能够组合，构成方位短语；若切分为“一棵”和“枣树上”，虽然结构上各自都能成立，但是二者不能组合，因为“一棵”不能修饰“枣树上”。

(3) 意义原则。

意义原则指切分后不能改变原意。如“镇压人民的刽子手”,若切分为“镇压”和“人民的刽子手”,虽然结构都成立,前后也能组合为“述宾关系”,但“人民的刽子手”情理上说不通,也不合原意。应分为“镇压人民”和“刽子手”两个直接成分,前后构成偏正关系。

结构、功能、意义三个原则是统一的,违反任何一方或者说任何一方通不过,那样的层次切分都是不合适的。

2. 几种复杂短语的分析

(1) 多项修饰语的偏正短语。

偏正短语的多项修饰语大致有三种结构类型:联合式、递加式和偏正式。

① 联合式。

这种格式的修饰语由联合结构充当,其格式为:(a+b+c)→中心语。例如:

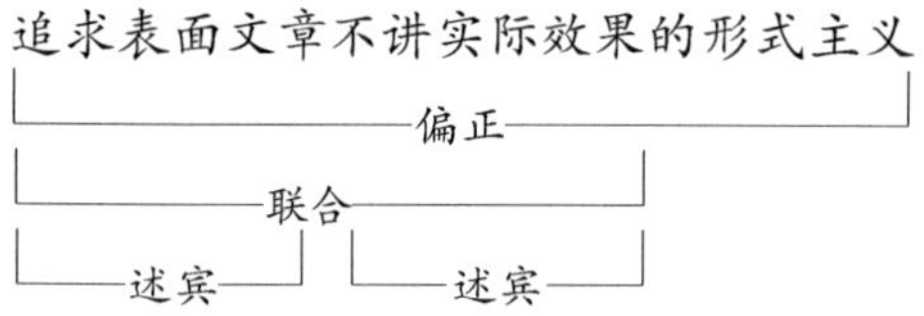

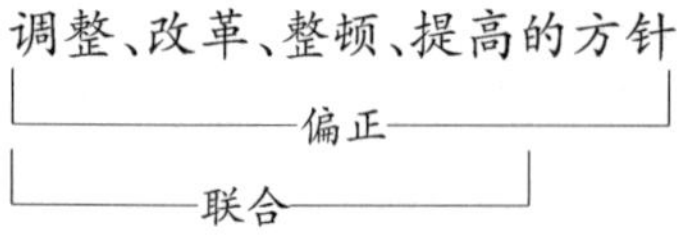

② 递加式。

这种格式的修饰语依次与后面的中心语相联系,形成多层修饰语递加,其格式为:a→[b→(c→中心语)]。例如:

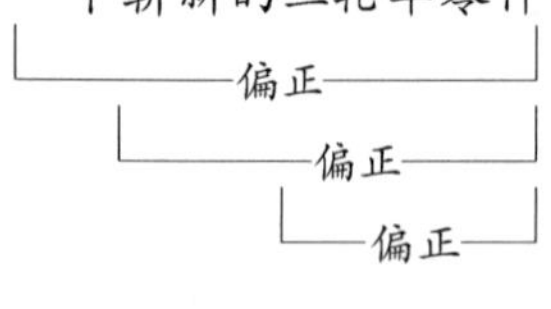

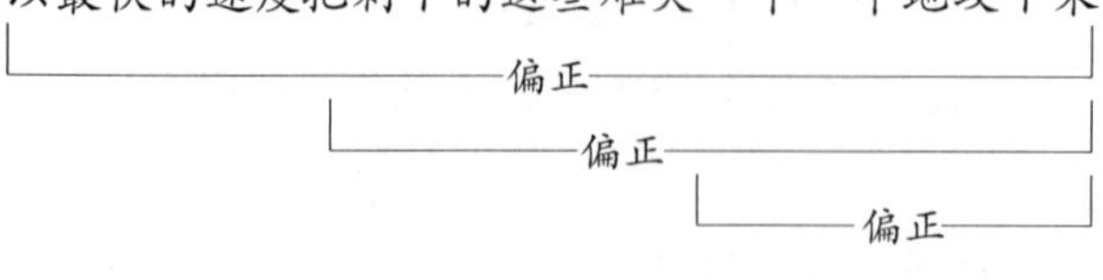

③ 偏正式。

这种格式的修饰语由偏正结构充当,其格式为:[(a→b)→c]→中心语。例如:

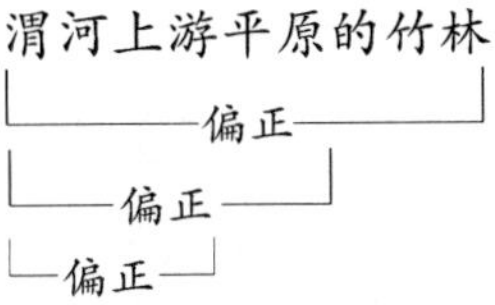

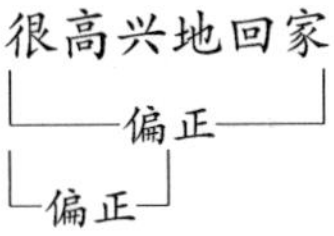

(2) 双宾短语的分析。

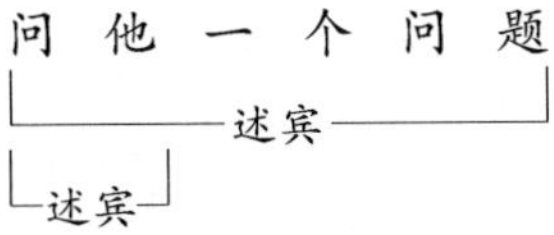

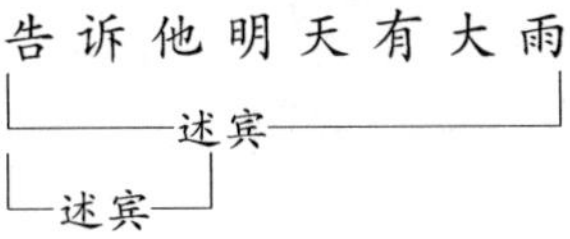

(3) 兼语短语的分析。

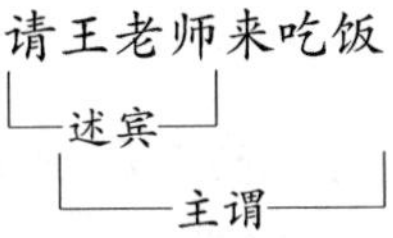

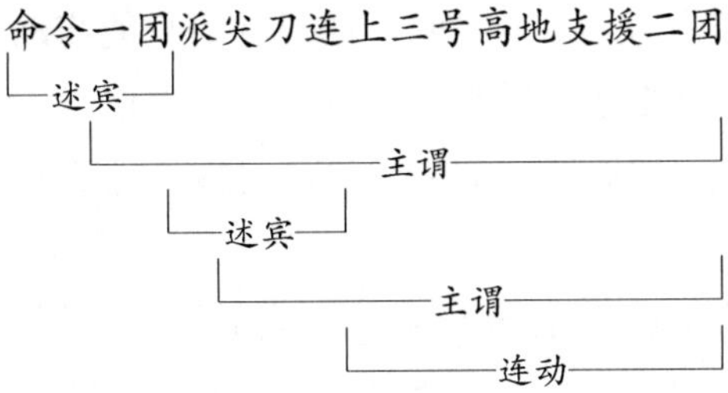

(4) “状语＋述语＋宾语/补语”结构的分析。

这类结构的短语有两种切分法：

a. 状＋(述＋宾/补)

b. (状＋述)＋宾

绝大部分状语都是跟“述宾”或“述补”组合的，只能按 a 法切分，特别是介词短语作状语。例如：

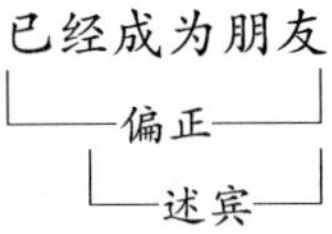

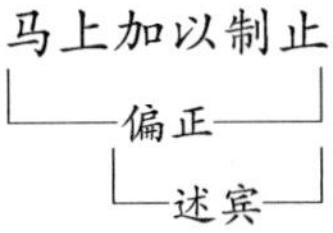

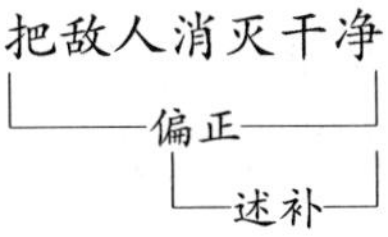

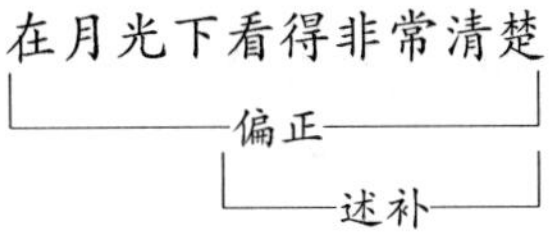

单音节副词或形容词与单音节动词组合的，应按 b 法切分。例如：

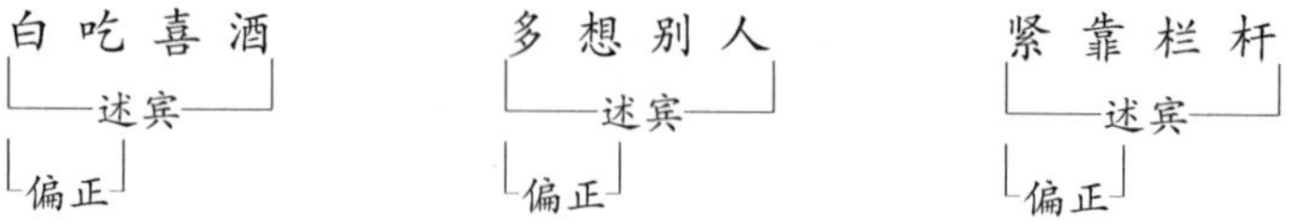

部分结构既可作 a 法切分，又可作 b 法切分，不论哪种切分，都符合切分原则。例如：

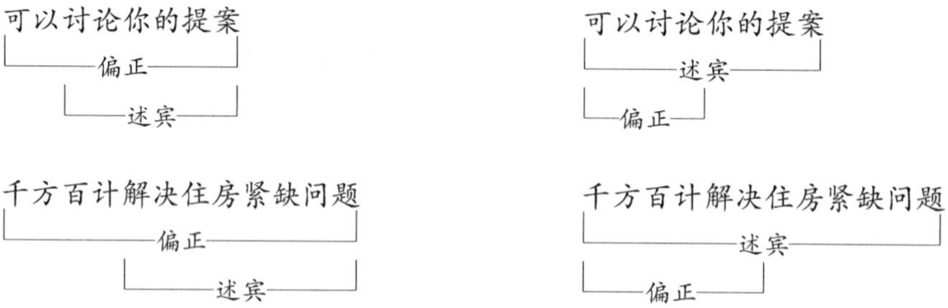

以上三种切分方法，关键在语义配合。如果状语只能与述宾或述补结构配合，不能单独与动词配合，那就只能按 a 法切分。例如只能说“马上/加以制止”，不能说“马上加以/制止”；只能说“把敌人/消灭干净”，不能说“把敌人消灭/干净”。如果状语只能与动词配合，不能与整个述宾结构配合，那就只能按 b 法切分。例如只能说“白干/工作”，不能说“白/干工作”；只能说“长住/这儿”，不能说“长/住这儿”。如果状语既可以同述宾结构配合又可以同动词配合，则两可。

层次分析法的局限性是：无法分析表层结构相同而深层语义不同的短语。例如“山上架着炮”这个主谓短语有歧义，但是用层次分析法分析，所得到的分析结果完全一样。即：

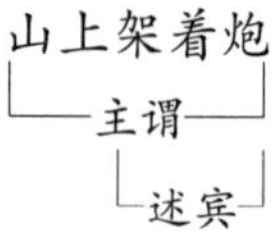

五、短语的语义分析

（一）变换分析法

变换分析法也叫转换分析法，是验证语义结构同异的分析法。层次分析法虽然能揭示句子内部的构造层次和显性语法关系（句法关系），但不能揭示句子内部的隐性语法关系（语义关系）。例如“山上架着炮”既可以理解为“山上有炮”又可以理解为“山上正在架炮”。这两种意思，层次分析法无法区分。要区分其不同的隐性语义关系，就要靠变换分析法。

变换分析法是根据一个语法格式与其他格式之间在语义上的共同点和结构形式

上有规则的变化而进行的语法分析方法。分析的方法是：通过移位、删减、增添等手段，把一种结构（格式）转换为另一种意义相同的结构，把多义结构转换为几个单义结构。例如：

① 院子里放着四方桌

② 院子里演着梆子戏

①②表示的语法意义并不相同：①表示某处存在着某物，②表示某处正在进行某种活动。但①②的词语排列格式却是相同的，都是：处所词＋动词＋着＋名词。若运用层次分析法则无法区分其内部的不同意义，而运用变换分析法则可以从形式上验证①②的不同意义：

① 院子里放着四方桌→③ 四方桌放在院子里

② 院子里演着梆子戏→④ 院子里正在演梆子戏

①可以变换为③式，但不能变为④式；②可以变换为④式，但不能变换为③式。这从形式上验证了①②所表示的语法意义是不相同的。

"山上架着炮"这一多义短语也可以通过变换得到区分，它既可以变换为③式，又可以变换为④式：

山上架着炮→炮架在山上

山上架着炮→山上正在架炮

变换分析法可以区分显性语法关系相同而隐性语法关系不同的句子，但也有局限性，它不能解释造成多义的原因。

（二）语义特征分析法

语义特征分析法分析概括同一显层结构的各个实例中处于同一关键位置上的词所共有的语义特征，以解释形成显性语法关系相同而隐性语法关系不同的原因。例如"院子里放着四方桌"和"院子里演着梆子戏"显性语法关系相同（都是"处所词＋动词＋着＋名词"）而变换方式不同的原因在于动词的语义特征不同："放"有"附着于某物"的特征，记作[＋附着]，"演"不具有"附着于某物"的特征，记作[－附着]。显性结构为"处所词＋动词＋着＋名词"的句法结构，动词具有[＋附着]特征的都可变换为上文的③式，动词具有[－附着]特征的都可以变换为上文的④式。例如：

地上蹲着许多人→许多人蹲在地上

黑板上写着字→字写在黑板上

墙上挂着画→画挂在墙上

上例的动词都具有[＋附着]特征，这类动词还有“站”“坐”“躺”“贴”“刻”“钉”“绣”“戴”等。

门外敲着锣鼓→门外正在敲锣鼓

外面下着雨→外面正在下大雨

操场上放着电影→操场上正在放映电影

上例的动词都具有[－附着]特征，这类动词还有“跳”“打”“演”等。

“山上架着炮”多义的原因是动词“架”具有[＋附着]和[－附着]双重特征。

（三）其他语义分析法

语义分析法除了上述两种之外，还有动核结构分析法、语义指向分析法、配价分析法等。

1. 动核结构分析法

动核结构分析法分析句子在语义上所含有的动核结构。含有一个谓词的句子对应一个动核结构，含有两个谓词的句子对应两个动核结构。这种分析法的目的在于归纳现代汉语的句模，并区分出表面形式相同而语义关系不同的结构。例如：

他喝酒（施事＋动核＋受事）

他喝醉了酒（他喝酒：施事＋动核＋受事；他醉：系事＋动核）

他吃完了饭（他吃饭：施事＋动核＋受事；饭完：系事＋动核）

2. 语义指向分析法

短语中的某个词语在语义上总是和另一个词语有着直接的语义关系，这种关系就是语义指向关系。一个词可以和短语中的某个或某几个词发生联系，它可以指向前面的词语，也可以指向后面的词语，还可以指向未出现的词语。语义指向分析法有解释结构意义、分化结构歧义的作用。例如：

他喝醉了酒（他←喝→酒；他←醉）

他吃完了饭（他←吃→饭；完←饭）

小李一周就写了一篇论文（有歧义：就→一篇论文：仅仅一篇文章，意为“动作慢”；就→写了：意为“动作快”）

这种豆子咬不动（“咬”的施事未出现）

3. 配价分析法

动词、形容词至少要同多少个成分同现才能构成意义自足的结构？这与它们各自语义上的配价有关：它们各自都隐含一个语义结构。例如：

倒塌：某物倒塌（一价动词）

吃：某人吃某物（二价动词）

送：某人$_1$送某人$_2$某物(三价动词)

幸福：某人幸福(一价形容词)

热心：某人对某事热心(二价形容词)

上例“某人、某物、某事”都可以用NP表示，隐含一个NP的词为一价词，隐含两个NP的为二价词，隐含三个NP的为三价词。这类词若组成意义自足的结构，所隐含的NP的位置上都必须出现具体词语。

另外，名词也可以分为一价名词和二价名词。例如：

父亲：某人的父亲(一价名词)

偏见：某人对某事(或某物)的偏见(二价名词)

上例“父亲”必须与一个NP同现，是一价名词，“偏见”必须同两个NP同现，是二价名词。另外“地球”“月亮”这些独一无二的词不需要与某个NP同现，因此它们是零价名词。

独立成句时，NP的数量必须满足具体动词、形容词、名词各自的配价。但是，在具体的语境中，某个NP可以借助语境省略。

配价分析法通过语义结构内部成分的数量与性质的分析，可以解释一些语法现象。

思考与练习

1. 从成分分析法到语义特征分析法，这些分析方法嬗变的原因是什么？
2. 层次分析法必须遵循什么样的切分原则？
3. “甲队打败了乙队”与“甲队打赢了乙队”意思相同，为什么？
4. 用层次分析法分析下列短语。

(1) 实事求是的原则和稳步前进的建设方针

(2) 高高兴兴、平平安安地和我们一起回来

(3) 教育部门同志的想法

(4) 有了足够的条件在舞台上制造种种大自然的奇观

(5) 严酷的战争条件使他成了一名文艺多面手

(6) 他告诉我村里来了一个不寻常的客人

(7) 很费了一番口舌

(8) 他近来身体不太好

(9) 一定答应你的要求

(10) 坐在看台上观看体操表演

第七节 短语（下）

六、歧义短语分析

词常常是多义的，而短语一般是单义的。但是有的短语却有两种或两种以上的意义，这样的短语就是歧义短语，也称作“歧义结构”。造成短语歧义的语法因素通常有三个：结构层次、结构关系和语义关系。这三个因素只要有一个不同，都会造成歧义。

（一）结构层次不同

语句内部若包含了不同的结构层次，便会产生歧义，这类歧义短语可用层次分析法分析。例如：

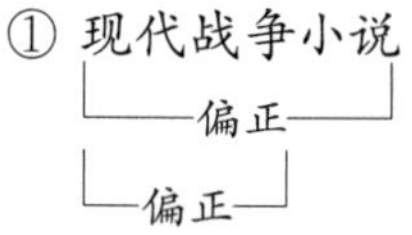

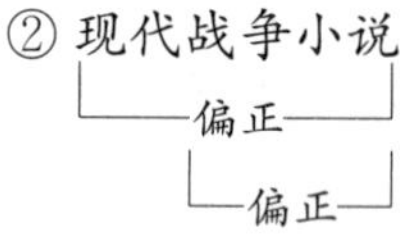

例①的意思是“描写现代战争的小说”，例②的意思是“描写战争的现代小说”。“战争”既可以同“现代”直接组合，又可以同“小说”直接组合，因而形成了不同的结构层次。

（二）结构关系不同

相同的结构层次，包含不同的结构关系，这也是形成短语多义的一个因素。结构关系不同的结构也可以用层次分析法分析。例如：

① 说不下去（述补/述宾）

② 小王师傅（同位/偏正）

例①理解为述补结构时，其否定式是“说得下去”；理解为述宾关系时，“不下去”是“说”的内容。例②理解为同位结构时，“小王”和“师傅”指的是同一个人；理解为偏正结构时，可以说成“小王的师傅”。

（三）语义关系不同

隐藏在显性结构关系后面的语法关系就是语义关系，通常表现为“施事—动核”“动核—受事”等关系。有的短语虽然显层不包含不同的结构层次和不同的结构关系，但仍是多义的，这种多义是由隐性的语义关系不同而引起的。这种短语可以依据其内部不同的语义关系分别转换成相应的单义短语。例如：

连我都不认识 { 连我都不认识他（“我”是施事）/ 他甚至不认识我（“我”是受事）}

通知的人 { 通知小王的人（“人”是施事）/ 小王通知的人（“人”是受事）}

她在屋顶上发现了小王 { 她和小王都在屋顶上 / 只有她在屋顶上，小王不在屋顶上 / 只有小王在屋顶上，她不在屋顶上 }

除语法因素外，词汇原因也会造成短语歧义，即由多义词引起的短语歧义。例如“走了三天”，由于“走”有“行走”和“离开”两种词义，因而这个短语可以理解为“在路上行走了三天”，也可以理解为“离开了三天了”。又如“地下商店”，由于“地下”有“位于地面以下”和“隐蔽、秘密”两种词义，因而这个短语可以理解为“在地面以下的商店”，也可以理解为“秘密的商店”。再如“看错了人”，由于“看”有“视线接触人或物”和“判断”两种词义，因而这个短语可以理解为“误把张三当李四”，也可以理解为“误把坏人当好人或误把品行不好的人当成品行良好的人”。还如“王大夫看病去了”，由于“看病”有“诊治”和“就诊”两种词义，因而这个短语可以理解为“王大夫给他人看病”，也可以理解为“王大夫因病去就诊”。

短语歧义可以消除。特定的语境一般可使多义短语单义化。通过增添、移位、替代等手段，可以有效地分化短语歧义。例如：

进口衬衫：进口的衬衫/进口一批衬衫

她和小王的孩子：她和小王两人生的孩子/小王的孩子和她

三个报社的记者：三位报社的记者/三家报社的记者

七、短语的组合

短语是词与词组合成的结构体，但并不是任意组合的。它们的组合是有一定的条件的，即词与词的组合具有选择关系，同时还必须借助一定的语法形式（也称“语法手段”）。

（一）组合条件

1. 句法上

句法上的选择表现在词与词的结合能力上。例如可以说“不去”“不看”，不能说“不电话”“不西瓜”，因为否定副词“不”在句法上可以和动词结合而不能和名词结合。又如可以说“偶然事件”“进行讨论”，不可以说“偶尔事件”“进行电影”，这是因为：“事件”是名词，可以受形容词的修饰，但不能受副词的修饰；“进行”要求带动词性词语作宾语，不能带名词性词语作宾语。

2. 语义上

语义上的选择是指词与词的组合要合乎逻辑事理。例如可以说“吃菜”“甜点心”，不可以说“吃石头”“甜桌子”，这是因为“吃石头”“甜桌子”这样的说法不合乎逻辑事理。

3. 语用上

语用上的选择指词与词的组合要符合表达习惯。例如可以说“吃香”“喝西北风”，不可以说“吃臭”“喝东北风”，这只能从习惯上去解释。“吃香”“喝西北风”是约定俗成的，而“吃臭”“喝东北风”不合习惯。又如“好热闹”与“好不热闹”意思一样，都是“很热闹”的意思，这也只能从语言习惯上找原因。

（二）组合手段

词与词的组合会产生主谓、述宾、述补、偏正、联合等句法关系，而要表示特定的句法关系，必须借助一定的组合手段——语法手段。汉语最常用的语法组合手段有两种：语序和虚词。

1. 语序

语序指词与词组合的次序。具有选择关系的两个词，不是随便组合的，而是必须按照一定的次序组合才能产生特定的句法关系。例如“天气好”是主谓关系，“好天气”则是偏正关系；“客人来了”是主谓关系，“来客人了”则是述宾关系。

有的短语改变语序后，句法关系不变，只是改变了短语的意义。例如“玻璃窗户”和“窗户玻璃”句法关系相同，都是偏正关系，只是所表达的概念意义不相同。

上面说的是两个词的组合问题。多个词组合成短语，通常受到如下因素制约：

(1) 语义靠近。

语义关系越密切的两个成分，距离上越靠近，这叫作语义靠近。例如：

① 大型白色自动洗衣机

　*大型自动白色洗衣机

　*白色自动大型洗衣机

② 他去年五月出国了三次

　*五月去年他出国了三次

　*五月他去年出国了三次

例①与“洗衣机”关系最密切的首先是其性能（“自动”），其次是颜色（“白色”），再次是型号（“大型”）。例②与动作关系最密切的时间应该是最小的时间，其次是大一点的时间，因此“去年五月”的排序是对的。

(2) 可别度领先。

可别度，即可识别的程度。可别度领先，也叫“可别度领前”，指可别度越高的词语在句中的位置越靠前。表示定指、量大的词语易于识别，因而可别度高。例如：

艺术家的一双手(艺术家：定指)
一双艺术家的手(艺术家：无指，“艺术家般的”)

他买了三支铅笔
*三支铅笔他买了(“三支铅笔”是泛指，不能靠前)

大多数人都来了
*来了大多数人(“大多数”是大量，需要靠前)

我最喜欢《儒林外史》前10回
*前10回我最喜欢《儒林外史》(整体是大量，应出现在部分的前面)

(3) 时间顺序。

词语的顺序要遵循时间顺序。例如：

他去纽约三个月了
*三个月他去纽约了(应是先“去纽约”，然后才待“三个月”)
*他三个月去纽约了(同上)

语序常受到一种以上因素的制约，最终的语序可能是几种因素互动平衡的结果。例如：

*三个月他去纽约了(不合时间顺序)
这三个月他去纽约了(虽然不合时间顺序，但是加了“这”，遵循了可别度领先原则)

上例是时间顺序因素与可别度领先因素互动的例子，可别度领先因素占优势。

2. 虚词

虚词也是表达句法关系的常用手段。偏正短语的偏项与正项有时要用“的”或“地”，如“美丽的草原”“深刻地领会”。联合短语各项之间常用“和”“或”“并”“而”连接，如“名词和代词”“今天或明天”“讨论并通过”“纯洁而高尚”。述补短语的正项与后补成分之间有时用“得”，如“好得很”“急得要命”“听得入迷”。有的短语句法关系一样，但用不用虚词会有不同的意义，如“华侨医院”与“华侨的医院”、“狐狸尾巴”与“狐狸的尾巴”。

(三) 偏正短语和结构助词“的”

“的”是名词性偏正短语中最常用的虚词。名词性短语的偏项与正项之间有时必须用

“的”，如“吃的东西”“父亲的母亲”，其中的“的”不可少。有时用不用“的”似乎有灵活性。例如可以说“好的天气”“学习的时间”，也可以说“好天气”“学习时间”。“的”在偏正短语中的作用表现在如下两个方面：

1. 句法上区别偏正关系和其他关系

例如：

① 父亲伯父—父亲的伯父

② 写文章—写的文章

③ 我们工人—我们的工人

④ 敌人进攻—敌人的进攻

① 区别并列关系与偏正关系，② 区别述宾关系与偏正关系，③ 区别同位关系与偏正关系，④ 区别主谓关系与偏正关系。

2. 语用上凸显偏项

例如：

① 折叠椅子—折叠的椅子
　他哥哥—他的哥哥
　复旦学生—复旦的学生

② 苏州园林—苏州的园林
　英国朋友—英国的朋友
　孩子脾气—孩子的脾气

上述例子里，用“的”和不用“的”同样表示偏正关系。区别在于：不用“的”的短语着眼点在其外部，被作为一个整体看待；用“的”的短语着眼点在其内部，偏项被凸显。①组“的”出现与否意义上不发生变化，但②组出现“的”与否，意义差别较大：不出现“的”时，整个短语作为一个整体，有特定的意义；出现“的”时，领属关系的意义非常明显。“苏州园林”指按照苏州园林的特色设计建造的园林，不论在什么地方都可以叫“苏州园林”；而“苏州的园林”则是在苏州，因为“苏州”是领有者。“英国朋友”指英国人，其中的“英国”作为来源属性；而“英国的朋友”可以有两种理解：一是与“英国朋友”意义基本一致，不同之处是“英国”更为凸显，如“我有一位英国(的)朋友”。二是指英国人的朋友，即其“朋友”是其他国家的人，其中的“英国”是领有者。“孩子脾气”意思是像小孩一样的脾气，其中的“孩子”表示属性；而“孩子的脾气”也有两种理解：一是与“孩子脾气”意义基本一致，不同之处是“孩子”更为凸显，如“别要孩子(的)脾气”。二是指某个或某些孩子的脾气，其中的“孩子”定指，表示领有，如“孩子的脾气不太好，你是知道的”。

总之，需要区别偏正关系和非偏正关系时，“的”必须出现。当一个短语“的”字出现与否都是偏正短语时，“的”字的出现则具有选择性：凸显偏项时用“的”，否则不用“的”。另外，当偏项变得复杂（例如受到其他词语修饰）时，“的”必须出现，否则该短语作为偏正短语不能成立。例如“好人”可以说，但“很好人”就不能说，只能说“很好的人”，因为偏项“好”受到“很”的修饰。

制约“的”字隐现的规律是：当该偏正短语作为一个整体看待时，“的”字不出现；当偏项受到凸显时，“的”字需要出现。例如“苏州园林”作为一个粘合短语（表示一种园林风格）时，不需要出现“的”；看作离散短语凸显“苏州”时，“的”需要出现，即：是苏州的，不是其他地区的。复杂的偏正短语包含多个层次，一般在第一层偏项和正项之间出现“的”；第二层偏项和正项本身也可能是复杂偏正短语，但是一般不需要出现“的”，除非需要凸显。

（四）联合短语的组合

1. 组合条件

（1）从词性上看，一般要求组合项词性一致。

例如：

学习宣传贯彻（动词＋动词＋动词）

语言文学（名词＋名词）

坚强而自信（形容词＋形容词）

一张张的笑脸和一阵阵的歌声（名词性偏正短语＋名词性偏正短语）

（2）从语序上看，要求组合项的排列符合逻辑事理、社会认知和语言环境。

① 逻辑事理表现为时间的顺序、空间的位置和距离的远近；表现为事物的内在联系和发展；也表现为质和量的变化以及感知认识的过程：由表及里、由浅入深、由此及彼。例如：

讨论并通过了教学大纲（时间顺序）

山东、江苏、浙江和福建（空间顺序）

生产、分配、交换、消费（事物内部的联系）

观望、怀疑、摇头（发展变化的过程）

前人没有遇到、没有解决、也不可能解决的崭新课题　（感知过程）

② 汉民族的社会认知表现为主次、长幼、性别、方位和正反等的排列有一定的次序。一般地说，主要的、重要的在前，次要的在后；年长的在前，年幼的在后；东在前，西在后；南在前，北在后；上在前，下在后；左在前，右在后；肯定在前，否定在后。例如：

政治生活、经济生活、文化生活（主次）

天时、地利、人和（次序）

教授、副教授、讲师、助教(职称高低)

父老、兄弟、姐妹(长幼、男女次序)

小张和小刘下冰湖抢救落水小孩(“小张”下冰湖在前,变动顺序则会改变原意)

③ 语言环境主要表现为上下文。例如:

桃树、杏树、梨树,你不让我,我不让你,都开满了花赶趟儿。闭了眼,树上仿佛已经满是桃儿、杏儿、梨儿。(“桃儿、杏儿、梨儿”的排列顺序受到上文“桃树、杏树、梨树”的制约)

现在,人们不再在会议上讲一套形式主义的八股,在客厅里透露几句声明不要外传的真话,在私人房间里才掏出全部的心里话了。而是可以在会议上、客厅里、卧房内,都用同一个口径的语言来议论国家大事。(“会议上、客厅里、卧房内”排列顺序也是受到上文的制约)

(3) 从内容上看,组合项概念大小和分类角度必须一致,不能相互包含、相互交叉。下面两例中联合短语有问题:

*一些青年人面对新长征中的雪山、天险、大渡河就失去了信心。(“天险”与“雪山”“大渡河”概念大小不一致,不能组合)

*工人、农民、解放军指战员、青年和妇女组成了抗洪大军奔赴长江大堤。(“青年和妇女”与前面三个组合项概念交叉、相互包含,不能组合)

2. 连词“并”“而”“和”“或”

动词的并列,可以用“并”连接,如“审议并通过”。形容词的并列,可以用“而”连接,如“少而精”“美丽而秀雅”“单纯而伟大”。名词的并列,可以用“和”连接,如“老师和同学”“选举权和被选举权”。

“和”还可以连接动词或形容词。连接动词,一般需要共管一个宾语或者有共同的状语。连接形容词,一般需要有共同的状语。例如:

我还要说明和补充几句。

我们一定要保持和发扬革命传统。

他的话是那样明确和有力。

并列的两项之间有时也可以不用“和”,如“方针政策”“语音语法”。但如果不用“和”会产生歧义,那就非用不可。例如“学生家长”可以理解为“学生和家长”,也可以理解为“学生的家长”。

并列成分不止两项时,习惯上只用一个“和”,放在末两项之间,如“北京、天津和上海”。如果并列的几项是可以分组的,可以用顿号来表明分组,如“爸爸、妈妈和哥哥、姐姐”“理论和实践、政治和经济”。

“或”表示选择关系，可以连接名词、动词或形容词，如“男同志或女同志”“同意或反对”“正确或错误”。

思考与练习

1. 造成短语歧义的原因有哪些？
2. 请分析下列短语的歧义并说明原因。

(1) 说不好

(2) 他走了三天

(3) 一辆黑出租

(4) 救了他的孩子

(5) 他爱她胜过小柳

(6) 关于《水浒传》的讨论

(7) 欧洲人的印象

3. 中心语为动词或形容词的偏正短语，能使用结构助词“的”吗？
4. 短语组合的条件和手段各有哪些？
5. 多个词组合成短语，语序上常常会受到哪些因素制约？
6. 汉语地址的排列顺序是从大到小，而英语刚好相反，原因是什么？例如：
   江西省南昌市学府大道999号
   999 Xuefu Avenue, Nanchang, Jiangxi
7. 结构助词“的”字的隐现规律是什么？
8. 词语组合成联合短语要受到哪些条件制约？
9. 用连词“和”“而”“并”填空，并指出它们在用法上的区别。

(1) 他们的品质是那样的纯洁__高尚。

(2) 他们的品质纯洁__高尚。

(3) 他们继承了革命的优良传统，__发扬了它。

(4) 我们要继承__发扬革命的优良传统。

第八节 单 句（上）

短语是备用单位，句子是使用单位。短语和句子的区别不在于长短，而在于是否同特定现实发生联系。不同特定现实发生联系的，即使复杂，也是短语。例如“老人喜欢钓鱼”，如果不在使用中，那就是短语。同特定现实发生联系，即使再简短，也是句子。例如对“老人喜欢钓鱼吗?”的回答“喜欢”，虽然是一个词，但是它是省略句。

就语法结构而言，短语和句子有相当的一致性。短语的句法结构和语义结构也是句子的句法结构和语义结构，因为短语和句子的区别在于是否联系特定的现实。

但是，一旦进入使用，联系特定的现实，就会增添一些语用成分。这样的“语用成分”，包括独立语(如插入语、复说语)、焦点、语气等，是静态的短语所不具备的。句子与短语的联系和区别如下：

句子
- 句法结构(如：主谓结构) ┐
- 语义结构(如：施事＋动核＋受事) ┘ 短语
- 语用成分(如：插入语、语气)

现代汉语中的句子，根据能否分出分句，可分为单句和复句两大类。分不出分句的句子是单句，比如“他生病了”是单句；分得出分句的句子是复句，比如“他生病了，所以今天没法来”就是由两个分句构成的复句。

一、单句分类

从句法结构上分，单句可以分为主谓句和非主谓句两类。能分出主语和谓语的是主谓句，不能分出主语和谓语的是非主谓句。例如“明天晴天”“这里风景优美”“他来了”是主谓句；“好!”“严禁吸烟”是非主谓句。

从语用表达功能(语气)上分，句子可以分为陈述句、疑问句、祈使句和感叹句。例如：

理想是前进的灯塔。　(陈述句)
你上哪儿?　(疑问句)
请勿吸烟!　(祈使句)
多么可爱的秋色啊!　(感叹句)

从结构上对句子划分而得出的类型叫句型，从功能上对句子划分而得出的类型叫句类。句型和句类是对句子做不同角度的划分而得出的类型，因此，每个句子都可以分出这两种类型。例如：

理想是前进的灯塔。(主谓句、陈述句)
多么可爱的秋色啊!(非主谓句、感叹句)

句子的分类如表 4－2 所示。

表 4-2　句子分类表

<table>
<tr><td rowspan="7">结构类型</td><td rowspan="5">单句</td><td rowspan="4">主谓句</td><td>名词性谓语句</td></tr>
<tr><td>动词性谓语句</td></tr>
<tr><td>形容词性谓语句</td></tr>
<tr><td>主谓谓语句</td></tr>
<tr><td>非主谓句</td><td>名词性非主谓句、动词性非主谓句
形容词性非主谓句</td></tr>
<tr><td rowspan="2">复句</td><td>联合复句</td><td>并列复句、连贯复句、递进复句
选择复句、补充复句</td></tr>
<tr><td>偏正复句</td><td>因果复句、条件复句、转折复句
让步复句、目的复句</td></tr>
<tr><td rowspan="4">功能类型</td><td>陈述句</td><td colspan="2"></td></tr>
<tr><td>疑问句</td><td colspan="2">是非问、特指问、选择问</td></tr>
<tr><td>祈使句</td><td colspan="2"></td></tr>
<tr><td>感叹句</td><td colspan="2"></td></tr>
</table>

二、句型

（一）主谓句

主谓句是直接成分由主语和谓语构成的句子。出于表达需要，主语后置了，这个句子仍属于主谓句，例如："怎么啦，你？"省略了主语的句子也属于主谓句。根据谓语的句法性质，主谓句可分为名词性谓语句、动词性谓语句和形容词性谓语句三种。此外，汉语里还有主谓短语作谓语的句子，即主谓谓语句。

1. 名词性谓语句

由名词性词语充当谓语的句子叫名词性谓语句。名词单独充当谓语的情况较少，较多的情况是名词性短语作谓语。例如：

明天中秋。

赣，江西省的简称。

他圆圆的脸，大大的眼睛。

老李好眼力。

2. 动词性谓语句

由动词性词语充当谓语的句子叫动词性谓语句。动词性谓语一般由单个动词、述宾短语、述补短语、偏正短语、连动短语、兼语短语等充当。例如：

她告诉我一件事。

他讲得很清楚。

水生从北京出发。

他吃好饭放下碗出去了。

公司派他出差。

3. 形容词性谓语句

由形容词性词语充当谓语的句子叫形容词性谓语句。形容词性谓语主要由形容词性的短语充当,单个的形容词作谓语的情况较少(主要用于判断、对比或列举等)。例如:

冬天冷,夏天热。

小伙子壮壮实实的。

这声音甜美而清脆。

老李高兴得合不拢嘴。

他的学习成绩很好。

4. 主谓谓语句

由主谓短语充当谓语的句子叫主谓谓语句。主谓谓语句依据大主语(全句主语)和小主语的关系可以分为以下四类:

(1) 大主语“领有”小主语。例如:

这张桌子一条腿坏了。

老人腿脚不便。

(2) 大主语是潜宾语。例如:

这个困难,我们一定能克服。

鲁迅的文章,我读过很多。

(3) 小主语是潜宾语,表示周遍性。例如:

他一个字都不会写。

我什么苦都吃过。

(4) 大主语表示对象、工具等。例如:

新兴的边缘学科,他的兴趣十分浓厚。

这把刀,他切菜切了六年。

“潜宾语”在深层(语义上)受动词的支配,在表层(句法上)并不是宾语。

主谓谓语句一般可以转换为普通谓语句,但在转换过程中,形式和语义或多或少地会发生一些变化。例如“他一个字都不会写”不能直接转换为“他都不会写一个字”，而必须转换为“他不会写字”才与原意基本一致。转换后，不但形式不完全一样，而且否定语气也没有原句的强。又如“这个问题，我们一定要采取积极态度”。这一句，在大主语前加上介词“对于”就变成了普通谓语句。转换后，形式和语义也都发生了一些变化，加了“对于”之后表示对象的意义更加突出。

主谓谓语句之所以可以转换为普通谓语句，是因为它与普通谓语句是相通的，甚至可以认为它是由普通谓语句转换而形成的：第一类可以看作领属结构去掉“的”而形成的，第二类和第三类可以看作宾语前置而形成的，第四类可以看作介词短语去掉“介词”（并前置）而形成的。当然，主谓谓语句有其特定的表达功能，比如处于句首的大主语就具有明显的话题性质。

（二）非主谓句

非主谓句是直接成分不是由主语和谓语构成的句子，包括独词句。可分为名词性非主谓句、动词性非主谓句和形容词性非主谓句三种。

1. 名词性的非主谓句

例如：

王老师！（称呼）

春天。大龙须沟。（背景说明）

票！（表示祈使）

多美的风光！（赞叹）

一声汽笛。（表示事物的呈现）

2. 动词性的非主谓句

例如：

出太阳了。（说明自然现象）

有人找你。（说明出现的情况）

祝你生日快乐！（表示祝愿）

严禁攀折花木。（表示命令）

多谢！（表示礼貌）

3. 形容词性的非主谓句

例如：

好极了！（表示评价）

多美呀！（表示感叹）

好吧！（表示同意）

此外，叹词、象声词也可以构成非主谓句。如“唉！”“哎哟！”“哗！”“轰！”。

非主谓句不同于省略句。省略句是由于语境的制约而省略了某些成分；省略的成分是确定的，如果要补出来，可以准确地补上。非主谓句本身是完整的，不需要添上任何成分去理解。试比较：

你去哪儿？[ ]去北京。（省略句）

谁去？我[ ]。（省略句）

严禁吸烟！（非主谓句，本身是完整的，不需要添上也无法准确地补出主语）

出太阳了！（非主谓句）

三、句类

句子从功能（语气）上大致可分为四类：陈述句、疑问句、祈使句和感叹句。句子都要带上特定语气，语气的表现形式是语调和语气词。

（一）陈述句

陈述句是述说一件事情的句子，语调平匀，句尾一般稍微下降。陈述句有的是肯定式，有的是否定式，有的是双重否定式。双重否定式比一般的肯定式语气更强。例如：

他知道这件事。（肯定式）

他不知道这件事。（否定式）

他不会不知道这件事。（双重否定式）

陈述句还可以带上语气词以帮助表达各种口气。例如：

郑坚今天会来的。（“的”表示确定）

离考试的日子还早着呢。（“呢”带有张扬的意味）

他本来就不愿去嘛。（“嘛”表示理由显而易见）

咱们的胜利可是来之不易啊。（“啊”表示解释或提醒）

他无非是吓唬吓唬你罢了。（“罢了”表示如此而已，有把事情往小里说的意味）

（二）疑问句

疑问句是提出问题的句子，句尾语调往往升高。从结构上看，疑问句可以分为是非问句、特指问句和选择问句。

1. 是非问句

是非问是提出一个问题，要求对方做出肯定或否定回答的问句。是非问句的结构与陈述句相同，它的一般标志是：有显著上升的语调，句末可以有语气词“吗”“啊”等。例如：

下午开会？

你同意吗？

你说的是真话啊？

教室里没有日光灯吧？

是非问句只要求做肯定或否定的回答，如“是”“不是”“对”“不对”“有”“没有”等。不要求回答具体内容。

2. 特指问句

特指问句是用疑问代词代替疑问点，要求就疑问代词所问内容作答的问句。特指问句的语调可升可降，句末可以有语气词“呢”和“啊”（不能用“吗”或“吧”）。例如：

你跟谁打电话？

今天星期几？

我怎么一点也不知道呢？

你是从什么地方来的啊？

在一定的语境里，有些特指问句表面上没有疑问代词指明疑点，但实际上同有疑问代词的问句一样，它规定了回答的内容，所以也是特指问。例如：

（我最近还好，）你呢？（=你怎么样？）

我的袜子呢？（=我的袜子在哪儿？）

3. 选择问句

选择问句指并列的几个问题或正反两个方面的问题，要求选择其中一个问题或一个方面的问题作答的问句。句末常用语气词“呢”和“啊”。选择问句的基本结构是：① A 还是 B；② A 不/没 A。例如：

今天是三号还是四号？

明天是你去呢？还是我去呢？

他肯来不肯来？

你吃饭没吃饭？

“A 不/没 A”的选择问句还有一些简化形式。例如：

① 你喜欢这本书不喜欢这本书？→

　你喜欢这本书不喜欢？

　你喜欢不喜欢这本书？

　你喜不喜欢这本书？

你喜欢这本书不?

② 你吃饭没吃饭? →

你吃没吃饭?

你吃饭没?

选择问句中的“是不是”可以移动位置。例如:

小王是不是来过了? →

是不是小王来过了?

小王来过了是不是?

由“A 不/没 A”构成的选择问句的表达功能跟是非问相同。试比较:

你去不去呢?(选择问)—你去吗?(是非问)

他去没去呢?(选择问)—他去了吗?(是非问)

二者回答相同,单从这一点看,“A 不/没 A”选择问句和是非问句相同。二者的区别在于:① 结构不同:选择问句是“A 不/没 A”结构,而是非问句是陈述句的结构;② 选择问句句末可带“呢”,不可带“吗”,是非问句则刚好相反。

从表达上看,上述三种疑问句格式有两种用途:

有疑而问——需要对方的答复以释疑。用于这个目的的问句可以称为语法问句。

无疑而问——不需要对方答复。可以分为两类:一是设问,自问自答,目的在于引起听读者的注意;二是反问,提问中暗示了答案,寓答案于问句的反面。反问的目的在于用疑问形式加以强调。用于设问和反问目的的问句可以称为修辞问句。

反问句的特点是“无疑而问”,形式上是疑问,其实是有所肯定或否定:字面上肯定,意思上实则否定;字面上否定,意思上实则肯定。反问句可以用特指问句、是非问句和选择问句的形式。不过,反问句经常用的是特指问句和是非问句的形式。例如:

你这两下子谁不知道呢?(=谁都知道你这两下子。)

难道说我们还有别的选择吗?(=我们没有别的选择。)

你是来学习的,还是来凑热闹的?(=你是来学习的,不是来凑热闹的。)

(事情就出在你们村里,)你会不知道吗?(=你肯定知道。)

(三) 祈使句

祈使句是表示要求或制止的句子,语调逐渐下降。根据表达的内容,祈使句可以粗略地分为“要求”和“制止”两种类型。“要求”坚决,带有强制性,就成为命令;语气和缓,不带强制性,就成为“请求”。同样,毫无商量余地,带有强制性的“制止”,就成为“禁止”;语气委婉,不带强制性的“制止”就成为“劝阻”。“命令”“禁止”语气斩钉截铁,往往不用语气词。“请求”“劝阻”语气委婉、和缓，常用敬词“请”“您”和语气词“吧”“啊”等。例如：

走！快走！（命令）

别动！（禁止）

你还是回去吧！（请求）

您千万要小心啊！（叮嘱）

请不要乱扔纸屑！（劝阻）

祈使句的主语一般是第二人称代词“你”“你们”，往往省略。

（四）感叹句

感叹句是抒发某种强烈感情的句子，语调先上升后下降。它在结构上的特点是：常常包含“多”“多么”“好”“真”等具有感叹作用的词，句末常用语气词“啊”。例如：

这孩子多可爱呀！

这真不是味儿啊！

好一个秃头和尚！

这酒真香啊！

这样多不好哇！

哎呀！我的妈呀！

思考与练习

1. 划分句型和句类的标准各是什么？

2. 如何理解句子分类的“功能”标准？

3. 什么是非主谓句？

4. “我们希望你的生活越来越好”中的“你的生活越来越好”是句子还是短语？为什么？

5. 主谓句与主谓谓语句的关系怎样？

6. 主谓谓语句和普通谓语句的关系怎样？

7. 语法问句和修辞问句的联系和区别是什么？

8. 区别主谓句和非主谓句。

（1）深秋的一个早晨。

（2）刚刚回来。

（3）一九九九年四月二十六日。

(4) 那时河里热闹极了。

(5) 让我们捧起一把泥土来仔细端详吧!

(6) 你这个没有骨气的文人!

(7) 骑车的叫王英浦,是位先进工作者。

(8) 要求于人的甚少,给予人的甚多,这就是松树的风格。

(9) 到本世纪末,还将产生出一系列的边缘学科。

(10) 正在世界范围兴起的新技术革命,对我国经济的发展是一种新的机遇和挑战。

第九节　单　句(中)

四、句式

句型的下位分类中有动词性谓语句,动词性谓语句里有特色的结构形式可称为“句式”,如“连动句”、“把”字句、存现句等。为表述方便,本节谓语部分的谓词性词语记作 V,名词性词语记作 N。

(一) 连动句

由连动短语充当谓语的句子叫“连动句”。它的结构形式是“主语$+V_1+V_2+$……”。V_1和V_2可以是动词,也可以是动词性短语。例如“鹅群慢慢地穿过湖面觅食”。连动句有如下特点:

第一,V_1+V_2+……几个 V 联系同一个主语。例如:

他经常来我家看电视=他经常来我家+他看电视

第二,V_1+V_2+……几个 V 之间一般有先后关系和目的关系。例如:

他去体育馆买球赛门票。(去→买:有先后和目的关系)

他买了一份报纸看。(买→看:同上)

非典型的连动句中,V_1和V_2之间先后关系和目的关系不明显,但是它们之间没有述宾、偏正、述补、兼语、联合等关系。例如:

我们有信心完成好任务。

他整天坐着不说话。

第三，$V_1+V_2+\cdots\cdots$几个 V 之间没有关联词语，否则变成紧缩句。例如：

你做完了作业交给班长。（连动句）

你一做完作业就交给班长。（紧缩句）

第四，$V_1+V_2+\cdots\cdots$几个 V 之间没有停顿，否则变成复句。变成复句时，有的意义基本不变。例如：

她走到黑板前高兴地唱起歌来。（连动句）

她走到黑板前，高兴地唱起歌来。（复句）

有的会改变原意，例如"你出去开门"如果变成"你出去，开门"意义就不同了。

（二）兼语句

由兼语短语充当谓语的主谓句一般称作"兼语句"。它的结构形式是"主语$+V_1+N+V_2$"。有如下特点：

第一，"V_1+N"是述宾结构，"$N+V_2$"是主谓结构，N 是具有宾语和主语双重身份的"兼语"。例如：

战士们迫使敌人放下武器。（迫使敌人/敌人放下武器）

我们选他当班长。（选他/他当班长）

屋里有人在说话。（有人/人在说话）

第二，V_1一般是表示使令和促成意义的动词，常见的有：使、请、派、要、让、叫、催、逼、留、托、劝、要求、命令、动员、强迫、推举、督促、组织、召集、发动、号召、领导、引导、指使、鼓励、嘱咐、分配等。

但有些兼语句中的 V_1没有使令和促成的意义。例如：

她给女儿起了个名字叫莎莎。（给女儿起了个名字/名字叫莎莎）

外面有人找你。（有人/人找你）

第三，V_2一般是动词，可以有自己的宾语和状语，但有时也可以是形容词。例如：

我嫌这件衣服太花哨。（嫌这件衣服/这件衣服太花哨）

兼语短语除了充当谓语组成兼语句之外，还可以直接组成非主谓句。例如：

谢谢你帮我修好了自行车。

有人来了。

兼语句有时容易和主谓短语作宾语的句子相混。例如：

① 张老师请他们都来。

② 张老师希望他们都来。

①②两句的结构都是：主语＋V_1＋N＋V_2，但①是兼语句，②是主谓短语充当宾语的句子。主要区别是：

第一，V_1不同。兼语句中的 V_1大多是表示使令、促成意义的动词，而主谓短语作宾语的句子中的 V_1常常是表示心理活动或感知的动词，如知道、希望、以为、认为、觉得、感到、相信、深信、看见、听见等，还有证明、表明、说明、标志等也常常以主谓短语作宾语。

第二，V_1管的范围不同。兼语句中的 V_1只管到 N，N 再与 V_2发生联系，主谓短语作宾语的句子中的 V_1管“N＋V_2”这件事。比较：

③ 我们选他当班长。（兼语句）

（“选”只管到“他”，“他”再与“当班长”发生联系）

④ 我们同意他当班长。（主谓短语作宾语）

（“同意”的是“他当班长”这件事情）

第三，停顿不同。兼语句 V_1后面不能停顿，N 后面可以停顿；主谓短语作宾语的句子 V_1后面可以停顿。比较：

⑤ 我们选他/当班长。（兼语句）

⑥ 我们同意/他当班长。（主谓短语作宾语）

兼语短语和连动短语可以套合起来作谓语。例如：

学校派我去北京开会。（“派我去”是兼语短语，“去北京开会”是连动短语，主语是“我”）

我带孩子去公园。（兼语短语和连动短语的混合：我带孩子＋孩子去公园＋我去公园）

（三）存现句

“存现句”这个名称是从语用角度命名的，它是表示人或事物存在、出现或消失的句子。从结构上看，它的词语排列形式是“处所（或时间）词语＋V（着）＋N”。例如：

前面来了一个人。（处所主语）

昨天走了一批游客。（时间主语）

表示存在、出现或消失的动词有“有”“是”“站”“挂”“来”“走”“死”“发生”“出现”“进来”“下来”“出去”“过来”“响起”等。

表示存在的动词有两种情况：一种是单纯表示存在，常用“有”，有时也用“是”；另一种是不仅表示存在，而且说明存在的方式或情状（一般以“V＋着”的形式出现在句中）。例如：

大门外有一口井。/左边是一条小溪。(单纯表示存在)

桥上站着一个人。/墙上挂着一张弓。(不仅表示存在,而且说明存在的方式或情状)

表示出现或消失的动词性词语也有两种情况:一种是位移性的出现或消失;另一种是原点性的出现或消失。例如:

背后传过来一个非常熟悉的声音。(位移性出现)

乡里跑了不少农民。(位移性消失)

脑海里浮现出雷锋的形象。(原点性出现)

村里死了一位老太太。(原点性消失)

存现句中宾语大都是施事,表示不确定的人或事物。例如:

这学期来了一位新老师。/洞里钻出一条蛇。(施事宾语,不定指)

(四)"是"字句

"是"字句是指"是"作为述语的句子。它的结构形式是"主语+是+宾语"。"是"字句的主语和宾语一般由名词性词语充当,但有时也可以由非名词性词语充当。例如:

诚实是一种美德。(主语是形容词)

防护林的主要作用是减小风的力量。(宾语是述宾短语)

打是疼,骂是爱。(主语和宾语都是动词)

"是"字的作用是表示断定性的联系。"是"字句的主语和宾语之间可表示多种关系:

1. 表示等同,"是"的前后两项可以互换

例如:

鲁迅是《阿Q正传》的作者。

半斤不是八两。

2. 表示归类

例如:

我是南昌大学中文系的学生。

这朵花是黄色的。

3. 表示特征或质料

例如:

那样做是偏听偏信。

这声音是横笛。

4. 表示存在，作用相当于“有”

例如：

村西头是楼房，中间是平房。

遍地是鲜花。

5. 表示比喻

例如：

这力量是铁！这力量是钢！

他是一棵独立支撑的大树。

此外，当“是”后面另有谓词时，它不表示判断，而是对后面谓词的确认或强调；若去掉，句子仍然成立。例如：

这孩子是很可爱。 （确认）

没错儿，他是走了。 （确认）

这件事，他是知道的。 （强调）

他是昨天去上海的。 （强调）

“是”表示强调时，常与语气词“的”连用。要注意它和“的”字短语中的“的”有不同：

① 这本是我的。（“的”为结构助词）

② 账上是明明白白写着的。（“的”为语气词）

例①“是”为判断动词，后面为“的”字短语，“的”字不可省去。例②“是”表示强调，去掉“是……的”句子仍然成立，只是不表示强调。另外，表示强调的“是”还可以出现在主语前，如“是谁告诉你的？”“是我关掉灯的”。

（五）“把”字句

“把”字句是用介词“把”将谓语动词支配关涉的对象提到动词前面的句子。它是现代汉语中很重要、很有特色的句式，其形式是“主语＋（把＋宾语）＋谓词性词语”。

1. “把”字句的特点

第一，谓语动词大多是表动作的及物动词，并且在语义上能支配“把”字后面的词语。例如“他把书看完了”，“看”是及物动词，在语义平面上“书”是“看”的受事。

第二，谓语动词（特别是单音节的）后面或前后通常有一些别的词语。例如：

我把作业做完了。

他又把话重复了一遍。

我把论文认真地审查了一遍。

有的谓语动词本身含结果意义，如“采纳”“接受”“拒绝”“说服”等，这类动词如果前面有某种状语，后面可以没有别的词语。例如：

董事会已经把他的建议采纳了。

我没能把他说服。

第三，“把”字后面的词语所代表的事物一般是定指的，是上下文出现过或交际双方都知道的。上例的“作业”“话”“论文”都是定指的。有时候“把”字后面的词语包含有“一个”“几个”之类的形式，但说话人认为所指的对象或范围仍是明确的。例如：

我们把一个强大的中国带入21世纪。

他不小心把一个手指头弄破了。

第四，如果句中有否定副词或助动词，则出现在“把”字前面。例如：

他没有把话说清楚。

你应该把话说清楚。

你不应该把话说得含含糊糊的。

2.“把”字句的作用

(1) 语用表达的需要。它用来强调动作的处置结果。这种“把”字句有不用“把”字的相对格式。例如：

他推翻了原计划。→他把原计划推翻了。（强调已然的处置结果“推翻了”）

我明天可以看完这本书。→我明天可以把这本书看完。（强调未然的处置结果“看完”）

(2) 结构上的需要。这有三种情况：

① 动词紧接着补语，不允许宾语将它跟动词隔开。这种情况一般用“把”字把宾语前置。例如：

他把自行车放在车棚里。（“放”与“在……”关系密切）

作者把这一细节刻画得栩栩如生。（“刻画”与“得……”关系密切）

② 述语为“动词＋为/作/成”结构（如“作为、称为、当作、看作、看成、说成”）的句子，需要使用“把”字句，构成“把甲V为/作/成乙”的结构形式，甲与乙在意义上属于等同关系。例如：

我们应当把获得的成绩作为新的起点。

游击队把湖草当（作）粮，把蒲根当（作）菜。

他把我看作救命恩人。

他总是把别人的批评当成工作上的动力。

③ 动词带双宾语，其中的一个或两个宾语都比较复杂，放在一起累赘拖沓，这种情况一般用“把”字把直接宾语前置。例如：

我们把那封最后通牒式的信退还了他们。

他把学生明天去烈士陵园扫墓的事告诉了系党总支副书记。

①②两种情况都不能转换为非“把”字句，③也一般不变成非“把”字句。

（六）“被”字句

“被”字句是用介词“被”引进施事的主谓句，其形式是“主语＋（被＋宾语）＋谓词性词语”。

1.“被”字句的特点

（1）谓语动词是及物动词，并且在语义上能支配主语（受事）。例如“他被老师批评了一顿”，“批评”是及物动词，在语义平面“他”是动词“批评”的受事。

（2）谓语动词后面或前后通常有一些别的词语。例如：

他被老李严厉地批评了一顿。

他从来也没有被人辱骂过。

有的谓语动词本身含结果意义，如“采纳”“接受”“拒绝”“理解”“说服”等，这类动词如果前面有某种状语，后面可以没有别的词语。例如：

他的建议已经被董事会采纳。

你的行为不能被大家理解。

（3）助动词和表时间、否定的状语一般放在“被”字前面。例如：

你们千万不要被他骗了。

那本小说已经被他拿走了。

我们决不会被他们利用。

（4）“被”字后面的施事有时可以不出现。这有两种情况：一是不必或不愿说出施事；二是施事不明，无从说出。例如：

在另外几次宴会中，他差不多都被邀作陪。（不必说出施事）

大门已经被关上了。（施事不明，无从说出）

2.“被”字句的作用

“被”字句的使用是出于语用表达的需要，它强调动作的被动性。这种“被”字句常可变换成一般的主动句和表处置的“把”字句。例如：

① 敌人被我们打败了。→

我们打败了敌人。

我们把敌人打败了。

② 那件衣服被他撕破了。→

他撕破了那件衣服。

他把那件衣服撕破了。

3. 相关问题

第一，有些及物动词，如“产生”“告诉”“欣赏”“等候”“等待”“接近”“依靠”“享受”等没有被动句式。

第二，有些“被”字句的谓语动词后面会出现宾语，这个宾语从属于句首的主语。例如：

树上的苹果被虫子咬坏了一大半。（“苹果”与“一大半”语义上有“整体—部分”关系）

在那次战斗中，他被敌人打断了一条腿。（“他”与“一条腿”语义上有领属关系）

第三，在口语中，常用介词“叫”“让”“给”等代替“被”字。例如：

墨水瓶叫弟弟打翻了。

衣服让树枝挂了一个口子。

门给风吹开了。

第四，有的“被”字句动词前出现“所”字，组成“被（为）……所”的格式。这种格式中“被（为）”字后面的施事必须出现。例如：

我们千万不能被表面现象所迷惑。

大家都被他的真诚所感动。

他干了不少坏事，为人民所痛恨。

思考与练习

1. 句型和句式的关系怎样？
2. “他躺着看书”“我坐飞机去上海”“她下了班回家”是不是连动句？为什么？
3. “把”字句和“被”字句在结构和语义上有何联系和区别？
4. “被”字句是否也能凸显动作结果？
5. “我看见他在街上跳舞”是兼语句还是主谓短语作宾语的句子？为什么？
6. “这样做是偏听偏信”和“这样做是很好的”两句的“是”是否相同？
7. “他家里的一条狗跑了”和“他家里跑了一条狗”有什么不同？

8. 在一般语境下,“他把饭吃”不合格,为什么?

9. 如何看待“被就业”“被幸福”“被捐款”“被自愿”这类结构?

第十节 单 句(下)

五、单句的语用分析

“横看成岭侧成峰,远近高低各不同。”考察句子也是这样,可以从不同的角度去分析。句子可以从句法、语义、语用三个角度进行分析,这种综合的分析法统称三维分析法。“句法”关注的是词与词之间显层(表层)的语法关系,即句法关系,如主谓关系、述宾关系、述补关系。“语义”关注的是词与词之间隐层(深层)的语法关系,即语义关系,如动核结构、语义指向。“语用”关注的是与表达有关的各种因素,如信息结构、表达重心。例如“张三批评了李四”这个句子就可以从上述三个角度进行分析:

从句法上看,结构为“主语+述语+宾语”,是一个动词性谓语句。

从语义上看,结构为“施事+动核+受事”,“批评”是动核;“张三”是动核所联系的施事;“李四”是动核所联系的受事。

从语用上看,结构为“主题+述题”,“张三”是主题,是旧信息(已知信息);“批评李四”是述题,是新信息(未知信息);“李四”是常规焦点(句尾焦点)。

句子和短语在句法和语义上是一致的,前文专门讨论了句法分析和语义分析。这里接着讨论只属于句子层面的分析——语用分析。

语用即语言的运用,属于表达层面。句子会因为表达的需要而发生相应变化,在表达过程中会涉及许多语用因素。除了前文讲过的语气外,还有特殊成分、信息结构、焦点、省略、倒装等。

(一) 特殊成分

所谓特殊成分,是与短语相比较的。比如短语有主、谓、宾、定、状、补六大句法成分,句子因为表达的需要还会增添新的成分:句首状语和独立语(如插入语、复说语)。

1. 句首状语

出于表达需要,有时会出现两种句首状语:一是靠近谓词的状语移至句首;二是在句首增加状语。例如：

上午我们有三节课。(衔接上文或突出时间)
很早我就知道了。(突出时间)
慢慢地，他举起了手。(突出过程)
在回家的路上，我遇到了一位老朋友。(突出处所)
夏天，他坚持锻炼；冬天，他仍旧坚持锻炼。(对比)
除了她以外，其他同学都来了。(增加的句首状语)
那时候，我还什么都不懂啊！(增加的句首状语)

有的状语出现在句首与句中意义有较大的不同。试比较：

幸亏你来了。—你幸亏来了。
幸而他来了。—他幸而来了

2. 独立语

顾名思义，独立语是独立于句子主干结构之外的成分，它的出现是因为表达上需要，不与句子主干成分(主、谓、宾、定、状、补)发生结构上的关系。例如：

王老师，不用说，肯定会帮我。
青蒿素，它是疟疾患者的福音！

独立语主要包括插说语、呼应语、感叹语、象声语和复说语。

(1) 插说语。

插说语也叫插入语，顾名思义，是因表达需要临时插入的成分，因而结构上相对独立，位置上相对灵活，可以插在句首、句中或句尾。例如：

你看，这事儿怎么办？
这事儿你看怎么办？
这事儿怎么办，你看？

从语义上看，插说语可以分为五类：

① 提醒性插说语。

这种插说语的作用是用来引起读者或听者的注意。常用的提醒性插说语有“你看”“你瞧”“你想”“你说”“大家知道”“众所周知”等。例如：

你看，这不是又一批新砍的毛竹滑下山来了吗？
我这个人，大家知道，从不做对不起朋友的事！

② 评议性插说语。

这类插说语表示说话者对所述事实的一种看法和态度，表示估计、推测、肯定等。表示对情况估计、推测时常用“看样子”“看来”“看起来”“想来”“想必”“料想”“依我看”“我看”“我想”“我认为”“说不定”“大不了”“少说”“往少里说”“少说一点”等词语；表示肯定时常用“真的”“说真的”“老实说”“说实话”“严格地说”“不瞒你说”“说实在的”“不用说”“不可否认”“毫无疑问”等词语。例如：

看样子任务可以提前完成。

从前安徒生写过一篇故事，叫《皇帝的新衣》，想来看过的人也不少。

我看樱花，往少里说，也有几十次了。

真的，你唱歌唱得很动听。

毫无疑问，我们的宏伟计划一定能够实现。

③ 按注性插说语。

这种插说语对正文起注释、补充作用。常用的按注性插说语有“包括……”“例如……”“比方……”“特别是……”“尤其是……”“即……”等。例如：

只有打下根底，才能真正纠正错误，包括纠正“左”的和“右”的错误。

要让群众监督干部，特别是党员干部。

大多数的掘地昆虫，例如金蜣，窝的外面总有一座土堆。

很多人，特别是青年，受到很大的教育。

有点小玩意，比如粘补旧书等，他就能平安地消磨半日。

④ 示源性插说语。

这种插说语提示所说事实或消息的来源，常用“据说”“传说”“听说”“相传”“据报道”“据调查”等词语表示。例如：

我家后面有一个很大的园子，相传叫百草园。

听说他去年到加拿大去了。

据新华社报道，强台风“珍珠”在广东饶平登陆，台风中心最大风力达到12级以上。

⑤ 关联性插说语。

这种插说语用在上下文之间表示总括或承上启下。常用的有“总之”“总而言之”“总的说来”“由此可见”“简言之”“一言以蔽之”“一句话”“归根到底”“说到底”“换句话说”“这样一来”“反之”“这就是说”等。例如：

现在，摆在我们各级党组织面前的事情，就是要鼓实劲，要切实解决问题，要踏踏实实地工作。一句话，就是要落在实处。

这里叫洋八股废止，有些同志却实际上还在提倡。这里叫空洞抽象的调头少唱，有些同志却硬要多唱。这里叫教条主义休息，有些同志却叫它起床。总之，有许多人把六中全会通过的报告当作耳边风，好像是故意和它作对似的。

(2) 呼应语、感叹语、象声语。

这三类“语”的共同点是位于句首，用逗号隔开。

呼应语——用来呼唤人物或回答别人呼唤的独立语。例如：

田老师，昨天的事你千万不要见怪啊！

哎呀，老朋友，想不到是你来了！

好，就这样做！

感叹语——表示感叹情绪的独立语，它表示喜悦、赞叹、惊讶、愤怒、悲哀等。作感叹语的主要是叹词。例如：

咦，人哪儿去了？

哎呀，你怎么这么瘦呀？

嗯，就是刚才那位先生。

可不，嗨，我怎么没想起他来！

象声语——模拟自然界声响的独立语，也包括人下意识地发出的呼吸声、鼾声等。象声语由象声词充当。例如：

砰砰，远处传来了枪声。

咔嚓，车把断了。

然后呢，“嗵、嗵、嗵”，屋里的地面也跟着颤起来。

(3) 复说语。

两个词语同指一个事物，一个用在句首或句末，另一个用在主语或谓语里，这句首或句末不属于主语或谓语的那个词语叫作复说语，又叫外位语或提示成分。复说语的使用也是语用表达的需要：一是可以特提某个成分使其成为句子的主题，二是可以把过长的成分放到句子结构之外使句子容易理解。例如“这碗酒，你把它喝下去”，句中“这碗酒”与“它”同指一个事物，“它”在句中作介词的宾语，“这碗酒”不充当结构成分，是复说语。复说语有两种类型：称代式和总分式。

① 称代式复说语。

句中用代词来称代的复说语叫称代式复说语，它们一般用在句首，有时也用在句末。例如：

中国共产党，这是个多么亲切、多么伟大的名字啊！（“中国共产党”是复说语，句中用“这”称代）

我认识她，那位女校长。（“那位女校长”——“她”）

农民辛辛苦苦种出来的粮食，你怎么能随便把它糟蹋了呢？（“农民……粮食”——“它”）

② 总分式复说语。

同句中相应的部分有总分关系的复说语叫总分式复说语。有两种情形：

一种是复说语在句首，是总说，句中同它相应的是分说部分，作分句的主语。例如：

婆媳二人，儿媳顶个全劳动力，婆婆一日不闲。

参加这项科研工作的人，年纪轻的占百分之七十。

结构层次、结构关系和语义关系这三个因素，只要有一个不同，都会造成歧义。

另一种情形是复说语出现在句末，是分说部分；总说部分是句中的宾语。例如：

这里有三种人：同意的、反对的、中立的。

以后女孩子就学习纺织的全套手艺了：纺、拐、浆、落、经、镶、织。（“全套手艺”是总说部分，作宾语；“纺……织”是分说部分，作复说语）

要注意的是，复说语是名词性结构，不能是谓词性结构，否则就成为复句中的一个分句了。试比较：

腐朽事物的必然消亡，这是自然界发展的规律，也是社会发展的规律。（复说语）

腐朽事物必然消亡，这是自然界发展的规律，也是社会发展的规律。（分句）

刚才提到的调查的两种方法，一种是走马看花，另一种是下马看花。（复说语）

刚才提到调查有两种方法，一种是走马看花，另一种是下马看花。（分句）

（二）信息结构

句子是传递信息的基本单位。从传递信息的角度看，大部分句子都可以分为“主题”和“述题”两部分。通常是主题在前，述题在后。主题是说话的起点，代表旧信息（已知信息）；述题对主题进行述说（说明或评论），代表新信息（未知信息）。信息的传达由旧到新、由已知到未知，这符合认知规律。例如：

① 约翰//没有看过这本书。（主题//述题）

② 这本书//约翰没有看过。（主题//述题）

③ 主席团//坐在台上。（主题//述题）

④ 台上//坐着主席团。（主题//述题）

①和②、③和④语序不一样，可是语用结构却相同：都是“主题//述题”。原因在于语用结构的顺序一般是从主题到述题，即说话时是从旧信息到新信息。当“约翰”作为说话的起点（旧信息）时，会出现在主题部分；当“约翰”作为新信息出现时，则会出现在述题部分。“这本书”“主席团”和“台上”也是如此。

（三）焦点

句子要传达特定的信息，而信息往往有一个焦点（表达重点）。焦点可以分为常规焦点和对比焦点。常规焦点一般是新信息中的重点，它一般出现在句尾，所以也叫句尾焦点。对比焦点是表达者根据语境和表达要求着意要强调的部分，可以由句子的任何成分承载；可以是新信息，也可以是旧信息。例如下例画线部分都是焦点：

① 他明天去武汉。（“武汉”是常规焦点）
（是）他明天去武汉。（“他”是对比焦点，强调是“他”，而不是“别人”）
他（是）明天去武汉。（“明天”是对比焦点，强调是“明天”，不是其他日子）
② 我去北京。（常规焦点）
我去北京的。（对比焦点）
③ 他昨天去了北京。（常规焦点）
（是）他昨天去的北京。（对比焦点）
他（是）昨天去的北京。（对比焦点）

焦点都有其表现形式。例如上述例句中的焦点都有重音形式，特别是对比焦点，重音更加明显；有的还有焦点标记“是”或“是……的”。

又如有的焦点是通过语序来表示的：

我住在南昌。—我在南昌住。（利用语序改变焦点）

上例就是利用句尾的位置来表示焦点，句尾之所以能成为焦点（常规焦点），是因为人们对最后说出的信息印象是最深的。

（四）省略和倒装

1. 省略

成分完整的句子称作完整句，省略某个成分的句子叫作省略句。句子常有省略现象。由于语言简洁性原则的制约，语境能提示的成分常常可以不出现。例如：

小王是南昌人，我也是[南昌人]。（省略宾语）
[我们]回首往事，我们无怨无悔。（省略主语）
小王的脾气比小张[的脾气]好。（省略定语的中心语）

省略与隐含有区别。省略的成分可以准确补上，而隐含的成分无法准确补上或补出后反而别扭。例如：

你明天去哪儿？[ ]去前湖校区。（可以填出“我”，属于省略）
[ ]严禁[ ]吸烟。（无法准确补出，属于隐含）
小王决定[ ]回国。（补出“小王”反而会显得别扭，属于隐含）

2. 倒装句

有时出于表达的需要，句子的主谓、状中等结构可以使用倒装形式。例如：

多美啊，泰山的日出！（主谓倒装，谓语前置，强调谓语）

我们吃完饭了，已经。（状中倒装，状语后置，起追补作用）

3. 省略和倒装不影响句型

省略和倒装是句子的变化，这种变化不影响句型。例如：

你吃了饭吗？/[　　]吃了[　　]。（完整句和省略句都是主谓句）

你怎么啦？/怎么啦，你？（常式句和倒装句都是主谓句）

思考与练习

1. 呼应语与称代式复说语的区别是什么？

2. 放在句首的复说语可以看作主题（话题）吗？

3. 复说语与分句的区别是什么？

4. 为什么说“独立语”“复说语”“主题”“述题”“焦点”“倒装”“省略”等是语用成分？

5. 对下列句子进行语用分析。

(1) 小王不知会不会有意见？

(2) 她有两个弟弟，一个在读高中，另一个在读初中。

(3) 好，就来。

(4) 明天你看那场足球赛吗？

(5) 你想把他调走吗？

(6) 你说这事还有完吗？

(7) 那件事我早已忘得一干二净。

6. 对下列句子分别进行句法、语义和语用分析。

(1) 他是昨天来南昌的。

(2) 多美啊，庐山风光！

(3) 他最喜欢打乒乓球了。

(4) 你叫什么名字？

(5) 怎么啦，你？

(6) 他今年发表了好几篇文章，据说。

第十一节 复 句（上）

一、复句与单句的区别

句子从结构上看可分为单句和复句。单句结构单一，没有分句。复句是由两个或两个以上意义密切联系、结构上互不包含的分句组成的句子。这个定义有三层意思：

第一，复句必须由两个或两个以上的分句组成。分句与单句在结构上是一致的：单句可分为主谓句和非主谓句，分句的结构也不外这两种。例如：

稳定是当前最大的政治，因为没有稳定的环境，一切都无从谈起。（复句，第一、三分句是主谓句，第二分句是非主谓句）

白云朵朵，阳光和煦。（两个分句都是主谓句）

他是累了，不是病了。（两个分句都是主谓句，后一分句的主语承前省略）

把信揣在怀里，脱了鞋，卷起裤腿，我从那漫天漫地的芦苇里穿过。（都是主谓句，前面三个分句的主语蒙后省略）

看起来，反动派的样子很可怕，但实际上并没有什么了不起的力量。（都是主谓句，后一分句的主语承前一个分句的定语而省略，省略了“反动派”）

初夏的早晨，南国的海滩。（都是非主谓句）

温柔的海风，没有月亮，只有星星。（都是非主谓句）

单句与分句的主要区别在于：单句单独表达一个完整的意思，有独立的语调；分句表达的意思只是整个复句意思的一部分，分句末尾的停顿只是句内停顿，要服从全句统一的语调。分句实际上就是取消了独立性的“单句”。

第二，分句之间在意义上必须有密切的联系，上例分句之间在意义上都有密切的联系。

第三，分句之间在结构上不能互相包含。例如：

麦穗长，颗粒饱满，是这种麦种的优点。（单句）

这种麦种有两个优点，| 麦穗长，‖ 颗粒饱满。（复句）

他知道有了学问就不会受别人欺负。（单句）

只要有学问，就不会受别人欺负。（复句）

二、复句的分类

复句的分类一般分两个层次进行：首先根据分句之间的结构关系，把复句一分为二——联合复句和偏正复句；然后分别对这两大类复句进行下位分类，分类的依据是分句之间的语义关系。这样，联合复句可以分为并列复句、连贯复句、选择复句、递进复句、补充复句；偏正复句可以分为因果复句、条件复句、转折复句、让步复句、目的复句。复句的分类如表4－3所示：

表4－3 复句分类表

	大类名称	小类名称	分句之间语义关系
复句	联合复句	并列复句	并列关系
		连贯复句	连贯关系
		选择复句	选择关系
		递进复句	递进关系
		补充复句	补充关系
	偏正复句	因果复句	因果关系
		条件复句	条件关系
		转折复句	转折关系
		让步复句	让步关系
		目的复句	目的关系

三、关联词语

关联词语指复句中能起关联作用的连词和副词。关联词语是分句之间语义关系的形式标记。分句之间语义关系明显的，可以不用关联词语来标示（但如果要强调其中的语义关系，则要用关联词语）；不明显的，则需要用关联词语来标示。例如：

① 他今天生病了，不能去上课。（因果关系明显，无须使用关联词语）

他今天因为生病了，所以不能去上课。（强调因果关系）

② ＊我知道他业务不过硬，我让他上岗了，没有找到更合适的人选。（表述不清晰）

我虽然知道他业务不过硬，但还是让他上岗了，因为没有找到更合适的人选。（用上关联词语后，分句之间的语义关系变得明显了）

不同的关联词语表示不同的语义关系。例如：

我同意了，他也同意了。（并列关系）

因为我同意了，所以他也同意了。（因果关系）

只要我同意，他就会同意。（条件关系）

（一）关联词语的配对与单用

第一，配对使用的关联词语有三种情况：连词与连词、连词与副词、副词与副词相互配对使用（这里的“副词”指关联副词）。例如：

北京虽说是故乡，然而已没有亲人。（连词与连词）

我们从事科学研究，不但要有丰富的资料，而且要有正确的观点。（连词与连词）

大伙儿不但欣赏花朵，还欣赏绿叶和鲜果。（连词与副词）

他的英语口语虽然不怎么好，笔试却考了第一。（连词与副词）

风也停了，雨也住了。（副词与副词）

大家越讨论，问题就越明白。（副词与副词）

关联词语的配对有一定的格式，例如可以说“因为……所以……”“不但……而且……”“既……又……”等，而不能说“不仅……而是……”“不但……却……”“既……越……”等。

第二，关联词语有的只能成对使用，有的只能单用，多数关联词语是两可的：可以配对，也可以单用（单用时一般用在后一个分句）。例如：

天气这么好，与其待在家里，倒不如出去走走。（配对使用）

你先把材料准备好，以便小组开会研究。（单用）

他不但通过了英语考试，而且得了全年级第一。（配对使用）

他通过了英语考试，而且得了全年级第一。（单用）

第三，同一个分句里，有时用了一个配对的连词，还可以再用一个关联副词。例如：

他虽然年纪不大，但办事却很老练。（“但”既与前面的“虽然”配对，又和副词“却”同现）

（二）关联词语的位置

关联副词除了表示关联之外，还对谓语有修饰作用，因而它只能出现在谓语之前、主语之后。起关联作用的连词不作句子成分，对谓语没有修饰作用，因而它可以出现在主语后（谓语前），也可以出现在主语前。一般地说，如果前后两个分句主语相同，前个分句连词放在主语后面，后个分句主语省略，连词放在谓语前；如果主语不同，连词放在主语之前。例如：

天亮了，风也停了。（“也”是副词，只能放在主语后）

我因为感冒，所以没有去上班。（前后主语相同，连词都放在主语后。后一分句主语承前省略）

不仅她考取了大学，而且她弟弟也考取了大学。（前后主语不同，连词要放在主语的前面）

需要注意的是，有关联词语的句子不一定是复句，因为关联词语除了连接分句之外，还可以连接词、短语、句子和段落。例如：

他不仅可以而且应该享受这种待遇。（“不仅……而且……”连接两个词）

我们不仅要从思想上，而且要从工作制度上创造有利于杰出人才涌现和成长的必要条件。（“不仅……而且……”连接两个介宾结构）

许多人，“下车伊始”就哇喇哇喇地发议论、提意见，这也批评，那也指责，其实这种人十个就有十个要失败。因为这种议论或批评，没有经过周密调查，不过是无知妄说。（“因为”连接两个句子）

“祥林嫂怎么了？倒不如当时不留她。”四婶有时当面这样说，似乎是警告她。

然而她总是如此，全不见伶俐起来的希望。他们于是想打发她走了，教她回卫老婆子那里去……（“然而”连接两个段落，“于是”连接两个句子）

四、联合复句

联合复句各分句地位平等，没有主从关系。

（一）并列复句

并列复句是指两个或两个以上的分句分别说明或描写几件事情、几种情况或同一事物的几个方面。常用的关联词语有的是单用的，如“也”“又”“还”“同时”“同样”等；有的是配对的，如“又……又……”“也……也……”“一方面……一方面……”“一边……一边……”“不是……而是……”等。

从内容上看，并列关系可分为几种情形：

1. 平行、相关

我们既要解放思想、大胆创新，又要脚踏实地、尊重科学。

百花齐放是一种发展艺术的方法，百家争鸣是一种发展科学的方法。

2. 对照、对比

读书人家的子弟熟悉笔墨，木匠的儿子会玩斧凿，兵家儿早识刀枪。

虚心使人进步，骄傲使人落后。

3. 正反两方面说明同一个问题

把头脑里的思想用文章表达出来并不是一个简单的过程，而是一个使思想逐步成熟、逐步完善的过程。

(二) 连贯复句

连贯复句是指两个或两个以上的分句按顺序说出连续的动作或相关的情况。常用的关联词语有的是单用的，如“就”“便”“于是”“接着”“然后”“后来”等；有的是配对的，如“起先……后来……”“首先……然后……”“刚……就……”“先是……接着……后来……”等。从内容上看，这种连贯有时间上的，也有方位上的。例如：

我先是诧异，接着是很不安。

我们过了江，叫了一辆出租车，就直接去了火车站。

院子中间摆着一块石头方桌，四边围着石凳。

深蓝的天空中挂着一轮金黄的圆月，下面是海边沙地，都种着一望无际的碧绿的西瓜，其间有一个十一二岁的少年……

(三) 选择复句

选择复句是指两个或两个以上的分句分别说出几件可供选择的事情。有四种基本格式：

1. 或此或彼，不排除第三种可能性

常用的关联词语有“或者……或者……”“是……还是……”等。

或者你去，或者我去。(或者我们一道去)

是你去，还是我去？(还是我们一道去？)

2. 非此即彼，排除第三种可能性

常用的关联词语有“不是……就是……”。

不是你去，就是我去。

王老师不是去北京就是去上海了。

3. 舍前取后

常用的关联词语有“与其……不如……”。

与其跪着生，不如站着死。

(在这样的暴风雨的夜里走路，)与其说是用眼找的，不如说是凭本能感觉的。

4. 舍后取前

常用的关联词语有“宁可……也不(决不)……”。

宁可多走一段路，也不踩坏一点庄稼。

宁可将可作小说的材料缩写成速写，决不将速写的材料拉成小说。

（四）递进复句

递进复句中，后面分句在程度、范围等方面比前面的分句更进一层。常见的关联词语有的是单用的，如"更""甚至""并且""何况"等；有的是配对的，如"不但……而且……""不但……而且……甚至……""不仅（不只/不光/不单）……也（还/更/就连）……""不但不/不但没……反而……"等。例如：

我不想和他一块工作，更不想和他交朋友。

你不仅用不着懊丧，更没必要失去对美好前程追求的信心和勇气。

不但学生要努力学习，教师也要努力学习。

他不但会喝酒，而且爱喝，有一阵子甚至是无酒不下饭。

不光铁会生锈，就连铜铝等金属也会生锈。

在这样艰苦的情况下，部队不仅没有散掉，反而越打越强。

他本来就爱发火，何况又在气头上？

大人尚且吃不消，何况小孩？

我尚且不会，别说他了。

（五）补充复句

补充复句中，两个分句之间具有补充与被补充关系，即后面的分句对前面分句的内容进行补充性的说明，着重补充说明前面分句中的某个成分。例如：

一定要在社会上营造一种风气：尊重知识，尊重人才。

文艺批评有两个标准，一个是政治标准，一个是艺术标准。

刘四爷打外，虎妞打内，父女俩把人和车厂治理得铁筒一般。

这弟兄两人，哥哥叫伯夷，弟弟叫叔齐；他们是孤竹国国王的两个儿子。

跌倒的是一个女人，花白头发，衣服都很破烂。

杨树生长速度很快，一年生杨树苗每日能长高四厘米。

荷塘四面，长着许多树，蓊蓊郁郁的。

海水碧蓝碧蓝的，蓝得使人心醉。

上述例句有的是多重复句，第一层是补充关系，第二层就不一定是补充关系了。例如：

文艺批评有两个标准，/一个是政治标准，//一个是艺术标准。

这个复句第一层的两个直接成分之间是补充关系，整体上看作补充复句；第二层“一个是政治标准，一个是艺术标准”两个直接成分之间是并列关系。

思考与练习

1. 复句划分的标准是什么？

2. 复句内部使用关联词语的依据是什么？

3. 如何区分关联副词和连词？

4. 有人认为关联词语的位置和它所连接的各个分句的主语是否相同有关。一般地说，分句的主语相同，关联词语就放在主语之后；如果分句主语不同，关联词语就要放在主语之前。你认为这种说法是否全面？请举例说明。

5.“之所以……是因为……”组成的句子，有人认为是单句，有人认为是复句。你赞成哪种说法？为什么？

6.“即使……也……”“如果……就……”“只有……才……”“虽然……却……”都是成对的关联词语。其中的“也”“就”“才”“却”为什么归入副词，而不归入连词？

7. 鉴别单句和复句。

(1) 由于对方缺席，这场比赛不战而胜。

(2) 由于对方的缺席，这场比赛不战而胜。

(3) 汽车经过李家庄的时候，有一位顾客要求临时停车。

(4) 汽车刚好经过李家庄，小李顺便去看看老祖母。

(5) 片面地强调读书，而不关心政治，或者片面地强调政治，而不努力学习，都是极端错误的。

(6) 不读书而空谈政治的人，只是空头的政治家，绝不是真正的政治家。

(7) 没有这一条，再吹牛也没有用。

(8) 他开了门，走进屋去了。

(9) 她的两个女儿，一个是优秀厨师，一个是养蜂能手。

(10) 她有两个女儿，一个是优秀厨师，一个是养蜂能手。

(11) (太平洋)单调、寂寞。

(12) 南极精神，中国的骄傲。

(13) 舰艇，海上轻骑。

(14) 金秋，茫茫草原。

第十二节　复句（下）

五、偏正复句

偏正复句各分句地位不是平等的，有主从之分。一般情况下，从句在前，主句在后。

（一）因果复句

因果复句又称因果句，两个分句之间有原因和结果或理由和结论的关系。因果句可以分为两类：说明性的和推论性的。

1. 说明性因果句

说明性因果句分句之间有原因和结果的关系。典型的格式是“因为……所以……”，可以成对使用，也可以单用。跟“因为”作用相同的是“由于”，跟“所以”作用相同或相近的是“因此”“因而”“以致”等。“因为”可以用在后一分句，而“由于”不行。“因此”与“因而”的不同是：后者不连接句子，即不用于句号后。“以致”表示下文是上述原因所形成的结果，含有“因此而造成”的意思，多指不好的结果。例如：

因为知用中学的先生们希望我来演讲一回，所以今天到这里和诸位见面。

我喜欢这绚丽灿烂的秋色，因为它标志着成熟、昌盛和繁荣，也意味着愉快、欢乐和富强。

我没有看过这部书，所以也不知道“许仙”“法海”究竟是否这样写。

我们的会议之所以称为政治协商会议，是因为三年以前我们曾和蒋介石国民党一道开过一次政治协商会议。

这种新民主主义的文化是大众的，因而即是民主的。

由于老师耐心教导，他很快地掌握了这一门技术。

他事先没有充分调查研究，以致得出了错误的结论。

2. 推论性因果句

推论性因果句分句之间有理由和结论的关系。典型的格式是“既然……就……”，其他的格式有“既然……那么……”“既然……可见……”“可知”等。例如：

既然采用旧的方法不行，就应该考虑采用新的方法。

既然他连加减乘除都不懂，可见他根本不懂数学。

……周围的黑暗只是浓，可知已经到了深夜。

(二) 条件复句

条件复句两个分句之间具有条件和结果关系。条件复句可以分为三类：假设条件句、特定条件句和无条件句。

1. 假设条件句

假设条件句分句之间具有假设和结果的关系。典型的格式是“如果……就……”,“如果”可以用“假如”“假使”“倘若”“要是”“若”等替代,“就”可以用“便”替代。例如：

如果你不去,就通知我一声。

如今,你若是从井冈山许多山坳走过,便能看到一条条修长的竹滑道。

真要是上山,他们就不能带着骆驼。

再让我试试,如果可以的话。

要不是(如果不是)我叫她,她也许就又走了。

有的语法教材也把假设条件句单独立为一类,称作“假设复句”。

2. 特定条件句

特定条件句可以分为充分条件句和必要条件句。充分条件句指出现了某种条件,就一定会出现相应的结果,这种条件对于结果来说是足够的。典型格式是“只要……就……”。例如：

理论只要能说服人,就能掌握群众。

只要我去南昌,就一定会去拜访您。

另外,“越……越……”“愈……愈……”“谁……谁……”“什么……什么……”等也可以用于充分条件句,表示结果随条件的变化而变化。例如：

我越跟小李接触,越觉得他是一块无价之宝。

谁怕用工夫,谁就无法找到真理。

什么时候雨住了,就什么时候动身。

必要条件句指只有具备某种条件才会出现相应的结果。常用的格式是“只有……才……”和“除非……才……”。例如：

只有正视自己的不足,才能不断提高和完善自己。

文艺工作者只有和工农群众打成一片,才能找到最丰富的创作源泉,才能熟悉新的生活和新的人物,才有可能写出真实地表现工农群众,并为工农群众所喜爱的、有益于人民的作品。

除非你去请他,他才会来。

除非到了春天,你才能看到这遍山的杜鹃花。

“只有”直接指出所说的条件是必备的,“除非”通过排除其他条件来肯定所说的条件是唯一的。“只要……就……”和“只有……才……”都表示条件，区别在于：采用前者的说法口气显得灵活，表示说话人认为条件不难满足；而采用后者的说法口气显得坚决，表示说话人对条件要求很严。例如：

只要善于调查研究，就能得出正确的结论。

只有善于调查研究，才能得出正确的结论。

3. 无条件句

无条件句中，结果不以条件为转移，也就是说在任何情况下结果都相同。无条件句常用“不管”“不论”“无论”“任凭”等关联词语表示条件，用“都”“也”“还是”等关联词语表示结果。例如：

不管天气如何，我们都会准时出发。

无论天气好不好，比赛都照常进行。

谎言不管重复多少遍，也不能成为事实。

任凭他怎么做，反正我不赞成。

任凭他磨破铁口，我还是不答应。

（三）转折复句

转折复句前后两个分句的关系是：前一个分句说出一个意思，后面的分句不是顺着这个意思说下去，而是转到相反或部分相反的意思上去。转折复句可以分为重转和轻转。

前后分句在意思上有明显对立的叫重转，要求使用成对的关联词语：“虽然（虽、尽管、固然）……但是（但、可是、然而、却）……”。例如：

这匹马虽然个子小，但跑得很快。

尽管你能说会道，我却丝毫也不动摇。

诗人固然要学习同类题材的诗作，但是要坚决摆脱窠臼，写出新意。

轻转指前后分句意思虽然不一致，但并不对立，或者并不着重强调这种不一致。关联词语在后一个分句：单用“但是”“可是”“然而”“而”“却”或“不过”“只是”。“但是”“可是”“然而”“而”“却”等单用比成套使用语意稍轻，但比“就是”“不过”“只是”等语意稍重一点。“就是”“不过”“只是”有修补的意味。例如：

真理有时可能变得黯淡，但它永远不会熄灭。

近几年来，有些朋友要我谈谈写作的经验，可是我一次也没有谈。

两个人依旧来往，就是贴心话比以前少了。

小孟也来了，不过他来得比较迟。

李成娘跟这口箱子的关系很深，只是金贵不知道罢了。

(四) 让步复句

让步复句两个分句之间同时存在假设和转折两种关系，典型的格式是"即使……也……"。与"即使"作用相同的关联词语有"就算""纵然""哪怕""即便"等。例如：

即使我们的工作取得了极其伟大的成绩，也没有任何理由值得骄傲自大。

就算他现在工作不老练，不久也会赶上你们的。

纵然不是栋梁之材，做一棵小草，总是可以的吧。

哪怕工作到深夜，我也要抽点时间学习。

我们一定要守在这个阵地上，即使只剩下最后一个人。

困难再大，我们也要想办法克服。

(五) 目的复句

目的复句两个分句之间具有行动和目的关系，常用的关联词语有"为了""为的是""以便""借以""用以""好让""好""以免""免得""省得"等。例如：

为了采一公斤的蜜，蜜蜂在一百万朵的鲜花上面，辛勤地飞行、酿造。

我在这里吃雪，正是为了我们祖国的人民不吃雪。

有的时候人是高兴参加婚礼的，为的是看着别人的幸福，增加自己的欢喜。

你要注意治疗，以免病情恶化。

把队员的血型先检查好，免得临时费事。

六、多重复句的分析

(一) 什么是多重复句

"重"是"层次"的意思，包含两个或两个以上关系层次的复句是多重复句。包含两个关系层次的，叫作二重复句。同样，包含三个、四个、五个关系层次的分别叫作三重、四重、五重复句。例如：

长期以来，人们往往把竞争看成资本主义特有的现象，（转折）| 其实只要有商品生产，（条件）||| 就必然有竞争，（转折）|| 只不过在不同的社会制度下竞争的目的、性质、范围和手段不同。

这个句子有三个关系层次："长期……现象"与"其实……手段不同"构成第一个层次，它们之间是转折关系；"只要……有竞争"与"只不过……手段不同"构成第二个层次，它们之间是转折关系；"其实只要……生产"与"就……有竞争"构成第三层，它们之间是条件关系。另外，需要注意两点：

第一，多重复句需要三个或三个以上的能形成不同层次的分句。如果三个或更多的分句没形成不同的层次，也不能算是多重复句。例如“山青了，|树绿了，|花开了，|梅江水哗哗的响声也变得格外清脆了。”这个复句只有一个关系层次，它不是多重复句，而是单纯的并列句。

第二，多重复句从整体上说，它本身就是“一个”复句；其复句的性质，决定于该多重复句的第一层次的结构关系，如上面那个多重复句的例子，第一层次是“转折关系”，那整个句子就是转折复句；其他的分句间的种种关系，那是下位层次上分出来的。

分析多重复句的层次和关系，可以采取两种表示法：画线法和图解法。画线法也叫“句中标明法”，用“|”表示第一层次，用“‖”表示第二层次，其他类推，并标明关系，见上例。图解法是用切分的办法对复句逐层加以图解。上例中的四个分句可以分别用 a、b、c、d 代表，然后进行切分。

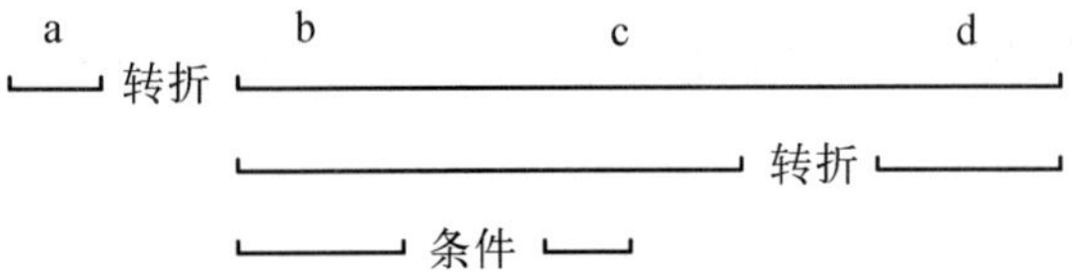

（二）多重复句的切分原则

和短语层次切分一样，复句切分也要遵循功能、结构和意义三原则。

1. 功能原则

功能是切分复句的重要原则。就复句来说，功能表现为由分句构成的直接成分出现的位置和组合能力。位置和组合能力往往通过关联词语表现出来。关联词语既连接直接成分，又作为直接成分的标志，还表示直接成分之间的语义关系，所以我们可以径直把关联词语拿来作为寻找直接成分的依据。上例“长期以来……手段不同”这一多重复句的切分就是根据关联词语的指引。

几个关联词语连在一起，在同一个分句中出现，这时并不表示几个关联词语同属一个直接成分，而是分属于不同层次的直接成分。如上例中“其实”“只要”两个关联词语虽然连用，但并不处于同一层次：“其实”属于第一层的后一直接成分，“只要”属于第三层次的前一直接成分。又如：

我们的工资一般还不高，|（转折）但是因为就业的人多了，‖（并列）因为物价低和稳，‖（并列）加上其他种种条件，‖（因果）工人的生活比过去还是有了很大改善。

“但是”“因为”连用，但并不处在同一层次上：“但是”属于第一层的直接成分，“因为”和第三分句的“因为”以及第四分句中暗含的“因为”同属于第二层的直接成分。

并不是所有的直接成分都有关联词语连接。事实上有很多复句都没有关联词语。这时我们需要依靠复句自身及上下文确定分句间的语义关系，然后进行层次切分。确定为某种语义关系，自然也不是任意的，以能插入相应的关联词语为准；能插入何种关联词即为何种复句。例如：

[　]农业生产受气候等自然条件影响较大，[　]要迅速发展农业生产，就必须努力改变生产条件，[　]逐步扩大高产稳产农田的建设。

第二、三分句有关联词语“要”和“就”，表示假设条件关系，第一、二分句没有关联词语连接，根据意义是因果关系，可以在括号中依次补出“由于”和“因此”。第三、四分句也没有关联词语，根据意义是方式和目的关系，第四分句括号内可以补出“以”。这个因果复句里含有几个层次，可以做如下切分(四个分句依次用 a、b、c、d 表示)：

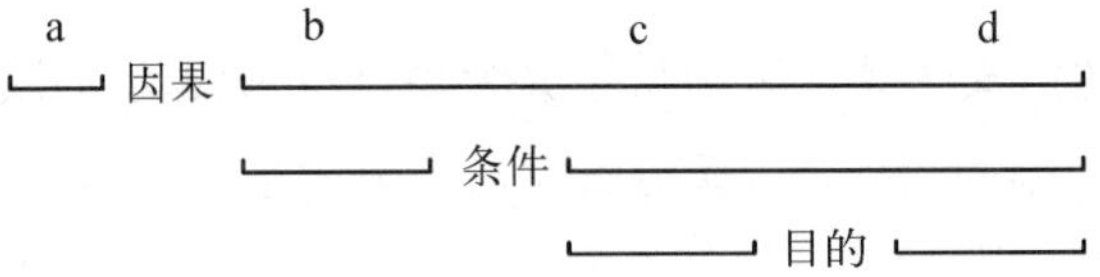

2. 结构原则

结构原则指切下的两块(两个直接成分)必须各自成结构。例如：

a 因为强大的帝国主义及其在中国的反动同盟军，总是长期地占据着中国的中心城市，b 如果革命的队伍不愿意和帝国主义及其走狗妥协，c 而要坚持地奋斗下去，d 如果革命的队伍要准备积蓄和锻炼自己的力量，e 并避免在力量不够的时候和强大的敌人做决定胜负的战斗，f 那就必须把落后的农村造成先进的巩固的根据地，g 造成军事上、政治上、经济上、文化上的伟大的革命阵地，h 借以反对利用城市进攻农村区域的凶恶敌人，i 借以在长期的战斗中逐步地争取革命的全部胜利。

假定上例的第一层次在 e、f 之间切开，那么，它的两个直接成分便是 a—e 和 f—i 两部分。从 f 分句的“那”看，后一直接成分是表示假设关系的结果；由这个分句看前一直接成分，前一直接成分应当表示它的假设条件。而事实上，它的假设条件只是 b、c、d、e(从关联词语“如果”可以看出)，这样前一直接成分就多出了以“因为”作为标志的分句 a。可见前一直接成分不成结构。正确的切分是：

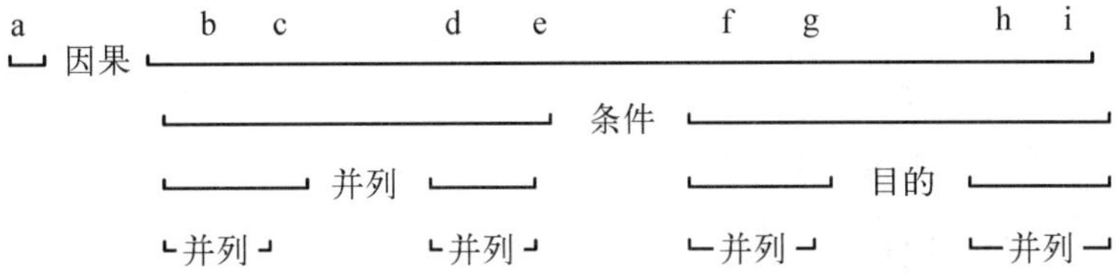

3. 意义原则

意义原则指切分不能改变原复句的语义关系，若改变了原复句的语义关系，即使符合结构和功能的原则，也不是正确的切分。例如：

a 全村的人都说他是个好青年，b 因为他不只劳动积极，c 还带领一些青年搞科学试验，d 所以选代表的时候，大家都异口同声地选他。

如果在 a、b 之间切分，a 只有一个分句，是自足的。b—d 由"因为"和"所以"两个关联词语连接，是成对呼应的，b、c 由"不只"和"还"连接，也是成对呼应的。从功能上说，有成对呼应的关联词语作为其直接成分的标志，符合语法规则的要求。从结构上说，后一直接成分没有多余，成结构。其结构层次似可做如下切分：

然而，这样的切分改变了原复句的语义关系。因为从意义上说，b、c 所表示的因(原因)，不是 d 的因，而是 a 的因。而 d 是 a、b、c 的结果，换句话说，a、b、c 才是 d 的因。这个复句结合意义考虑，其正确切分应当是：

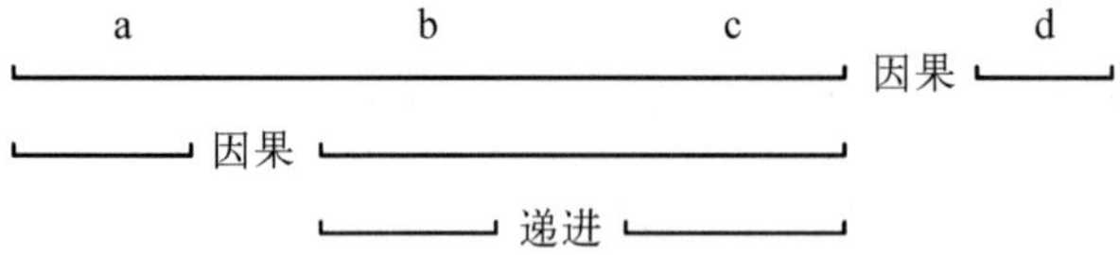

七、紧缩句

紧缩句是分句与分句紧缩在一起构成的句子。"紧"是指分句间的语音停顿取消了，"缩"是指有些成分给省略了，有的形成了一些固定格式。例如：

你即使不想去，也得去。(复句)

你不想去也得去。(紧缩句，取消了停顿，省略了次要成分)

紧缩句近似单句，当它在复句里出现的时候，只算作一个分句；但又不同于单句，它包含了复句的关系。紧缩句内部没有语音停顿，有些成分还有缩略，这些特点又使它与复句区别开来。例如：

我一做完就去看他。(紧缩句)

一做完手头上的事，我就会去看他的。(复句)

紧缩句可以成为一个复句的分句。例如：

能打就打，不能打就走。

越想得到就越得不到，你要是不想了，爱情也许就到你身边了。

紧缩复句可分为两种类型：无标志的和有标志的。

（一）无标志的紧缩句

这类紧缩句隐含复句关系，但不出现关联词语。例如：

你不说我替你说。（既然你不肯说，我就来替你说。）

他走了怎么办？（要是她走了，我们怎么办呢？）

（二）有标志的紧缩句

这类紧缩句有关联词语标示所隐含的复句关系。使用的标志可分为三种：

1. 使用成对的关联词语

例如：

他越说越高兴。（越……越……）

（他不同意，）你再说也没有用。（再……也……）

你非去不可。（非……不……）

咱们是不打不相识啊。（不……不……）

我不说你也明白。（不……也……）

2. 使用单个的关联词语

例如：

他想要又不好意思开口。（又）

李云有才却不外露。（却）

无私才能无畏。（才）

3. 使用疑问代词复用

例如：

孩子要什么给什么。

哪儿好玩去哪儿。

这孩子谁见谁爱。

思考与练习

1. 联合复句与偏正复句的区别是什么？
2. 把假设关系复句归入条件复句的依据是什么？

3.“即使……也……”组成的句子，有人把它归入条件关系的复句，也有人归入转折关系的复句，我们定为让步复句一类。这几种处理办法是不是都有理由？请加以说明。

4. 举例说明紧缩句与单句、复句的联系和区别。

5. 用画线法或图解法分析下列多重复句。

(1) 有的人活着，他已经死了；有的人死了，他依然活着。

(2) 假使有一知半解的人，并无数学知识，而根据《圣经》这一段或那一段妄肆批评或者驳斥我的著作，我不但不预备答复他们，而且还要轻视他们无知的见解。

(3) 改革党和国家的领导制度，不是要削弱党的领导，涣散党的纪律，而正是为了坚持和加强党的领导，坚持和加强党的纪律。

(4) 怕给他的东西染污了，徘徊不敢进门，是孱头；勃然大怒，放一把火烧光，算是保存自己的清白，则是昏蛋。

(5) 这样看来，只要能充分利用这些水源，我们向沙漠进军，不但有收复失地的把握，而且能在沙漠里开辟出若干绿洲来。

(6) 即使同是一只蛋，只要变换一个角度看它，形状便立即不同了。

6. 指出紧缩句。

(1) 我越想，越觉得不妥。

(2) 我越想越觉得不妥。

(3) 他派小王去上海了。

(4) 他去图书馆借书。

(5) 你不考也是第一。

(6) 我希望他一收到信就回家。

第五章 语用

第一节 语用概说

一、什么是语用

语用就是语言的运用。语言自身是一个复杂的符号系统，包括语音、词汇、语法三大系统，还有它的视觉符号系统——文字。人们为什么创造这么复杂的符号系统？很显然，是为了满足人们交际的需要，人们需要使用语言进行交际。实际上，我们早就会说自己的母语了，为什么还要学习？那是为了认识语用规律，更好地运用汉语进行交际，以取得理想的交际效果。

运用语言进行交际就是言语交际。我们运用语言进行言语表达，同样运用语言进行话语理解。言语表达需要遵循语言规则，话语理解也需要遵循语言规则。可见，语言运用，或者说言语交际，包含两个方面：言语表达和话语理解（也称“话语推导”）。成功的言语交际意味着得体的表达和到位的理解。例如：

① 剧作家对小莹父母说：“小莹看上去像有三十岁了，真快呀，记得我头一回来你们家的时候，她才这么高，像朵花儿似的……”（刘心武《立体交叉桥》）

上例剧作家显然词不达意——表达不得体，违背了表达友好和赞赏的本意。小莹是未出嫁的姑娘，说她“像有三十岁了”，又说她过去“像朵花儿似的”，言外之意是说她变老了，变丑了，这样表达当然会使交际出现尴尬局面。

又如下例：

② 包伙食费、住宿费，甲方付给乙方授课教师每人每天贰佰元工资。

例②是一个劳务合同中的关键条款。乙方的理解是：甲方除了付给每人每天200元之外，还要承担他们的食宿费。这一理解到位了吗？没有，乙方没有看出原文的歧义——

陷阱。

“包”有两个意义“包括”和“承担”，乙方只想到了“（甲方）承担”的意义，做出了有利于自己经济利益的理解，忽视了它还可以理解为“包括在内”的意义。甲方提出的正是前一种解释：“包括在内”，由此引起官司。法官为难，只好各打五十大板——双方各承担一半食宿费。

上面两例告诉我们，言语交际并不等于简单地说写，也不等于简单地听读。要取得理想的交际效果，必须做到表达得体、理解到位。而要达此目的，则需要进一步学习如何综合运用我们已经掌握的语音、词汇、语法和文字知识。

二、相关概念

（一）语言、言语、话语

语言是抽象的规则系统，由语音、词汇和语法三个规则系统组成。运用这个抽象的规则系统说出来的话、写出来的语句就是言语。可以用钢琴作比：琴键好比词汇及其读音（每个琴键都代表着特定的发音），弹奏规则好比语法规则，通过琴键和弹奏规则弹奏出来的音乐就是言语。

言语一词有两个含义：一是作名词，指用语言说写出来的语句或语篇；二是作动词，表示说话或表达。话语等同于作名词的“言语”，即说写出来的语句或语篇。

同一架钢琴，对每个人都是一样的，人人都可以使用它；同样的道理，同一种语言，对每个人都是一样的，人人都可以使用它。钢琴从弹奏的角度看，不同水平的人弹奏同一首曲子时，其音乐有高下之分；从欣赏的角度看，不同水平的人对同一首曲子的感受也同样有高下之分。同样，语言从表达的角度看，不同语言素养的人表达同一个意思时，其言语有高下之分；从理解的角度看，不同语言素养的人理解同一话语时，理解的程度也是不一样的。

（二）话轮、话对、话链、话次

1. 话轮

话轮是交际的一方充当表达者时连续说出的话，其结尾以表达者和接受者的角色互换或双方的沉默为标志。它既可能是一个完整的话句，也可能是话丛或话段①，也可能是不完整的句子。例如：

A：有人说思想政治工作是五官科——摆官架子，口腔科——耍嘴皮子，小儿科——骗小孩子。你认为恰如其分吗？

① 话句与话句组成话丛；话丛与话丛（或话句）组合成话段；话段与话段组合成话篇。

B：今天的思想政治工作我认为是理疗科——以理服人，医治百病，潜移默化，增进健康。

这个会话中A和B的表达各为一个话轮，而且B的话轮应接很巧妙地采用了话轮A所采用的“词语别解”的修辞手段，使整个会话衔接巧妙而和谐。

2. 话对

会话是成双成对的，一次会话至少由两个话轮组成。我们把会话双方往返一个回合的应对称为“话对”。例如问题的后面常常跟着答案；问候的后面是回应的问候；提议后面是采纳或拒绝；抱怨的后面是道歉或辩解；道歉的后面是安慰，等等。这种两两相对的话轮构成话对。

3. 话链

话对是会话双方完成的一个回合的对答，但有时一个话对并不能解决一个话题的交流，还需要双方第二个、第三个，甚至更多回合的对答，一个话对接一个话对地衔接下去，直到结束相关话题。这若干个意义相关的话对构成一条环环相扣的对话链条——话链。

4. 话次

一次完整的交谈称为“话次”。无论简单或复杂的话次，都可以分析为开端、中间和结尾三部分。会话的开端在会话过程中处于重要的地位。

言语交际问题涉及的相关概念较多，除上述概念之外，还有许多重要概念，如“语境”“预设”“合作原则”“礼貌原则”等，这些会在后面做专节讨论。

三、本章主要内容

语用包括话语推导和言语表达两个方面，这两方面都离不开语境和预设。本章内容分为三大模块：

(1) 语境和预设。这一模块主要讲清楚语境和预设的概念以及成功的言语交际是如何利用好语境和预设的。

(2) 话语推导。理论上，言语交际要遵循合作原则，但是人们言语交际实践中却常常违反合作原则。如此，我们面临的问题是：如何识别对方违反了合作原则？违反合作原则的动机是什么？

(3) 言语表达。言语表达要借助语言手段，否则无法表达。利用我们所学的语言文字提供的一切可能性进行有效表达，取得理想的交际效果，这恰好是修辞的内容。这里的语言手段即修辞手段，也称作修辞方式，包括语音、词汇、语法和文字。在对这些语言手段有效利用的过程中，还形成了一些特殊的表达方式，我们称之为“辞格”。

我们借助语言手段组合成语篇(discourse)，同一个意思或同一个交际意图的语篇会因语境的不同而呈现出不同的体式。这样的体式，我们称之为语体，它关注的是“一句话，百样说”之类的问题。语体一般从总体上分为书面语体和口头语体，二者在遣词造句上各有特点。

思考与练习

1. 什么是语用？
2. 语言、言语和话语的联系与区别是什么？
3. 假如用象棋来与语言作比，应该如何解释？
4. 我们使用同一种语言，为什么言语交际会有水平高低之分？
5. 如何理解本章三大模块之间的关系？

第二节 语　境

一、什么是语境

先看例子：

① 有人夸你字写得好，你选择哪种回答？

A. 哪里哪里，献丑了。

B. 谢谢！

哪种对呢？要看交际对象。假如夸你的人的母语是汉语，通常选 A；假如夸你的人是外国同事，通常选 B，因为外国人没有我们那样“自谦”的文化背景。

② 星期天，一家人在一起休息。小孩对父亲说：“爸爸，今天是星期天呢。”

明明是星期天，一家人都在家里，小孩的话是否多余？这就要看这句话的背景：父亲答应过小孩星期天做什么，这句话就是提醒父亲该做什么。假如父亲答应过星期天带小孩去公园，那么这句话就是提醒父亲带他去公园。假如父亲答应过星期天给小孩买玩具，那么这句话就是提醒父亲给他买玩具。

③ 女青年：德行！

男青年：惯性。

孤立地理解这个对话，是无法弄懂其意的。加上这样的语境就好理解了：对话的场合是在拥挤的公交车上，急刹车后男青年撞在女青年身上。

可见，表达和理解都离不开语境。什么是语境呢？

简单地说，语境就是语言使用的环境。语境的定义分为广义和狭义两种。狭义的语境指的是上下文（前言后语），广义的语境指一切与语言使用有关的环境，例如前言后语、交际意图、交际对象、交际场合、背景知识。

二、语境与言语交际

言语交际表现在两个方面——表达和理解，得体的表达和到位的理解都离不开语境。下面分别举例说明。

（一）上下文

上下文，顾名思义，指上文和下文，包括词语的左邻右舍。例如：

① 质本洁来还洁去，强于污淖陷渠沟。（选自《葬花吟》歌词）

② 质本洁来还洁去，恰如污淖陷渠沟。

①是《红楼梦》中的原句，②是改动后的句子，哪个好？

从语境看，不能将“强于”换成“恰如”或“恰似”。上一句的意思是“（花儿的）品质本来洁净，（如今仍旧）回归洁净”，因此能适合这个意思的下一句应该是“强于污淖陷渠沟”（强于染着污淖而陷落渠沟，即不让它污浊肮脏地陷落渠沟），而不能是“恰如污淖陷渠沟”（就像污淖陷落渠沟）。又如：

“咖啡呢？我冲好的咖啡呢？”这句话怎么回答更顺畅？

③ 小李喝了咖啡。

④ 咖啡小李喝了。

当然是④，因为上文说的是咖啡，咖啡是话题。再如：

当三个女子从容地转辗于文明人所发明的枪弹的攒射中的时候，这是怎样的一个惊心动魄的伟大呵！中国军人的屠戮妇婴的伟绩，八国联军的惩创学生的武功，不幸全被这几缕血痕抹杀了。（鲁迅《记念刘和珍君》）

很明显，“伟绩”其实是“罪行”，“武功”指的是“暴行”，“抹杀”实则是“暴露”，也即使用了反语的修辞手法。如何知道是反语？有上下文的提示。例如“屠戮妇婴”不可能是“伟绩”，“惩创学生”不可能是“武功”。再如：

一个粗俗的国王偏要显示自己写诗的“才华”。一天，他写了一首诗，要阿凡提品评，阿凡提扫了一眼，说："陛下，即使您不写诗，别人也不会因此小看您。还是请您只管当您的国王吧！"国王听了大怒，令卫士将阿凡提关进了驴圈。一个星期后，国王又写了几首诗，挑了一首得意之作，又把阿凡提传到大殿前来品评，阿凡提看了一眼，转身就走，国王喝道："到哪里去？"阿凡提深施一礼，说："到驴圈去，陛下。"结果国王哭笑不得，只得把他放了。

国王能够立刻理解阿凡提的"到驴圈去"，是因为有上文作为背景知识：不夸奖国王诗作就关进驴圈。阿凡提往驴圈去，国王自然知道阿凡提仍不觉得他的诗作好。可是，阿凡提并没有直接说出来，国王也不好再加罪于他。

（二）交际意图

交际意图指言语交际所要实现的意图。赞赏、告知、提问、劝说、请求等都可能成为交际意图。例如：

有一次，法国著名作家大仲马在俄国旅行时来到一个城市。他决定去看一看这里最大的一家书店。书店老板知道这个消息后立即决定做一件让大仲马感到非常高兴的事：所有的书架上都只摆放大仲马写的书。当大仲马走进书店看到书架上只有他自己的书时，不禁大吃一惊，便问老板："别的书在哪里？"

老板该怎么回答才能让大仲马开心呢？

① 别的书？我已经卖完了。

② 别的书？明天摆出来。

③ 别的书？我这里只卖您一人的书。

书店老板忙乱中选了①，没有实现让大仲马高兴的交际意图，而是事与愿违。又如买辣椒的人一般可以分为两类：一类人喜欢辣，一类人则不喜欢辣。卖辣椒的摊主在回答顾客"辣椒辣吗？"这样的问题时，需要揣摩顾客的心思：喜欢辣还是不喜欢辣。如果回答投其所好，则交易成功；否则顾客会走开。其实顾客是否喜欢辣，是很难揣摩的。据说有经验的摊主将辣椒分两类，回答说"颜色深的辣，浅的不辣""长的辣，短的不辣"等。

（三）交际对象

交际对象指对方。俗话说：见什么人说什么话。言语交际时要考虑对方的身份、心情、文化素养等因素。例如：

据说，乾隆皇帝下江南，来到苏州狮子林游玩。乾隆一时兴起写了"真有趣"三个字。在一旁的一位随行大臣觉得有点俗气，他该怎么纠正呢？至少有两种选择：

① 皇上，"真有趣"三个字有点俗气，拿掉中间的"有"字会更好。

② 万岁御笔千金，微臣一贫如洗，叩请皇上把中间的"有"字赏给奴才吧！

很显然该大臣只能选②，因为他说话的对象是皇帝，回答应该委婉含蓄。又如“回家想吃什么就吃什么吧”这句话，不同的人有不同的理解：如果是对病人说出这句话，那么病人很容易理解成自己的病是绝症且时日不多。如果对放学回家的小孩说这句话，那又是另一种理解：可以尽情地吃喝。再如：

有人连续给一姑娘介绍对象，都被姑娘以“没有共同语言”拒绝。她妈妈急了，说：“又不是让你嫁给外国人，还能没有共同语言？”

女儿对知识水平不高的妈妈说“共同语言”，自然容易造成误解。

(四) 交际场合

交际场合指交际的场景。俗话说：到什么山唱什么歌。言语交际需要注意交际场合。例如：

不久前，我到八宝山去参加追悼会，在火葬场入口处见到这样一块标语：“经济搞上去，人口降下来。”这标语的内容挺好，但不知怎么此时此地见了，反叫人感到不大舒服；问问同伴，感觉一样，这就有点问题。（刘汉中《标语的位置》，载 1983 年 5 月 23 日《北京晚报》）

20 世纪 80 年代是提倡计划生育的年代，但是把这样的标语写到人们因失去亲人而悲伤的火葬场，显然不得体。又如：

周繁漪 （目不转睛地看着他们）冲儿，你们为什么这样客气？

周冲 （喝水）妈，我就想告诉您，那是因为，——（四凤进）——回头我告诉您。妈，您给我画的扇面呢？（曹禺《雷雨》）

周冲正想告诉妈妈他爱四凤，不料这时四凤进来了，周冲不得不转换话题。四凤进来了，交际场合实际上发生了变化，可见，场合的变化会影响言语表达。

(五) 背景知识

背景知识也叫认知语境，指各种常识，包括百科知识、文化背景、时代背景等。例如：

史密斯先生参加一对年轻华侨的婚礼，他很有礼貌地赞美新娘漂亮。一旁的新郎立即代表新娘表示感谢：“哪里哪里！”史密斯先生觉得挺不好意思的，以为未说到地方，便用生硬的中国话再说：“头发、眉毛、眼睛、耳朵、鼻子、嘴巴都很漂亮！”

可见，交际表达时要注意对方的文化背景。史密斯先生并不知道“哪里哪里”的用法，因而闹笑话。又如：

A：现在几点啦？

B：邮递员来过了。

要知道现在几点了，A必须有“邮递员”通常几点钟到来的背景知识。

再如要理解“德先生”和“赛先生”这样的词语，也必须有这样的背景知识：“德先生”和“赛先生”分别指德莫克拉西（democracy）和赛因斯（science），即“民主”和“科学”。

上文分别讨论了语境因素对言语交际的重要作用。这里要说的是任何言语交际活动都不会只有一个语境因素，而是多种语境因素综合起作用的。例如上文随行大臣要皇帝将“真有趣”改为“真趣”的故事，随行大臣的表达就要考虑多种语境因素：请皇帝去掉中间的“有”字的交际意图、皇帝身份的交际对象、众星捧月的交际场合。

三、语境的功能

言语交际离不开语境，言语表达和话语理解都有赖于语境。可以从制约功能和解释功能两个方面来考察语境的功能。

（一）制约功能

1. 言语表达要受到语境制约

（1）同一个意思，不同场合、不同对象措辞不一样。例如以下几句都是表达“让他人进门后关门”的意思，为什么说法不一样？因为语境因素不一样：

① 关门！

② 请把门关上。

③ 好大的风进来，有点冷啊！

例①用于对自家人或意图命令对方，例②用于较为正式的场合，例③则用于不便直说的场合。说话者不便直接要求对方“关门”，因而委婉地表述，让听话者会意。听话者是如何会意的？他依据的是语境中的背景知识：风吹进来，冷。首先让人想到的就是检查门窗是否关好。

又如表达“死”这个意思，汉语有很多种不同的表达方式，常见的有“逝世”“去世”“辞世”“永别”“牺牲”“归西”“心脏停止了跳动”等，表达时具体选择哪一个，取决于特定语境。有一个外国留学生这样写：“去年我爸爸死了，我很难过。”此话意思明白，但是选用“死”字与表达者所想表达的情感不相吻合。

（2）同一句话在甲场合可以用，但是在乙场合就不一定合适。例如：

见面打招呼有多种说法，“吃了吗”就是其中一种。一留学生得知中国人见面喜欢问“吃了吗”以表示礼貌，他便不分场合逢人就问“吃了吗”，对从厕所出来的人也问“吃了吗”，结果闹出笑话。

“吃了吗”确实可以作为问候语，但它是受语境制约的。这种问候语用在用餐时分熟人之间，其他时间一般不会用来问候。当然，即使是用餐时分，也不能用在上厕所的场合。其他时分、厕所场合就得用别的问候语了。

2. 话语理解也要受到语境制约

同一句话在不同的语境中可能产生不同的理解。例如：

家长问小孩："作业做完了吗？"

如果是家长要检查作业，这个问题就是字面意思。如果是小孩提出要出去玩，这个问题的意思就是：不能出去玩，除非完成了作业。又如：

我最近手头上有点紧。

不同的语境言外之意也是不同的。这句话对朋友说，意为"能否借我点钱"；对借钱未还的人说，意为"请还我的钱"；对前来借钱的人说，意为"没钱借给你"。

语境能够给听读者提供尽可能多的理解线索，有时还可能造成"意会大于言传"。例如：

有位妇人到一家帽子店去买帽子，并且挑中了一顶。女店员很殷勤地帮助她试戴，并且赞叹道："夫人，戴上这顶帽子您立刻年轻了十岁。"这位妇人马上从头上取下帽子还给店员，并不悦地说："我不想买顶一摘下来就让我老十岁的帽子。"

这个言语交际没有取得预期的效果。老妇人对话语的理解超出了女店员想要传达的意思。然而，语境也确实能够提供老妇人的那种理解。

（二）解释功能

1. 提示省略的成分

言语交际中表达者可以依赖语境的提示功能而省略某些词语，听读者可以依赖语境的提示进行理解，意会到表达者所省略的词语。例如：

老爸住院很长时间了，病情一直不见好转，该不会是……？

这里省略的应该是"癌症"之类的词语，不忍心说出。但是由于有语境的提示，听者是能够会意的。又如：

在上文所引的一段里又写出"到××党去领卢布"字样来，那故意暗藏的两个×，是令人立刻可以悟出的"共产"这两字。（鲁迅《"丧家的""资本家的乏走狗"》）

为什么立刻可以悟出"共产"二字？靠语境提示。卢布是苏联的货币，当时的苏联是共产党执政的。

2. 提示某个词语的解释

例如"雷亚尔"是什么意思？一般人不知道。但是在"雷亚尔对美元的比值"中，我们则可以推知它是一种货币名称。"伐木累"是什么意思？离开语境很难推断其意义。但是当我们看到“We are 伐木累”时，意义大致能确定为英语 family 的谐音了。

思考与练习

1. 语境因素有哪些？
2. 如何理解语境在言语交际中的作用？
3. “背景知识”为什么可以算作语境因素？
4. 如何理解语境的制约功能和解释功能？
5. 请分析下例可能存在的言语表达问题。

某君用九年陈酿的地方酒款待客人，另请几个朋友作陪。敬酒时，一朋友突然说道：“这种九年陈酿的酒不是最好的，还有十五年陈酿的，为什么不用？”

6. 请阅读下面的一段文字。

徐渭（字文长）开创画雪竹的方法，所画极为精绝。有人评论说：“徐文长先生画雪竹，纯以<u>瘦笔破笔燥笔断笔</u>为之，绝不<u>类</u>竹；然后以淡墨水钩染而出，枝间叶上，罔非雪积，竹之全体，在隐跃间矣。”

问题：(1) 对画线部分的“笔”和“类”做出解释。

(2) “笔”和“类”这两个词语的意思是由什么语境因素决定的？

第三节　预　　设

一、什么是预设

如果收到这样的短信：“恭喜您！您手机号被抽选为一等奖……”你会去领奖吗？

这句话的前提是该次活动是事实，而且你参加了该次活动的抽奖。如果这个前提是真的，你可以去领奖；否则会上当。

这里的所谓“前提”就是预设。预设（presupposition）是语句出现的前提条件，它包含在语句的意思之中，可以从语句本身或语境（包括前言后语）中推知。例如“他的哥哥大学毕业了”和“他的哥哥大学还没有毕业”，这两句意思不同，但是预设是相同的：“他有哥哥”“他哥哥考取了大学”。又如：

钟点工：“你指定是瞅着人家老太太长得漂亮了。”

大爷:"你拉倒吧!她漂亮我挨顿揍还值呢,还漂亮?那老太太长得比你还难看呢!啊,不是,我说她没有你难看!你呀,比她难看。"(2000年春晚小品《钟点工》)

无论是"A比B难看",还是"B比A难看",还是"A没有B难看",这样的结构里,因为有消极形容词"难看",都有A、B两个都不漂亮的预设。"大爷"无论怎样变换句式,"钟点工"都不会高兴的。

二、预设的主要特点

(一)可推导性

因为预设是语句出现的前提,因此通过出现的语句便可以推出背后的前提条件。例如:

他二儿子今年上幼儿园。

从"二儿子"可以推出这样的预设:他有儿子;他至少有两个儿子;他二儿子大概三岁了。又如:

我不想再跟他来往了。

从"再"可以推出预设:以前和他来往过。再如:

一对新婚夫妇吵架,妻子哭着要回娘家,丈夫没有办法,说:"好吧,亲爱的,这是你回家的车费。"

妻子数了数钱,说:"那,我回来的车费也给我。"

从"回来的车费"可以推出预设:妻子打算回来,并不想真走。

(二)可取消性

预设对语境十分敏感,语境变化,预设也会被取消。例如:

他会不会再去那个地方?(预设:去过)

他会不会再去那个地方,假如他去过的话?(预设变得不确定)

A:他会不会再去那个地方?(预设:去过)

B:他还没有去过那地方呢。(取消了原预设)

又如:

晚会上,一帅哥对一美女感兴趣,却不好直接问人家是否名花有主,他说了这样一句话:"一会儿你男朋友来接你吗?"

"帅哥"的话植入了"你有男朋友"这样的预设。这个预设可以从"美女"的回答中得到确认或取消。

三、预设的巧用

预设的作用比较多,下文谈谈常见的两类。

(一) 利用预设识别话语真伪

预设的功能是作为话语的前提。前提为真,则话语为真,否则话语为假。因此,用好预设理论,能帮助我们辨别话语的真伪。例如:

恭喜您已被××卫视××栏目组后台系统抽选为今日二等奖幸运用户,您将获得梦想创业基金150 000元及××公司赞助价值13 500元人民币的××品牌笔记本电脑一台。请登录……领取。

这个短信可以推出这样的预设:您参与了该卫视“今日”的抽奖活动;主办单位公布了获奖者有这样的奖金和奖品。假如这个前提为真,你可以联系领奖之事;假如这个前提为假,您没有参加“今日”的抽奖活动,那么此短信为陷阱。

(二) 利用预设取得主动

言语交际中,巧妙地利用预设,可以使言语表达朝着有利于自己的方向展开。

1. 利用上文提供的背景

例如:

一对夫妻带着一个五岁的孩子进城务工,需要租房。好容易找到了一个合适的公寓。不料房东说:“真对不起,我们的公寓不租给带着孩子的房客。”说完把大门关上了。夫妻二人很沮丧,正要默默离开。他们的孩子敲起了房东的大门。房东开门了,小孩说:“老爷爷,我没有孩子,只有两位老人,请把房子租给我吧!”房东“不租给带着孩子的房客”这句话可以推出预设:带大人或老人的房客就可以成交。小孩正是利用这一预设,让房东无法拒绝,于是租房成功。

又如:

儿子:爸爸,当人家心里难受的时候,就不应该再给他精神或肉体上的刺激,对吧?
爸爸:那当然。
儿子:我这次考试有两门没有及格,心里很难受!
爸爸:你……

“爸爸”自己认可的前提,自然没法反悔,“儿子”也就避免了“精神或肉体上的刺激”。

2. 植入预设

例如：

在警察审讯嫌疑犯时，问了两个问题。

警察：你知道某某遇害了吗？

嫌疑犯：不知道。

警察：那么他遇害时你在干什么？

嫌疑犯：在家里看电视。

如果警察事先并没有告诉嫌疑犯案发时间的话，那么嫌疑犯对第二个问题的回答就暴露出：他知道遇害的关键信息——时间。之所以如此，这是因为第二个问题已经植入了预设“知道遇害的时间”。又如：

国外某城女士们流行戴一种很高的帽子，以至在电影院里也舍不得摘下来。这样一来，就会挡住后面观众的视线。负责人多次劝说，但效果甚微。最后在门后贴出了“温馨提示”：

本电影院为照顾衰老高龄的女客，允许她们照常戴帽看电影，不必摘下。

这一句话的预设是：衰老高龄的女人需要戴帽子。此“提示”的理想的效果可想而知，谁愿意承认自己是衰老高龄的女人呢？

3. 利用预设歧义

例如：

在丘吉尔七十五岁生日的茶会上，一名年轻的新闻记者对丘吉尔说：“真希望明年还能来祝贺您的生日。”丘吉尔拍拍年轻人的肩膀说：“我看你身体这么壮，应该没有问题。”

丘吉尔从“真希望明年还能来祝贺您的生日”这句话推出两方面的预设：

A. 丘吉尔七十五岁了，记者担心他明年是否还健在。

B. 记者担心自己是否能活到明年。

丘吉尔虽然推出了两个预设，但他的回答明显是以预设 B 为前提的。这样的回答幽默风趣，既取消了不吉利的预设 A，又“祝福”了记者。又如：

国王有意刁难阿凡提，问他：“假若你面前，一边是正义，一边是金钱，由你任取所需，你将作哪种选择？”阿凡提想了想，说：“我选择金钱。”国王立刻做出鄙夷的神情说：“阿凡提，你怎么这么看重金钱呢？要我选，我毫无疑问会选择正义。”阿凡提立刻回答道：“是啊，我的国王，自然是谁缺什么就选什么。”国王无言以对。

这段话围绕“选择”展开。“选择”的预设可以从两方面理解：

A. 选择自己所需要的。

B. 选择自己所缺少的。

A 和 B 意思相近但不相等。“需要”是“应该拥有”,“缺少”则是“缺乏”。国王说话的预设是 A,而阿凡提却偏偏选择 B 作为话语的预设。这样理解也是成立的,因而国王无言以对。

思考与练习

1. 什么是预设?

2. 举几个运用预设辨别话语真伪的例子。

3. 有这样一个笑话:某知县想刁难刘氏夫妇一家,故意给刘老汉出了一道难题,要他十天之内送来三只怀了小牛的公牛。十天之后,只有刘老太太来见知县:

知县:刘老汉呢?怎么不见人影?是不是交不出牛,躲起来了?

刘老太太:不敢,刘老汉正在家里生小孩呢!

知县:胡扯!男人生小孩?这怎么可能!

刘老太太:男人不可能生小孩,那公牛又怎么会怀胎呢!

请分析刘老太太是怎样让县官哑口无言的。

4. 招聘面试时主考官提了这样一个问题:“依你现在的水平,恐怕能找到比我们企业更好的公司吧?”你如何回答?为什么?

第四节　合作原则与话语推导(上)

一、合作原则

言语交际无时无刻不在我们的生活中。言语交际活动就是言语表达和话语理解。交际双方(说话者和听话者、作者和读者、传播者和受众),要相互合作才能达到交际目的。所谓相互合作,就是:不说假话,传递的信息量不多也不少,我问东你不要答西,表达简洁明了,这四个方面都是成功的言语交际必须遵循的。遵循了,就合作了;违背了,就没有合作。

针对这四个方面,美国语言学家格赖斯(Grice)1975 提出了著名的“合作原则”理论。他认为,言语交际是双方为实现某一目标所做的共同努力。理想的言语交际过程中,双方需要遵循合作原则。合作原则具体表现为如下四个准则：

(一) 质真准则(Maxim of Quality)

第一，不要说自己认为是不真实的话。

第二，不要说缺乏足够证据的话。

(二) 适量准则(Maxim of Quantity)

第一，所说的话应包含交谈目的所需要的信息。

第二，所说的话不应包含超出需要的信息。

(三) 关联准则(Maxim of Relation)

所说话语要与话题相关联。

(四) 方式准则(Maxim of Manner)

第一，避免晦涩和歧义。

第二，简练、井井有条。

二、合作原则的违反与识别

表达者遵循上述四个准则，当然是一种理想状态：听读者不用费心思去推导，也不用担心落入言语陷阱。然而现实交际中，表达者常常违反其中的一个或多个准则。例如我们问"现在几点了"，得到的回答却是"邮递员来过了"。如果说他们没有给我们答案，我们却理解了；如果说他们给了答案，可字面上又找不到。这时我们说表达者违反合作原则了。总体上讲，违反合作原则的表现是：不直接表达而是间接表达。下面举例说明合作原则的违反与违反合作原则的识别。

(一) 合作原则的违反

1. 质真准则的违反

违反质真准则指的是该说真话的，却说了假话，或者说了缺乏足够证据的话。例如：

A：你的歌唱得真好！

B：哪里，哪里，献丑了！

歌唱得好是事实，但却说自己"献丑了"，明显与事实不符。因此B违反了质真准则。又如：

有婴儿出生，如果贺客说“这孩子将来长命百岁”，主人家一定会欢天喜地；如果贺客说“这孩子将来会死”，则肯定会被暴打出门，尽管他说的是千真万确的真理。

“长命百岁”未必有依据，也违反了质真准则。但这句话却能得到主人的褒奖，是另有其因的，详见下文。

2. 适量准则的违反

违反适量准则指的是故意提供不足的信息或超量的信息。例如：

A：吉姆和约翰对我们都挺好的，是吧？

B：约翰为人不错！

A 问的是吉姆和约翰两个人，可是 B 评价的却只是约翰一个人，明显没有提供足够的评价信息，因而违反了适量准则。B 显然否定吉姆，但是没有明说。又如：

姨妈：吉米历史考试考得好吗？

母亲：哦，一点也不好！他们出的试题都是那可怜的孩子出生以前发生的事情。

历史考试不好，信息量已经足以回答“姨妈”的提问，可是后面还出现了一个长句加以解释，明显是多余的信息，因而“母亲”也违反了适量准则。显然母亲在为吉米考试不好找理由。

3. 关联准则的违反

违反关联准则指不与对方的话关联，答非所问。例如：

A：那个女的长得丑死了！

B：今年夏天天气一直很好，是吧？

B 不顺着 A 的话题说，而是说不相关的事情，违反了关联准则。A 应该意会到 B 让他不要说他人的坏话。又如：

小孩：妈妈，我可以看电视吗？

妈妈：你的数学作业快做完了吧？

“妈妈”的回应与“小孩”的问题字面上并不直接关联，违反了关联准则，其意是没有完成数学作业之前不能看电视。

4. 方式准则的违反

违反方式准则指故意把话说得晦涩或说得有歧义。例如一些经营者单方面制定的逃避法定义务、减免自身责任的不平等的格式合同（“霸王条款”），就违反了方式准则。一是几句话可以说清楚的内容，用“长篇大论”来表述，一般都有几个页面；二是关键点本该写在醒目的地方，却被掩盖在文字的海洋中。顾客往往没有时间读完、读懂这样的合同。这样的后果是经营者说了算。又如：

一位先生委托一家家装公司装修一套住宅，家装公司最初的报价为 38 998.33 元，但工程做到中期，公司又要他在原工程造价上追加约1万元，否则将停止施工。理由是合同规定“工程价款按公司预算，按实际工程量结算”，现所做地板、大橱柜等的实际工程量均超出了预算。

画线部分的条款表述晦涩，而且前后两句表意矛盾，明显违反了方式准则。消费者只看到前一句，没有注意后一句，因而上当。

(二) 违反合作原则的识别

如果对方的表达一是一，二是二：如实表达，提供适量的信息，不答非所问，表达简洁明了，毫无疑问。我们说对方遵循了合作原则。如果表达恰好相反，则违反了合作原则。违反了合作原则，则有言外之意，也可能隐藏言语陷阱。如何识别对方是否遵循了合作原则呢？我们判断的依据是语境和预设，因为任何话语的表达都依赖特定的语境，都有特定的预设。例如：

某高校向一教授咨询他的学生是否好合作。教授回复的是：该博士科研能力不错，已经发表过好几篇论文。

“教授”的回复没有给该高校提供所需要的信息，至少是信息量不足，我们可以看出他违反了适量准则。同时也可以认为他还违反了关联准则，因为他没有针对对方的问题来作回答。对方很容易从他的不合作中推出言外之意：那个学生虽然科研能力强，但是不好合作。之所以不直接说，那是另有原因，详见下文。

A：我房间里的巧克力呢？

B：孩子们进去过。

B没有针对A的问题回答，违反了关联准则。违反准则便需要推导。根据语境很容易推知：可能是孩子们把巧克力吃了。

A：你昨天又和老婆干架啦？谁赢了？

B：她趴在地上。

A：被你打伤了？

B：她冲我吼：“从床底下滚出来，像个爷们！”

A的问话是：谁赢了？从上下文看，B的老婆赢了，他自己输得很惨。可是他不直接说，而是拐着弯子表达，违反方式准则为自己争面子。

商店打出海报：购满200元，送你一个大惊喜！

一女士误以为“大惊喜”是什么值钱的礼品，就赶快狂买一番。购满200元后要求兑现承诺时，才发现自己上了当：“大惊喜”居然是一包价值6元的面巾纸。该女士质问商家，商家的解释是：200 元的付出换来 6 元的面巾纸不是惊喜吗？

其实，这个“大惊喜”是模糊的：“大惊喜”是多大？主观性太强。商家违反方式准则，故意利用模糊表达。

一同学收到骗子短信，内容是：“爸，我被警察带走了，需要钱，你汇 2 000 元到××账号上，这是别人的手机号，有事等我出来再跟你说。”看完后这位同学回了一条：“等我找到你妈再说吧。”

这条短信的预设是：这位“同学”有一个儿子/女儿。可是他/她没有儿子/女儿，因而知道对方的话是假的。即使是“爸”，联系语境（常识）也能辨别真伪：自己有手机为什么用“别人的手机”？为什么要“汇款”而不是直接让“爸”带钱去派出所？可见，短信违反了质真准则，是假话。

72 岁老人收到中奖快递，刮开后发现中奖 100 万元。领奖的先决条件是先交公证费 5 000 元。

这条信息同样违反质真准则，说的是假话，因为认知语境告诉我们：一是天上不会掉馅饼，二是既然是奖金，“公证费”就可以在奖金中扣除，不需要另外交的。老人告诉对方从奖金中扣除公证费，对方马上就不联系了。

我们说“天上不会掉馅饼”，可是真的有人给你送“馅饼”，让你感觉是真的获得了意外之财；若不加倍小心，很容易落入陷阱。例如：

一人收到中奖 10 万元的短信，要他提供卡号。他怀疑有诈，因为天上不会掉馅饼。但他想看看骗子怎么耍弄。于是提供了一个余额只有 200 元的银行卡号。果真到账 10 万元，并要求他交纳 3 万元的所得税。钱都到卡上了，该不是骗局吧？既是真的，付所得税是天经地义的。

然而常识告诉我们：天上不会掉馅饼；既然需要所得税，就应该在奖金中扣除，何必多一道手续呢？

由于多了这样的心眼，他便咨询银行工作人员。经查发现，到账的 10 万元是银行汇票，不是现金汇款，在规定期限内可以撤回。因此他没有转“所得税”，第二天再看，那 10 万元已不翼而飞了。

思考与练习

1. 实际的交际中，人们常常违反合作原则，那么合作原则理论的应用价值是什么？

2. 如何识别对方是否违反了合作原则？

3. 下面的回答违反了什么样的合作准则？

A：你会做饭吗？

B：我会开煤气。

4. 下面这份合同是否违反了合作原则？

乙基1605农药，数量为65吨，每吨5 500元。交货时间为1999年12月20日，付款时间为：第二年1月付7.5吨的货款，2月底再付7.5吨的货款，其余50吨分期付款。

第五节 合作原则与话语推导(下)

三、违反合作原则的动机

其实，遵循合作原则，一是一，二是二，直接表达，交际双方都省力，那么人们为什么常常违反合作原则呢？因为有些话不好直说，有些话不能直说。这就涉及违反合作原则的动机。违反合作原则的动机大致表现在四个方面：出于礼貌、出于体面、出于误解、布设陷阱。

(一) 出于礼貌

英国语言学家利奇(Leech)针对现实的言语交际中常常违反合作原则现象，提出礼貌原则加以解释。他把礼貌原则分为六个准则：

(1) 得体准则：减少表达有损他人的观点。

(2) 大方准则：减少表达有利于自己的观点。

(3) 赞许准则：减少对他人的贬损。

(4) 谦逊准则：减少对自己的表扬。

(5) 一致准则：减少个人与他人的不同看法。

(6) 同情准则：减少个人与他人之间在感情上的对立。

上面六个准则归纳起来就是：尽量多给别人一点方便，尽量让自己多吃一点亏，也可以说是多给对方“面子”。言语交际中许多违反合作原则的现象都可以用礼貌原则来解释。面子始终掌握在对方手中，如果要不伤害自己的面子，最好的办法就是不伤害他人的面子。为维护对方面子而产生的话语行为就是礼貌行为。

1. 质真准则的违反与礼貌原则

例如：

A：你孙子4岁长得真高！

B：傻大个儿。

B的孙子应该不傻，却说自己的孙子“傻大个”，违背合作原则的质真准则，为的是礼貌——遵循礼貌原则的谦逊准则。又如：

A：你今天在大会上的发言很精彩！

B：哪里哪里！马马虎虎。

B自贬，违反质真准则以遵循谦逊准则。

2. 适量准则的违反与礼貌原则

例如：

A：王警官住在什么地方？

B：市区的某个地方。

B提供的不是准确的地址，信息量不够。B不愿或不能告诉A王警官的住址，但不直说。他违反适量准则以遵循得体准则。又如：

A：听说小王和小陈工作都很不错，是吗？

B：小陈的工作确实很出色。

B违反适量准则，不直接说小王工作不好，是为了给人面子，遵循得体准则。

3. 关联准则的违反与礼貌原则

例如：

A：李教授昨晚报告精彩吗？

B：我收到了好几个短信。

A能推知报告不精彩。B表面没有回答问题，违反关联准则，为的是遵循得体准则，不直说报告不精彩。

4. 方式准则的违反与礼貌原则

例如：

妻子：给孩子吃点东西吧。

丈夫：好的。但是我否决C—H—O—C—O—L—A—T—E。

丈夫不想让孩子知道他不赞成给巧克力，所以用拼读的方式来表达。违反了方式准则，但遵循了得体原则，不得罪孩子。又如：

A：你老婆昨天上街买了什么？

B：她买了一条红色连衣裙，她还买了一条绿色连衣裙，她还买了一条蓝色的连衣裙。

本来B只需回答：买了三条连衣裙，红、绿、蓝各一条。然而他用的是三个完整的句子，表达上不简洁，言外之意在于他老婆买得太多了。丈夫不直说，违反了方式准则，但遵循了得体准则。

（二）出于体面

给对方的面子，那是出于礼貌；为自己争面子，则不是出于礼貌，不是礼貌原则能够涵盖得了的。这里用“出于体面”而不用“出于面子”来概括，是因为“出于面子”是双向的：不仅可以理解为给自己争面子，还可以理解为给他人的面子。例如上文的“母亲”告诉“姨妈”老师的历史试题都是孩子出生以前发生的事情，她说这句“多余”的话就是为了自身的体面。又如：

刘梅：孔子的老师是谁？

刘星：钻子，没有钻子哪来的孔子呢？

——情景剧《家有儿女》

刘星并不知道孔子的老师是谁，本来直接回答不知道就行了。可是他出于自身的体面，违反质真准则，望文生义，编造了一个明显不是事实的答案。刘梅当然可以推导出刘星是为了面子，不懂装懂。

（三）出于误解

有时说话者违反了合作原则自己却不知道，其动因是出于某种误解。这种违反没有任何目的，可以算作零动机。例如：

消防员：哪里着火了？

报警人：我家。

消防员：我是问在什么地方？

报警人：在厨房。

消防员：我是说我们怎么去？

报警人：你们不是有消防车吗?!

消防员的问话有歧义而不自知，违反了方式准则。报警人的理解不是消防员问话所指，因而答非所问，违反关联准则。然而会话双方对合作原则的违反都不是有意地。

（四）布设陷阱

1. 质真准则的违反与言语陷阱

例如：

一洗发水广告出现“头屑不再来”“头屑再没回来”这样的广告语，这对受众的吸引力是很大的，因为一劳永逸是最理想的了。

这样的广告词是违背常理的。专家指出，“头屑不再来”“头屑再没回来”不符合人体的生理特征。头屑是头皮正常的分泌代谢物，不可能完全消失。又如：

骗子：您好，这里是商业银行，您的信用卡显示异地消费八千元……啊，您没有信用卡，那您有什么卡呢？

骗子（继续说）：好的，您的公交卡显示异地消费八千元。

——小品《天网恢恢》

“您的信用卡显示异地消费八千元”这句话的预设是：“您”拥有商业银行的信用卡；在外地消费过八千元。从对话看，“您”压根儿就没有骗子说的信用卡——预设为假，话语还能是真吗？立即就可以判断是诈骗电话。

2. 适量准则的违反与言语陷阱

对方说了假话，你信以为真则会上当。对方没有说假话，你不注意也会上当。对方违反适量准则，不提供所必需的信息，若不细察，也会上当。例如广告玩文字游戏、商品上没有生产日期，这些都违反了适量准则。又如：

一个农民对山姆说：“山姆，我的马得了温热病。我记得你的马也得过温热病，你喂了什么药？”

山姆含混地说：“松节油。”

一周后他们又见面了，农民对山姆吼道：“山姆，我听了你的话，给我的马喂了松节油，结果马死了！”

山姆点头说：“我的马也一样。”

山姆违反了适量准则，没有提供全部信息，对关键信息避而不谈：他自己的马吃了松节油死了。这样的言语陷阱，需要靠认知语境——常识来识别：松节油是不能吃的。那位农民如果细想一下，应该不至于上当的。

3. 方式准则的违反与言语陷阱

合作原则中的方式准则，说的是言语表达要避免晦涩和歧义，要做到简洁明了。然而言语表达中说写者常常会违反方式准则，例如故意把话说得晦涩或有歧义，故意把自己的商标名称设计得与某名牌十分相似，其目的就是布设言语陷阱。如果不细察，就可能上当受骗。又如：

一契约中出现了这样一句话：还欠款 25 万元。

“还欠款 25 万元”可以有两种理解：一是“尚欠款 25 万元”，二是“已还款 25 万元”。这种言语陷阱是契约的一方有意布设的，因而引起了官司。再如：

大四学生小罗投出求职简历后接到一家出版社的电话：如果小罗可以在出版社实习三个月并且表现得令人满意的话，双方就可以正式签约。小罗觉得“表现得令人满意”太模糊了，主观性太强，于是没有答应出版社的要求。小罗的同学小夏听说之后，觉得机会难得，于是就联系了这家出版社。在三个月的实习中，小夏一直在出版社中忙项目、整理资料，十分认真。然而，三个月之后，出版社却没有与小夏签约。

后来小夏得知，该出版社只是需要人帮忙，并没有打算招人，因而承诺时使用模糊的“表现得令人满意的话”。

这个模糊表达，小罗取其消极的一面：实习结束时万一出版社认为他“表现得不令人满意”怎么办？小夏取其积极的一面：实习结束时出版社或许认为他“表现得令人满意”就会跟他签约。

另外，还有利用障眼法布设言语陷阱的：把吸引你的文字凸显出来，把对你不利的表述用小字体放到你不容易注意的位置。例如：

房地产开发商往往在显眼的位置标出一个令人心动的价格，而在不显眼的位置注明价格不包括审批费、配套费、绿化费等。就这个“等”字也令不少预付购房款者始料未及，结果实际房款大大超出购房预算。

又如：

蔡：为什么……还是看合同吧。翻到第 5 页第 55 条。

郭：这哪有 55 条啊。

蔡：给你（放大镜）。

郭：干吗？

蔡：在缝里……

——春晚小品《梦幻家园》

再如：

一广告这样说：某公司一部“喜美”牌汽车只卖 9 999 美元。

这个广告的歧义之处是“一部……只卖……”：可以理解为每一部“喜美”牌汽车都卖 9 999 美元；也可以理解为只有一部“喜美”牌汽车卖 9 999 美元。心动的价格自然吸引你去买，得到的回答是：只有一部车卖这个低价，恰好刚刚卖掉了。

骗子往往通过悄悄违反合作原则来布设言语陷阱，如果我们不能识别就会掉入陷阱。

当然我们只要依据语境和预设对言语进行认真的分析，言语陷阱是可以识破的。这里所说的语境主要指认知语境，它包括我们的各种背景知识——常识。

(五) 关于幽默

很多违反合作原则的例子都体现出幽默，但是幽默并不是违反合作原则的主要动机。例如：

小伙子想给女友买一枚戒指，指着一枚钻戒问店员："这个多少钱?""1 000 美元。"价格高得出乎意料，小伙子惊异地吹了一声口哨，又指着另一枚问："这个呢?"店员小声地说："三声口哨。"

店员不直接说 3 000 美元，而是违反关联准则，说了"三声口哨"，这种回答自然很幽默。但是细细一想，店员不仅仅是制造幽默，真正的动因却是以幽默的方式违反关联准则，使表达更为得体。这样可以缓解一下气氛，不让顾客因高价而感到难堪。

违反合作原则产生幽默大致包括两个方面：言内幽默和言外幽默。这两种幽默都同时是出于上述四个动机的需要。

1. 言内幽默

言内幽默指由上下文制约而产生的幽默，也即前言后语的巧妙组合而产生的幽默。这种幽默只是作为一种表达手段，特别用于出于礼貌或体面的场合。上例"店员与小伙子的对话"就属于这一类。又如：

歌德与批评家相遇于小路上。批评家说："你知道吗，我这个人是从来不给傻瓜让路的。"歌德回答说："而我却恰恰相反。"

歌德违反方式准则的回答自然产生了幽默效果，但是其真正的动因还是遵循礼貌原则，有分寸地回敬那位批评家。再如：

20 世纪 60 年代，我空军击落了一架侵入我国领空的美国侦察机，引起世界的极大关注。在一个外交场合，有记者问陈毅外长："你们是怎样打落美国先进飞机的?"陈毅外长哈哈大笑说："我们是用竹竿把它捅下来的。"

竹竿如何捅得下来飞机？此话很幽默，也很假。陈毅外长以幽默的方式违反质真准则，很有礼貌地表达了"无可奉告"之意。

2. 言外幽默

言外幽默不是前言后语的巧妙组合而产生的幽默，即不是作为一种表达手段，而是该文本置于特定的交际环境下才产生的幽默。如上例"消防员和报警人"是双方误解的例子，双方都在很认真地问答，对话本身没有幽默。但是，如果放在情景剧中，观众则会觉得很幽默。又如：

房产商广告：买房子，送家具。

购房者：我买了你们的房子，现在来领家具。

房产商：你的家具在哪里？我们帮你送！

广告中的“送”一般理解为“赠送”，但是也可以理解为“运送”。还有，即使真的是“赠送家具”，这个“家具”具体包括哪些物品也是模糊的。广告故意说得含糊，违反了方式准则，导致客户上当。这个例子中，双方本身没有制造幽默的意图，上当者更是气愤。但是，局外人，特别是作为情景剧的观众，看到此情此景时会觉得很幽默。这样的例子本身不幽默，说话者也并不想制造幽默，只是出现在特定的语言环境中，局外人（观众）觉得很幽默。

思考与练习

1. 言语交际中，表达者为什么常常违反合作原则？

2. 合作原则和礼貌原则的内在联系是什么？

3. 骗子很少违反关联准则布设陷阱，为什么？

4. 请分析下列案例：

(1) 国外一发卡机构的广告说：发放利率为3.9%的金卡。可是申请人收到的却是利率高达14.9%的一般信用卡。原因是广告背面有一行要用放大镜才能看清楚的文字：发卡机构可以根据申请人的信用报告，自行决定改发一般信用卡。

(2) A：我新来的邻居挺恶心的，每天深夜急促地按我的门铃。

B：你叫警察了吗？

A：没有。我当他是个疯子，继续弹我的钢琴。

(3) A：（餐桌上）我看看，鱼翅就更不要点了。

B：鱼刺有也别吃了，我吃鱼刺有一回就卡住了嘛。后来用馒头噎、用醋泡都不好使，到医院用镊子拿出来的，不吃那玩意儿。

(4) 老汉途经一家布店门口，被一人亲切地招呼拉住：“大伯，您买布吗？这布料便宜5块钱一米。”老人盘算：10块多点就能做一身衣服，就买点吧。“拿着吧，你占便宜了，2米6，65块钱。”老汉吓了一大跳。老板说：“这布原来30块钱一米，现在便宜了5块，25块钱一米啦，请付钱吧！”老汉因此吃了哑巴亏。

(5) 老子不但有车，还是自行的！

第六节　言语表达与修辞(上)

言语表达追求的是得体,它依据特定的语境,运用恰当的语言手段以取得理想的表达效果。这种表达过程就是我们常说的修辞过程。修辞过程就是依据特定的语境,利用语言文字的一切可能性以取得理想表达效果的过程。学界对修辞本身的定义可以概括为:修辞是为适应特定语境,运用恰当的语言手段,以追求理想表达效果的规律。

对语言手段的运用,实际上就是对语音、词汇、语法、文字的运用,包括对在运用这些语言要素过程中形成的一些特殊格式——修辞格的运用。这些语言手段在长期的使用中还会形成特定的功能变体——语体。下面从语音修辞、词语修辞、句子修辞、汉字修辞、修辞格和语体六个方面讨论言语表达问题。

一、语音修辞

语音修辞即以语音为表达手段,充分利用语音提供的可能性以取得理想的表达效果。语音配合得好,说起来顺口,念起来动听,有利于表达思想、抒发感情、烘托意境,给人一种音乐美的享受。语音修辞常见的有叠音、摹声、韵律等手段。

(一) 叠音

叠音,就是将同一个音节重叠起来使用。叠音形式能产生绘声绘色、动听响亮的修辞效果。言语表达中使用叠音手段,可以使语言增添音律美。例如:

轻轻的我走了,
　正如我轻轻的来;
我轻轻的招手,
　作别西天的云彩。(徐志摩《再别康桥》)

诗歌开头连用三个“轻轻的”,绘声绘色,诗人潇洒地来,又潇洒地去,跃然纸上。又如:

曲曲折折的荷塘上面,弥望的是田田的叶子。叶子出水很高,像亭亭的舞女的裙。层层的叶子中间,零星地点缀着些白花,有袅娜地开着的,有羞涩地打着朵儿的;正如一粒粒的明珠,又如碧天里的星星,又如刚出浴的美人。(朱自清《荷塘月色》)

上文叠音手段的运用,使得景物描写声情并茂,月下荷塘的美展现得一览无余。

叠音都是叠声叠韵的，即便是双声或叠韵的双音词，也同样产生音乐美。例如：

微风过处，送来缕缕清香，仿佛远处高楼上渺茫的歌声似的。（朱自清《荷塘月色》）

看红装素裹，分外妖娆。（毛泽东《沁园春·雪》）

上例“仿佛”“渺茫”是双声，“妖娆”是叠韵，用在文中，同样增添了语言的音乐美。

（二）摹声

摹声，即运用象声词来描摹声音，使表达更加具体真实、形象生动。例如：

田贵走进牲口棚，王六老板正吧嗒吧嗒地吃着饭，他命令道：“你去找赵明福，打听打听姓俞的那小子为什么到你家来？”（刘绍棠《运河的桨声》）

“吧嗒吧嗒”绘声绘色，如果去掉这样的象声词，表达则大为逊色，既不生动，也不具体。又如：

葫芦娃，葫芦娃，一根藤上七朵花。
风吹雨打，都不怕，啦啦啦啦。
叮当当咚咚当当，葫芦娃，
叮当当咚咚当当，本领大，啦啦啦啦。（动画片《葫芦兄弟》）

“叮当当咚咚当当”烘托葫芦娃的战斗精神，生动传神。如果去掉这个摹声词语，那么儿童情趣和绘声绘色的作用都会荡然无存。

（三）韵律

韵律手段主要包括押韵和平仄，这种手段在诗歌中的运用是不言而喻的，散文中如能恰当运用也能取得散韵兼收的效果。例如：

① 我不知道，人们走过这海珠广场，心里想些什么；而我呢，每次走过这个地方，总要经久徘徊，往返徜徉。我常常站在花岛的中心，对着雕像，在探索，在浮想——（韦丘《珠海丹心照天日》）

② 一张白纸，没有负担，好写最新最美的文字，好画最新最美的画图。（毛泽东《介绍一个合作社》）

例① “方”“徉”“像”“想”相互押韵，散文诗意，读起来韵味十足。例②为了做到平仄相间，把“图画”改为“画图”。这样“白纸—负担”“文字—画图”都是“平仄—仄平”相间，收到了抑扬顿挫的修辞效果。

手段都是独立存在的，但是运用时往往是综合的。这里以《珠海丹心照天日》的另一部分为例，考察语音手段的综合运用：

草绿、花香，巍巍大厦、滚滚珠江……海珠桥像一把巨大的琴弓，弹响了珠江这金色的琴弦，把生活的壮歌吟唱……

云彩、阳光，猎猎红旗、峨峨雕像。你左手抱花束，右手握钢枪；肩上的披风，征尘未洗，双目如电，正视前方……

从语音修辞看，“草绿、花香，巍巍大厦，滚滚珠江”与“云彩、阳光，猎猎红旗、峨峨雕像”结构对称，有整齐美。“巍巍”“滚滚”“猎猎”“峨峨”叠音，“香”“光”“江”“像”押韵，“草绿（仄仄）”与“花香（平平）”平仄相间，“云彩（平仄）”与“阳光（平平）”也算是平仄相间，增添了韵律美；既有两两相对、四四相对的齐整，又有长短句交叉使用的参差美。整个段落读后给人一种音乐美的享受。

二、词语修辞

每个词语都有其特定的表达作用，依据特定语境精心选用，把它放在恰当的位置上，就可以产生理想的修辞效果。词语修辞也称“炼字”。“炼”是“锤炼”之意，“炼字”就是对词语反复推敲琢磨，选用一个恰当的词语融入语句中，以取得理想的表达效果。老舍在谈到词语锤炼时说：

比方写一个长辈看到自己的一个晚辈有出息，当了干部回家来了，他拍着晚辈的肩说：“小伙子，‘搞’的不错呀！”这地方我就用“搞”，若不相信，你试用“做”，用“干”准保没有用“搞”字恰当、亲切。假如是一个长辈夸奖他的子侄说：“你这小伙子，做事认真。”在这里我就用“做”字，你总不能说：“这小伙子，‘搞’事认真。”要是看见一个小伙子在那里劳动的非常卖力气，我就写：“这小伙子，真认真干。”这就用上了“干”字。像这三个字：“搞”、“干”、“做”都是现成的，并不谁比谁更通俗，只看你把它搁在哪里最恰当、最合适就是了。（老舍《关于文学的语言问题》）

特定语境中的某个位置上可供选择的词语可能很多，选择哪一个最适切？就要精心琢磨，琢磨的过程中要考虑意义差别、色彩配合、前后搭配等因素。

（一）意义与词语选用

同义词语的选用要考虑意义上的细微差别。著名词作家阎肃在为电视剧《西游记》主题歌创作歌词时，遇到过这样的问题：“路在何方”这句前面添上什么样的词语更合适？作者经历了“试问路在何方”“请问路在何方”“敢问路在何方”这样的推敲过程。“试问”“请问”“敢问”三个词意义相近，各有适合的语境，问句中显然用“敢问”更为贴切。

王安石的名句“春风又绿江南岸”中的“绿”字也是经过推敲之后定下来的。据南宋洪迈《容斋续笔・卷八》记载，王安石先后想到了“到”“过”“入”“满”等大约十个字，最后才选定这个“绿”字。“绿”字之所以更为贴切，因为它不仅隐含春风的“到”“过”“入”“满”之意，更能表现出春风到后江南水乡春意盎然、欣欣向荣的景象。又如：

不是年青的为年老的写记念，而在这三十年中，却使我目睹许多青年的血，层层淤积起来，将我__得不能呼吸，我只能用这样的笔墨，写几句文章，算是从泥土中挖一个小孔，自己延口残喘，这是怎样的世界呢。（鲁迅《为了忘却的记念》）

孤立地看，上例下画线处可以填上“闷”“淹”或“埋”，但是从“层层淤积”和“从泥土中挖一个小孔”这上下文看，用“埋”更切合语境。

（二）色彩与词语选用

这里的“色彩”指词语的感情色彩和语体色彩。词语的锤炼过程中也要考虑词语这两个方面的色彩。

1. 感情色彩

从感情色彩看，有的词语带褒义，有的带贬义，有的色彩为中性，我们在选用时要加以区分。例如“成果”“后果”和“结果”，它们的感情色彩分别为褒义、贬义和中性。又如：

① *该通缉犯黑头发，大大的眼睛。
　该通缉犯黑头发，大眼睛。
② *楼下的狗狗叫一个晚上了，我根本睡不着。
　楼下的狗叫一个晚上了，我根本睡不着。

例①“大大的眼睛”与“大眼睛”，感情色彩上有所不同：前者带有喜爱的色彩，后者却是中性的，因而对“通缉犯”用“大眼睛”更合适。例②“狗狗”与“狗”的感情色彩也一样：前者带喜爱色彩，后者是中性的。考虑到被狗的叫声吵得一夜没有合眼，用“狗”更合适。

2. 语体色彩

从语体色彩看，有的词语具有书面色彩，有的词语则具有口语色彩。例如“光临”和“到来”、“鉴于”和“考虑到”、“儿童”和“小孩”之间的不同在于语体色彩的不同：“光临”“鉴于”“儿童”具有书面色彩，“到来”“考虑到”“小孩”具有口语色彩。有些词语的语体色彩是中性的，例如“山”“鱼”“土地”“世界”，它们在语体上都是中性的。

我们在对词语进行选用时要考虑语体色彩的配合。例如我们可以说“儿童乐园”，却不可以说“小孩乐园”，原因在于“儿童”具有书面色彩，用于正式场合，“小孩”具有口语色彩，用于非正式场合。又如：

除怙恶不悛的战争罪犯和罪大恶极的反革命分子外，凡属国民党中央、省、市、县各级政府大小官员……凡不持枪抵抗、不阴谋破坏者，人民解放军和人民政府一律不加俘虏，不加逮捕，不加侮辱。（毛泽东《中国人民解放军布告》）

例中“怙恶不悛”“凡”“一律”“不加”“者”都具有较强的文言色彩，用在正式的布告中显得郑重有力，假如换成同义的口语词，就会与庄严的布告不切合。再如：

① 你再向前看看，就能看到。

② 立正！ *向前看看！

上面两个例句都有“向前看看”，但是在例①中合格，而在例②中则不合格，那是因为“看看”是动词重叠形式，语气较弱，常用于口语中，表示委婉的要求。例②是军训教官的口令，语气强，表达正式，因而不能用带有口语色彩的“看看”。

（三）搭配与词语选用

“搭配”指词语的配合使用，既有相邻词语的配合，又有上下文的配合。例如“发挥”和“发扬”所带的宾语就不一样，我们可以说“发挥作用”，但不能说“发扬作用”；我们可以说“发扬风格”，却不能说“发挥风格”。又如：

① 弘扬真善美　鞭挞假恶丑（标语）

② 真的、善的、美的东西总是在同假的、恶的、丑的东西相比较而存在，相斗争而发展的。（毛泽东《关于正确处理人民内部矛盾的问题》）

③ 有许多人，“下车伊始”，就哇喇哇喇地发议论，提意见，这也批评，那也指责，其实这种人十个有十个要失败。（毛泽东《〈农村调查〉的序言和跋》）

④ 一个阔人说要读经，嗡的一阵一群狭人也说要读经。岂但“读”而已矣哉，据说还可以“救国”哩。（鲁迅《这个与那个》）

例①使用“假恶丑”，一是与上文“真善美”对应，二是要和书面色彩较浓的述语搭配，三是处于标题中，需要紧凑。例②使用“真的、善的、美的”，一是作定语，二是与“假的、恶的、丑的”相应。例③中“批评”和“指责”是同义的，二者对应使用是为了避免重复。例④临时造出“狭人”一词，是因为对应上文的“阔人”；这个语境中，除了另造“狭人”一词，一时还找不到现有的词与“阔人”相对应。

三、句子修辞

一句话百样说，同一个意思，可以用不同的句子格式（句式）来表达。例如同一个意思，既可以用肯定句表达，又可以用双重否定句表达：

① 我们一定要做好本职工作。

② 我们不能不做好本职工作。

两句表达意思相同，但是从修辞效果上看，例②是双重否定，语气更强。当然，表达上述意思还可能有其他的句式。使用哪一句式好？这就要依据语境而定。同一个意思之所以“百样说”，就因为语境多种多样。句子修辞，也称“炼句”，就是依据特定语境，反复推敲琢磨，选用恰当的句式，以取得理想的表达效果。

各种句式都有其特定的表达作用，下面分析几对常见句式的修辞效果，以期大家在“炼句”时能够举一反三。

（一）长句和短句

长句是形体长、词数多、结构比较复杂的句子，短句是形体短、结构比较简单的句子。长句的修辞效果是严谨周详、委婉细腻，便于周密、详尽地阐述道理，气势磅礴地抒发感情。短句的修辞效果是简洁、明快。

一般而言，政论文本多用长句，文学作品多用短句，但这不是绝对的。只要用得恰到好处，政论文本也可以穿插一些短句，文学作品中也可以穿插一些长句。这样交替运用，富有变化，能收到较好的表达效果。例如：

我们共产党人，多年以来，不但为中国的政治革命和经济革命而奋斗，而且为中国的文化革命而奋斗；一切这些的目的，在于建设一个中华民族的新社会和新国家。在这个新社会和新国家中，不但有新政治、新经济，而且有新文化。这就是说，我们不但要把一个政治上受压迫、经济上受剥削的中国，变为一个政治上自由和经济上繁荣的中国，而且要把一个被旧文化统治因而愚昧落后的中国，变为一个被新文化统治因而文明先进的中国。一句话，我们要建立一个新中国。建立中华民族的新文化，这就是我们在文化领域中的目的。（毛泽东《新民主主义论》）

上例是政论文，为了严谨周密，运用了大量的长句是很自然的，同时，长句中也穿插着短句。第二、第五句长度适中，第四句简短有力，是对上一个长句的简明概括。这样，严谨和明快交织，收到了较好的修辞效果。又如：

亲爱的朋友们，当你坐上早晨第一列电车走向工厂的时候，当你扛上犁耙走向田野的时候，当你喝完一杯豆浆，提着书包走向学校的时候，当你安安静静坐到办公桌前计划这一天工作的时候，当你向孩子嘴里塞苹果的时候，当你和爱人悠闲散步的时候，朋友，你是否意识到你是在幸福之中呢？（魏巍《谁是最可爱的人》）

整篇报告文学短句较多，同时也交织着长句，上例是其中一句。这样的长句气势磅礴，便于抒情。

（二）整句和散句

整句是指结构整齐、长短划一的句子，其表达作用是：形式整齐、声音和谐，适合诗歌、唱词、抒情散文等。散句是指结构比较自由、长短不等的句子，其表达作用是：形式灵活多样、富于变化、自然活泼。

平时说话或写作，一般用散句，表达活泼自然，但是适当使用一些整句，可以增添韵味，收到节奏鲜明、散中有整的修辞效果。相反，大量运用整句时，恰当地使用一些散句，又可以避免呆板僵化，增添整中有散的美感，使表达富于变化。例如王蒙的散文《苏州赋》，通篇以散句为主，可是在开篇就出现了整齐一致的表达：

左边是园，右边是园。

是塔是桥，是寺是河，是诗是画，是石径是帆船是假山。

左边的园修复了，右边的园开放了。有客自海上来，有客自异乡来。塔更挺拔，桥更洗练，寺更幽凝，河更闹热，石径好吟诗，帆船应入画。而重重叠叠的假山，传至今天还要继续传下去的是你的匠心真情。是你的参差坎坷的魅力。

诗歌也有整散搭配的用法，例如：

小时候
乡愁是一枚小小的邮票
我在这头
母亲在那头

长大后
乡愁是一张窄窄的船票
我在这头
新娘在那头

后来啊
乡愁是一方矮矮的坟墓
我在外头
母亲在里头

而现在
乡愁是一湾浅浅的海峡
我在这头
大陆在那头
（余光中《乡愁》）

四组诗句整体对称齐整，内部都是散句，这样整散结合，齐整而有变化，给诗歌增添了形式美。

（三）常式句和变式句

常式句是指按照常规的语序进行表达的句子，变式句是指为实现具体的表达目的和表达效果而在常规语序上加以变化的句子。语序调整的动因很多，下面略举几例：

① 悄悄的我走了，正如我悄悄的来。（徐志摩《再别康桥》）

② a. 其情可悯，其罪当诛。

b. 其罪当诛，其情可悯。

③ 鼓动吧，风！咆哮吧，雷！闪耀吧，电！把一切沉睡在黑暗怀里的东西，毁灭，毁灭，毁灭呀！（郭沫若《屈原》）

④ a. 我仍然感到，我只是孤孤单单的一个人。

b. 我仍然感到，我只是一个人，孤孤单单的。

例①“悄悄的”前置，是为了凸显离开的方式，营造一种静静离去的意境。假如改为常式“我悄悄的走了，正如我悄悄的来”，则达不到这样的表达效果。例②两句内部是转折关系，重心在后一分句。a 句强调的是“当诛”，b 句强调的是“可悯”。顺序不同，一死一生。例③作者抒发不可遏制的胸中积愤，使用倒装语序有利于这样的表达。若使用正常语序，把“风”“雷”“电”还原到常位，表达效果则会大为逊色，远不及变位那样憾人心弦了。例④a 句定语在常位，中心语是人；b 句把该定语移到后面则凸显了“孤孤单单”的寂寞感。

四、汉字修辞

汉字修辞指依据特定的语境，以汉字形体作为表达手段，以取得理想的表达效果。常见的汉字修辞方式大致有如下几种：

（一）整体会意

①“痛欢今日新天地，澎湃潮流沸海江”。一个以“农村信息化直通车工程”为内容的广东农村社会主义现代化建设高潮正在兴起，她预示着中国农村现代化建设正如初升的红日，带着蓬勃的朝气，冉冉而上。（《人民日报海外版》2010 年 09 月 16 日）

② 羿并不勒住马，任它跑着，一面却也拈弓搭箭，只一发，只听得铮的一声，箭尖正触着箭尖，在空中发出几点火花，两枝箭便向上挤成一个“人”字，又翻身落在地上了。（鲁迅《奔月》）

③　　前年

　　我一个人生活

人　像神仙一样快活的人

去年
我两个人生活
从此变成另一个人的随从
今年
我三个人生活
众人只把我当成最忠实的听众　（朱赢椿《婚前婚后的人》）

例①报道中连续使用7个有水字旁的汉字，形成了一种视觉上的冲击，同时又和下文的"高潮正在兴起"形成了呼应，给读者非常深刻的印象。例②利用"人"字两笔呈现出空间的交叉关系，直观地表达出"两枝箭"的状况，表达精练而富于联想。例③除了诗句中点明人数外，作者还充分利用汉字部件与整字的数量关系来彰显，在视觉上形成冲击。这样，字形与诗歌的内容相辅相成，浑然一体，取得了较好的艺术效果。

（二）拆字

①《三国演义》有这样一个情节：曹操在酥糖盒子上写了"一合酥"三个字，主簿杨修就取来勺子让众人一人尝了一口。

② 甲：……我们科长都能撇，妈怎么不能撇？先把女字旁给撇了。

乙：什么女字旁？

甲：就是"妈"字，撇掉那个女字旁。

乙：啊？那不成了"马"了吗？

甲：还不如"马"呢！（相声《指妈为马》）

例①杨修把"合"字拆成"人一口"，这样"一合酥"就可以理解为"一人一口酥"了。例②把"妈"拆成"女"和"马"，鞭挞了那些把母亲当马驱使的不孝之徒。

（三）拆合

① 千里草，何青青。十日卜，不得生。（范晔《后汉书》）

② 山石岩下古木枯，此木为柴；白水泉边女子好，少女更妙。

③ 或入园中，推出老袁还我国；余行道上，不堪回首问前途。（沈岚《民国对联趣谈》）

例①是童谣，作者把"董"字拆成"千里草"，把"卓"字拆成"十日卜"，听读者能合起来会意，猜出"董卓"二字。例②是副对联，通过"岩""枯""柴""泉""好"与"妙"，分别先拆后合，缀字成文，显现出了作者高超的驾驭语言文字的能力。例③也是一副拆合字的对联，对"园""国""道""途"四字进行了拆合。"园"（繁体为"園"）推出"袁"剩下"囗"，让"或"进入"囗"便有了"国"（繁体为"國"）；"道"去掉"首"剩下"辶"，"余"走上"辶"便成为"途"。此联表达了作者对袁世凯复辟帝制、祸国殃民的痛恨之情，对国家前途命运的担忧。

（四）删减

① 鲁迅《且介亭文集》。

② 杭州西湖湖心亭有一石碑，刻有“虫二”二字。

例①“且介”来自“租界”二字，把“禾”和“田”删减后剩下的。因此，“且介”二字暗示了“文集”创作的时间与地点。例②相传“虫二”为乾隆所题。这二字来自“風（“风”的繁体）月”，把外面的边框删减便剩下“虫二”。文字与景色相映成趣，巧妙地传达了西湖“风月无边”的深刻含义。

思考与练习

1. 言语表达与修辞的关系是什么？

2. 语言手段有哪些？修辞格是什么样的语言手段？

3. 如何理解“炼字”和“炼句”？

4. 曹禺《日出》将“她是一个俗不可耐的肥胖女人”中的“肥胖女人”改为“胖女人”，为什么？

5. 与“丈夫”一词同义的还有“先生”“爱人”“老公”等，为什么一个概念需要不同的词语来表示？

6. 如何理解“一句话，百样说”？

7. 下面是同一段外文的两种译法，请对它们不同的表达手段进行比较：

① 一八一五年二月二十四日，避风堰瞭望塔上的守望者，望见了从士麦拿经过的里雅斯特和那不勒斯来的三桅大帆船埃及王号。瞭望塔上发出了讯号，并立刻派出一位领港，绕过伊夫堡，在摩琴岬和里翁屿之间上了船。（蒋学模译《基度山伯爵》）

② 一八一五年二月二十四日，前哨圣母塔上的瞭望员发出信号，示意法老号三桅船到了；它从士麦那出发，经过的里雅斯特、那不勒斯而来。如同往常一样，一个海岸领港员立即跳上小船，从港口出发，擦过伊夫堡，在莫尔季翁海角和里翁岛之间登上三桅船。（韩沪麟、周克希译《基督山伯爵》）

8. 下面段落中，后文并没有按照上文的“菊—牡丹—莲”的顺序表达，而是改变成“菊—莲—牡丹”的顺序来表达，请分析其中的原因：

予谓菊，花之隐逸者也；牡丹，花之富贵者也；莲，花之君子者也。噫！菊之爱，陶后鲜有闻；莲之爱，同予者何人？牡丹之爱，宜乎众矣！

第七节　言语表达与修辞(中)

五、修辞格

言语表达中，人们除了对语言文字的一般性使用外，还常常运用一些特殊的表达手段，以获得特殊的表达效果，由此形成了一些固定的修辞格式——修辞格，也叫辞格。修辞格属于积极修辞，着重于语言的美化，能够使言语表达生动有力。不同的修辞格在表达效果上有所侧重。下面我们讨论一些常用修辞格的表现形式和表达效果。

(一) 比喻

1. 什么是比喻

比喻也叫“打比方”，它是人们在描摹某一事物时通过阐述与其本质不同而又有相似之处的另一事物来实现交际目的的修辞格。它利用已知经验引发新的认知，通常是以具体的、形象的、生动的事物来说明抽象的事物，不仅便于理解，而且本体和喻体的联想关系也能给人以陌生化的艺术审美感受。

一个完整的比喻由四个要素组成：本体(被比喻的事物)、喻体(用来打比方的事物)、喻词(连接本体和喻体的词语)和相似点(本体和喻体在某个方面相似的地方)，其中相似点是比喻得以建立的心理基础。例如：

美丽的彩虹就像一座七彩桥，高挂在雨后的天空。

上例本体是“彩虹”，喻词是“像”，喻体是“七彩桥”，相似点是二者美丽的外表。

2. 比喻的基本类型

比喻的基本类型有明喻、暗喻和借喻三种。我们以 B 表示本体，以 Y 表示喻体来说明这三种比喻的表现形式。

(1) 明喻——B 像 Y。

明喻的本体、喻体、喻词都出现。常用的喻词有：用在喻体之前的“像”“好像”“仿佛”“如”“如同”等动词；用在喻体之后的“似的”“般”“一样”“一般”等词语。有时这两类喻词也可以搭配使用构成“如同……似的”“仿佛……一样”等格式。例如：

① 湖的四周，几乎尽是一色的险峻山峰，湖边一些奇岩怪石，一半在湖水中，一半露出湖面，宛如一个个狰狞的野兽一般，有的似俯首长饮湖水，有的像横卧湖边，更有的如水

中跃出门怪兽，凶猛可怕。（戊戟《江湖传奇》）

② 可是车子刚刚开了几步，一个意想不到的情况出现了，车子的发动机出现一阵怪响，好像一个人喘不上气一样，“噗噗”几声后，就自动熄火了。（网络小说《我们是传奇》）

(2) 暗喻——B是Y。

暗喻又称隐喻，它把本体和喻体之间的比喻关系隐藏起来进行表达。暗喻没有喻词，往往使用“是”“等于”“变成”“成为”“成(了)”等关系动词，有时也可不用。例如：

① 这条河就是一条鞭子。

② 理想的书籍，是智慧的钥匙。

③ 伟大的祖国，慈祥的母亲！

(3) 借喻——以Y代B。

借喻中的本体和喻词都不出现，它直接用打比方的事物(喻体)代替被比方的事物。相比明喻和暗喻，借喻的本体和喻体关系最紧密。例如：

① 胖女人一手拍怀里睡熟的孩子，一手替那女孩子搔痒。她手上生的五根香肠，灵敏得很，在头发里抓一下就捉到个虱子，掐死了，叫孩子摊开手掌受着，陈尸累累。（钱钟书《围城》）

② 我似乎打了一个寒噤；我就知道，我们之间已经隔了一层可悲的厚障壁了，我也说不出话。（鲁迅《故乡》）

明喻、暗喻和借喻的差异可以用表5-1总结：

表5-1 三种比喻的差异总结表

比喻	本体(B)	喻词	喻体(Y)	例　　句	基本格式
明喻	+	+	+	巨浪就像翡翠一样	B像Y
暗喻	+	−	+	巨浪是翡翠	B是Y
借喻	−	−	+	(狂风)把翡翠摔成尘雾和碎末	以Y代B

3. 比喻的变式

比喻除了上述三种基本类型之外，还有一些变化形式。但是万变不离其宗：本体和喻体之间具有相似点。例如：

① 灯不拨不亮，理不说不明。（《梅州日报》2015年7月9日）

② 有人打哈欠还带音乐的，其声呜呜然，如吹号角，如鸣警报，如猿啼，如鹤唳，音容并茂。（梁实秋《旁若无人》）

③ 畅游在知识的海洋中，无数的知识滚滚而来。（北京四中网校《知识的海洋》）

④ 咬人无数的地头蛇——黑三冲在最前面。

例①整个结构形式是"Y—B"：Y 和 B 各由一个分句充当，由上文的比喻说法引出下文的本来说法。这种结构的比喻通常称作"引喻"。例②的结构是"B 如 Y_1，Y_2，Y_3，Y_4"，出现了多个喻体陈述同一个本体，通常称作"博喻"。例③偏正短语"知识的海洋"和例④同位短语"地头蛇黑三"也都是不同结构形式的比喻。

4. 比喻的辨识

比喻在使用时要注意这样几个问题：首先，是要把比喻和比较区别开来，比如"性子却并非像外传的那般抑郁寡欢"这个句子，不是比喻而是比较。其次，要把比喻和列举区别开来，比如"江西名山很多，像庐山、井冈山、三清山、龙虎山等"这个句子，不是比喻而是列举。

（二）比拟

1. 什么是比拟

比拟是以物拟人、以人拟物或者以此物拟彼物的修辞格。恰当地运用比拟，可以寄托感情、渲染气氛，从而增强言语的感染力。比拟可以分为拟人和拟物两类：

（1）拟人。

拟人是把物当作人来写的比拟。例如：

山溪哟！你吟唱吧，跳跃吧，快把这山里的色彩、山里的容颜、山里的喜讯，捎给遥远的大海！（赵敏《山讯》）

"吟唱""捎给"都是人的动作，这里用到"山溪"上，就是把物（山溪）当作人来写。

（2）拟物。

拟物是把人当作物来写或者把此物当作彼物来写的比拟。例如：

① 他长期扎根于乡村教育一线，培养的学生遍布四海。

② 不管怎样，且把这矛盾重重的诗篇埋在坝下，
它也许不合你秋天的季节，但到明春准会生根发芽……（郭小川《团泊洼的秋天》）

例①"扎根"是植物的特性，用来描写"他"，把人当物来写。例②"发芽"是植物的特性，用来描写"诗篇"，把此物（诗篇）当作彼物（植物）来写。

2. 比拟与比喻的区别

比拟和比喻都是依据心理过程中建立起来的联想关系，在陈述事实、描写事物或行为时，用一个事物来说明、描写另一个事物。但是，二者的区别也很明显：

第一，比喻无论哪种类型，总要出现喻体，而比拟只出现本体，不出现拟体。例如：

① 敌人像狗一样夹着尾巴逃跑了。

② 敌人夹着尾巴逃跑了。

例①是明喻，本体“敌人”和喻体“狗”都出现了。例②是拟物，把“敌人”拟作“狗”，但是这个拟体“狗”是不出现的。

第二，比喻重在借助喻体以突出本体具有的属性，比拟则直接把本体当作拟体，彼此交融，浑然一体，如例②直接把本属于狗的动作（“夹着尾巴逃跑”）用来对“敌人”进行陈述。

（三）借代

1. 什么是借代

表达中不直说某人或某事物，而是使用与它密切相关的人或事物去代替，这种修辞格是借代。例如用“笔杆子”“枪杆子”分别代替知识分子和军队。在借代中，被代替的事物称为“本体”，用来代替的事物叫作“客体”，本体和客体之间总是存在一定的意义联系。恰当地运用借代，可以突出本体特点，收到言简意赅、形象生动的表达效果。例如：

① 何以解忧，惟有杜康。（以造酒者代替酒）

② 羽扇纶巾，谈笑间，樯橹灰飞烟灭。（部分代替整体，以“樯橹”代替战船）

③ 人群中涌现出数十个雷锋。（专名代替泛称）

④ 一下子七八辆自行车将红领巾们围在当中。（特征或标志代替本体事物）

⑤ 这样乱糟糟的，我们丢了乌纱帽事小，可是老百姓遭殃啊。（具体代替抽象）

⑥ 读鲁迅，可以从他的小说读起，但最好是从他的杂文读起……（作家代替作品）

⑦ 上面坐着两个老爷，东边的一个是马褂，西边的一个是西装。（服饰代替人）

2. 借代与借喻的区别

借喻和借代的共同特征均是本体不出现，借另一事物来代指本体，但二者又有显著的区别：

第一，最重要的是两个事物之间的关系性质不同：借代的客体和本体的关系是“相关”，借喻的喻体和本体的关系是“相似”。

第二，借代重在“代”，只起代替指称的作用，而借喻重在“喻”，多用于对本体进行意境描绘。

第三，借喻可以转换为明喻或暗喻，借代则不能转换。例如：

祖国的花朵正在茁壮成长。（“祖国的花朵”可以转换为“少年儿童是祖国的花朵”）

（四）夸张

夸张是为了突出某一事物而故意言过其实的修辞格。夸张重在交际主体对情感的抒发，而不重客观事实的表述。通过夸张而产生的违背客观事实的形式，可以实现突出事物特征，给交际对象留下深刻印象的目的，并取得生动、形象的表达效果。

夸张的类别可以分为扩大夸张、缩小夸张和超前夸张三个类别。例如：

① 小若终于哇的一下哭了起来，这一哭，登时一发不可收拾，哭得地动山摇，天昏地暗，仿佛想将这些天经受的恐惧与委曲一次性发泄出来。（扩大夸张）

② 里面一个穿着青色福寿团字夹袍，瘦得三根筋吊着脖子的中年人仓皇地奔出，差一点一头撞在寒山重的身上。（缩小夸张）

③ 这些情景，就像在眼前展开了一样。家里煮的烂狍子肉，烧的热炕头，在等他们回来，甚至他们已经嗅到了肉香，他们的心已经早跑到了夹皮沟。（超前夸张：人在很远却嗅到肉香）

运用夸张时，一要有客观基础和事实作为支撑，二要让交际对象知道是有意地言过其实，否则容易导致误解。

（五）双关

在特定的语境中，利用相应的语音或语义条件，使一个语言单位同时表达两层意义，这种修辞格称作双关。这两层意义，一层是辞面意义，一层是辞里意义。辞里意义是交际意图所在，往往需要借助特定的语境来帮助理解。

恰当地使用双关可以使言语表达更加含蓄，耐人寻味，同时还可以增添幽默感，凸显交际主体的机智。双关有谐音双关和语义双关两种类型。

谐音双关是利用词语的同音或近音关系，使某个词语兼表两个意义的双关。例如：

外甥打灯笼——照舅（旧）

新做屋基四方方，细细石子来砌墙。哥哥会盖大瓦房，问妹要廊（郎）不要廊（郎）？

语义双关是利用词语或句子的多义特征，使某个词语或整个句子兼表两个意义的双关。例如：

骑驴看唱本——走着瞧

母亲和宏儿都睡着了。我躺着，听船底潺潺的水声，知道我在走我的路。（"路"兼表正在行进的路和人生道路两种意义）

运用双关需注意三方面问题：一是双关的重要特征是产生"一箭双雕"的表达效果，但同时表达的两层意义是存在于不同层面的。这和句法歧义现象的本质是不一样的，需要认真鉴别。二是双关的运用受语境的限制，只有注意适用的环境及交际对象，才能取得含蓄和生动的修辞效果。三是表达上要努力做到含蓄而不晦涩，生动深刻而不油滑浅薄。

（六）反语

反语是在交际活动中说写者故意使用跟本来意思相反的语句来表达真实意义的修辞格，也就是通常所说的"说反话"。反语的使用可以取得诙谐风趣或加大讽刺力度的表达效果。根据真实意义与被使用词语的差异，反语又可分为“反话正说”和“正话反说”两类。例如：

① 他们维持他们“秩序”的监狱，就撕掉了他们“文明”的面具。（反话正说，“秩序”和“文明”需要理解为其相反的意义）

② 丰功伟绩！收获巨大！两个胜利者，一个塞满了腰包，这是看得见的，另一个装满了箱箧。他们手挽手，笑嘻嘻地回到欧洲。这就是这两个强盗的故事，多么滑稽！（“丰功伟绩”是反话正说）

③ 几个女人有点失望，也有些伤心，各人在心里骂着自己的狠心贼。（“狠心贼”是正话反说）

④ 天还没亮的时候，小坏蛋醒了。她说“妈妈我要喝水”。（“小坏蛋”是正话反说）

运用反语时表意一定要明确，不能含混。反语是从反面说的，交际主体的本义必须能够使交际对象准确理解。这就需要表达者在上下文的环境中充分地表明自己的立场，否则就会造成误解。为了便于理解，在文学作品中作家往往在需要进行反面理解的词语上加引号，以提醒读者。

（七）拈连

拈连是借助上下文的联系，把只适用于甲事物的词语顺势用于乙事物的修辞格，又叫“顺拈”。拈连在语序上呈现出一定的特征：在具体的言语交际活动中，甲事物一般都是具体的，多数在前；乙事物一般都是抽象的，多数在后。拈连的使用可以使言语表达更为自然含蓄，同时达到新颖深刻的表达效果。例如：

① 蜜蜂是在酿蜜，又是在酿造生活；不是为自己，而是在为人类酿造最甜的生活。（杨朔《荔枝蜜》）

② 他们可以承担一个浩大的战争，可以承担重建家园的种种艰辛，可是却承担不了如此沉重的离情。（魏巍《依依惜别的深情》）

③ 水滴一样的敲打声，不时敲着我的心声，敲打着陈年旧事。（麦聃《幺舅》）

（八）移就

1. 什么是移就

移就是把适用于描写甲事物性状的词语移过来修饰乙事物的修辞格。移就在形式上主要是把描写彼物的形容词移用来描写此事物，形成体词性偏正短语。移就的运用可以突出所描绘事物的特征，使言语表达更富于表现力。

移就可以分为移情、移性两个类别。移情是把属于人的主观情感用在其他事物上。移性是把甲事物的性状移用到乙事物上。在具体的运用中，移性常常是把具有感情色彩的色彩词移用来充当没有感情色彩的事物的修饰语，因此又称“移色”。例如：

① 突然响起救护车的声音，由远及近，由弱到强。救护车向小街深处驶去。路的两边，是寂寞的梧桐树。（移情：把人的感受移用于树木）

② 他们压倒了我听歌的欲望，这就成就了我的灰色的拒绝。（移性：把颜色移用来描写行为）

2. 移就与拟人的区别

移就和拟人的相同点是将一个事物当作另一个事物来描写。二者的区别主要是：移就通常是把适用于描写甲事物性状的词语移过来修饰乙事物，构成的是偏正短语；拟人是把物当作人来写，即把描写人的动作行为的词语移来描写事物，构成主谓短语（主语是表示事物的词语，谓语是表示人的动作行为的词语）。例如：

① 看着他们那双懒洋洋的筷子，我的心就像翻倒了五味瓶，什么滋味都有。（移就：把描写人的“懒洋洋”移用到“筷子”）

② 河边的青草迎着风，欢快地点头致意。（拟人：把“青草”当作人来写，使之人格化。）

3. 移就与拈连的区别

移就是把用于修饰甲事物的词语移用到乙事物，构成的偏正短语；拈连是把甲事物的述语顺势拈到乙事物，构成的是述宾短语。例如：

① 让欢乐的脚步声，让花朵似的笑容，让生活的枝芽萌发的绿叶，统统落进你那闪耀着阳光的网中。

② 像他这一屋子光棍的家庭，娶了一个媳妇，就是给全家娶来了希望和依靠，娶来了生存的勇气和信心。

例①“欢乐的脚步声”是偏正短语，把修饰人的词“欢乐”移用来修饰“脚步声”，因而是移就。例②“娶媳妇”的“娶”顺势用到“娶希望和依靠”“娶勇气和信心”，构成的都是述宾短语，因而是拈连。

（九）对偶

对偶是把一对结构相同或相似、字数相等的语句（句子或短语）连接起来表达相关或相对意思的修辞格。对偶有工对（严对）和宽对之分：

工对要求严格，除字数相等、结构相同外，还要求避免重字，相对部分的词性相同，平仄和谐。平仄和谐又有两个层次，一个层次是单句内部要求平仄相间，另一个层次是上下两个语句之间平仄相对。宽对的要求不那么严格，一是不要求平仄相间，二是允许上下句出现同字。例如：

① 墙上芦苇，头重脚轻根底浅；山间竹笋，嘴尖皮厚腹中空。（严对）

② 善无微而不赏，恶无纤而不贬。（宽对）

依据上下两句之间的语义关联，对偶可以分为正对、反对和流水对（又称串对）三种类型。正对是由两个意思相关的对称语句构成的对偶；反对是由两个意思相反或相对的对称语句构成的对偶；串对是内容连贯或相互间有递进、因果、条件等关系的对称语句构成的对偶。例如：

③ 山势巍峨，翮鸟不能越过；崖壁峻峭，飞猿亦苦攀登。（正对）

④ 横眉冷对千夫指，俯首甘为孺子牛。（反对）

⑤ 才饮长沙水，又食武昌鱼。（串对）

对偶具有三方面的表达效果：对偶由于形式整齐，结构匀称，给人以均衡、对称的视觉美感；上下句的表述凝练概括，借助两个句子的不同语义关联表现出事物间对立统一的内在联系；对偶的节奏鲜明，音韵和谐，读来朗朗上口，便于传诵和记忆。

（十）排比

排比是把三个或三个以上结构基本相同、字数基本一致、意义相关的语句（句子或短语）排列在一起，用以增强语势、加深感情的修辞格。例如：

① 这里叫洋八股废止，有些同志却实际上还在提倡。这里叫空洞抽象的调头少唱，有些同志却硬要多唱。这里叫教条主义休息，有些同志却叫它起床。总之，有许多人把六中全会通过的报告当作耳边风，好像是故意和它作对似的。（毛泽东《反对党八股》）

② 信念是“长风破浪会有时，直挂云帆济沧海”的豪情。信念是“千磨万击还坚劲，任尔东西南北风”的坚持。信念是“不畏浮云遮望眼，只缘身在最高层”的自信。

排比句中的各个并列项之间常常出现相同的词语，这些词语称为提示语，如上两例的“这里叫”“有些同志”“却”“信念是”就是如此。

运用排比时需要注意：准确地使用提示语，以提高表达效果；不生拼硬凑排比，排比句内部各个并列项之间必须做到意义相关；排比的排序要有条理，遵循一定的逻辑关系。

（十一）反复

反复是有意地重复使用同一语句以增强感染力的修辞格。恰当地使用反复，可以起到强调重要信息、抒发强烈感情以及增强节奏感的表达作用。

反复可以分为连续反复和间隔反复两种。连续反复是对同一语句进行不间断的重复使用。间隔反复是让某些词或句子有间隔地重复使用。例如：

① 读书呀，读书呀，不错，学生是应该读书的，但一面也要大人老爷们不至于葬送土地，这才能够安心读书。（连续反复）

② 这天晚上，我怀着极度的痛苦，坐在我和你一同睡过的那间房里。就是在这房里，你曾向我倾吐过你对罗群的深深的爱；就是在这房里，我们不断响起欢乐的青春的笑声；也就是在这房里，我们谈到对党对事业对爱情都应无限忠贞。（间接反复）

使用反复时要注意：第一，形式必须服务于内容，反复必须为突出某种意思或强调某种感情服务。第二，在使用间隔反复时，必须注意多个表述排序的内部条理。

（十二）顶真

顶真是把上一句结尾的词语作为下一句的开头，使相邻的两个句子首尾蝉联的修辞格。顶真又可以称作“顶针”“蝉联”“联语”“递代”等。例如：

幽默大师林语堂对理想中的家的勾勒是这样的：“宅中有园，园中有屋，屋中有院，院中有树，树上有天，天上有月，不亦快哉。”（萧如卉《幽默大师的山居岁月》）

顶真的修辞功能：第一，表达上显得结构紧凑，语气连贯流畅。第二，叙事说理严谨周密，突出事物的内在联系。第三，能使言语表达富有音乐美。

（十三）回环

回环是通过词语的特定组合，形成词语相同而排列次序相反的封闭结构，表现出首尾往复的修辞格。例如：

① 诗中有画，画中有诗。

② 长相知，才能不相疑；不相疑，才能长相知。

回环注重形式，结构匀称整齐，具有回环往复的音乐美；而且它通过回环往复的形式，巧妙地表达出两种事物相互制约、相互依存的辩证关系。

要注意区分顶真与回环。它们的相同点是：二者都是句子首尾相接，突出事物之间的相互关联。不同点是：

首先，二者的结构形式不同。顶真是“顶而不回”：上一句末尾词语作为下一句的句首，形成一种链式结构，句子数量没有限制，一直可以蝉联下去。回环是“顶而回之”，一般由两个句子构成：第一句的句尾词语作为第二句的句首，第一句的句首词语则作为第二句的句尾，形成首尾相同的结构形式。

其次，二者的修辞功能不同。顶真主要表现事物之间的环环相扣的承接性关系，回环主要表现事物之间互为条件的关系。

（十四）仿拟

仿拟是在特定的语境下，比照现存的语句或篇章，通过顺势或反势联想，仿造出新的语句或篇章的修辞格。仿拟可以分为仿词、仿句和仿篇三个类别。仿词是在特定的语境下，仿照已有的词临时创造新词；仿句和仿篇是仿照现成的名句和名篇，更换其中某些词语以创造出新的句子和新的篇章。例如：

① 编剧谈雷人抗战剧：闭门造怪，死路一条。（仿词）

② 落花与芝盖同飞，杨柳共春旗一色。（仿句）

③ 位不在高，廉洁则名。权不在大，为公则灵。斯是公仆，服务于民。脚步迈基层，民情入脑深。谈笑有百姓，往来无私情。可以察实况，明真情。无虚假之乱耳，无独断之劳形。兰考焦裕禄，西藏孔繁森，群众云：奉献精神。（仿篇）

仿拟格是在熟悉与陌生之中取得独特的幽默或讽刺效果，形成新颖、风趣的印象。它通过新形式与原形式的对比，使交际对象加深对新形式内涵的认识和理解。

（十五）飞白

飞白是明知错误，却故意仿效其错以达到滑稽、增趣目的的修辞格。飞白有利于刻画人物性格，形成如见其人的逼真感，还能产生幽默风趣或讽刺戏谑的表达效果。较为常见的飞白格主要是语音飞白和文字飞白。语音飞白指有意直录或虚构说话人语音上的错误。例如：

① 玉莲听不懂什么是持久战，他悄悄向金香问道："金香，顾县长说的是什么'战'呀！""你真是个笨蛋，连个'吃酒战'也不知道。"金香自以为是地说道，"就是喝醉酒打架嘛！喝了酒打人最厉害了，我后爹喝醉酒，打起我妈来没轻没重。"（马烽《刘胡兰传》）

② 二人正说着，只见湘云走来，笑道："二哥哥，林姐姐，你们天天一处顽，我好容易来了，也不理我一理儿。"黛玉笑道："偏是咬舌子爱说话，连个'二'哥哥也叫不出来，只是'爱'哥哥'爱'哥哥的。回来赶围棋儿，又该你闹'么爱三四五'了。"（曹雪芹、无名氏《红楼梦》第二十回）

文字飞白，是故意直录或虚构文字写法错误。例如：

谁知自己心里没有半句文章，忽见外面下起大雨，不由写了一封家书。"另尊大人容禀！考中忽天降大雨，别人有命（伞）我无命（伞），有命（伞）带命（伞），无命（伞）带钱来买命（伞）！"也不知道错字连篇，就交了卷。（蓝色雪狐《画像》）

（十六）镶嵌

镶嵌是将词语以整体或拆分的形式嵌入到句子特定位置上的修辞格。镶嵌通过全句的表述使语义与结构相映成趣，产生特定的表达效果。例如郭沫若在《我的童年》在"古怪"和"颠倒"两个合成词中嵌入"而"和"之"，生动地表现了他少年时代那位老师的"古怪"

脾气：

他的讲义模仿的是章太炎的笔法，写些古而怪之怪而古之的奇字，用些颠而倒之倒而颠之的奇句。

镶嵌格可以分为整体镶嵌和拆分镶嵌两种：

① 煮酒论英雄　才子赢天下（整体镶嵌，“才子”男装广告）

② 此地之凤毛麟角，其人如仙露明珠。（拆分镶嵌，“（小）凤仙”嵌第四字。蔡锷赠小凤仙对联）

③ 顺泰康宁，雍然乾德嘉千古；
　治平熙世，正是隆恩庆万年。

例③是李绍仿献嘉庆皇帝对联，运用的也是拆分镶嵌，把上下联相对应位置上的字拼起来正好是清朝前几位皇帝的年号，分别是“顺治”“康熙”“雍正”“乾隆”“嘉庆”。

上文对修辞格的讨论是一个一个地进行的，然而在实际的言语表达中，有时会综合运用修辞格，同一个话语片段中两种或多种修辞格融合在一起，你中有我，我中有你，产生异彩纷呈的修辞效果。例如：

哗哗哗，浪花跑去又跑来，像一群淘气的娃娃。（拟人格与比喻格融合使用）

时间就是金钱，时间就是速度，时间就是生命。（排比与反复融合使用）

桃树、杏树、梨树，你不让我，我不让你，都开满了花赶趟儿。（拟人与回环格融合使用）

那沉甸甸的稻谷，像一垄垄金黄色的珍珠；炸蕾吐絮的棉花，像一厢厢雪白的珍珠；婆娑起舞的莲蓬，却又像一盘盘碧绿的珍珠。（排比、比喻和拟人融合使用）

思考与练习

1. 什么叫修辞格？谈谈修辞格与言语表达的关系。

2. “红姨今天一直在笑，眼睛、嘴巴、鼻子、眉毛都在笑，连她那件红衬衫抖动着好像也在笑。她脸上红红的，像两朵云；眉毛弯弯的，像月亮；眼睛亮亮的，像……像夜里的星星！”画线部分的修辞手法与博喻的区别是什么？

3. 如何区分借代和借喻？

4. 有学者认为回环格在运用过程中带有文字游戏的意味，它是“并不怎么可贵的东西”。你如何评价？

5. 区分排比和反复、顶真和回环两组修辞格在形式上的差异。

6. 举例分析双关和反语的异同。

7. 请分析下列话语片段中修辞格综合运用现象。

(1) 我麻木的神经在清醒,我滚滚的热血在沸腾! 奇耻大辱,大辱奇耻,如毒蛇之齿,撕咬我的心!(李存葆《高山下的花环》)

(2) 摇动的车轮,旋转的锭子,争着发出嗡嗡嘤嘤的声音,像演奏弦乐,像轻轻地歌唱。(吴伯箫《记一辆纺车》)

(3) 看吧,狂风紧紧抱起一层层巨浪,恶狠狠地将它们甩到悬崖上,把这些大块的翡翠摔成尘雾和碎末。(高尔基《海燕》)

第八节　言语表达与修辞(下)

六、语体

(一) 什么是语体

言语表达离不开语境,同一个意思或同一个交际意图遣词造句的方式会因语境不同而不同,这种不同属于语体范畴。语体(register)是语言的功能变体,它受语境的制约。

1. "语言的功能变体"

"语言的功能变体"指语言的变化形式,即同一个表达内容因语境不同而有不同的说法。例如表示"出生的日子"这个意思,普通话就有"生日""寿辰""华诞""诞辰"等同义词,在各个方言区还可能有其他表达方式。又如表示"他喝了咖啡"这个意思至少有如下五种变化形式:

他喝了咖啡。

咖啡他喝了。

咖啡被他喝了。

他把咖啡喝了。

他咖啡喝了。

2. "受语境的制约"

表达同一个内容之所以会有不同变体(不同说法),是因为不同语境需要不同变体。同一种内容的不同变体实际上各自都对应着特定的语境,或者说这些"不同变体"都是在特定语境中产生的。例如:

① 生日（一般场合，对象无年龄限制）
寿辰（较正式的场合指老年人生日）
华诞（用于隆重的庆祝场合指德高望重者的生日）
诞辰（纪念场合指已故名人的生日）

② 他喝了咖啡。（“咖啡”是泛指的）
咖啡他喝了。（“咖啡”是定指的）
咖啡被他喝了。（“咖啡”定指，且表示被动意义）
他把咖啡喝了。（“咖啡”定指，且表示处置意义）
他咖啡喝了。（强调“咖啡”，含有“别的没有喝”这样的意思）

③ 无可奉告。（外交场合）
我不告诉你。（一般场合）
我不话得你听（南昌话）。（用方言交际的场合）

④ 感谢盛情相邀！近日杂务缠身，歉难赴约。
不好意思，我要赶写一个材料。谢谢啊！
这几天在赶写材料，改天吧。谢了！

例④的三句表达的基本内容都是“谢绝邀请”，但是各有其使用语境。第一句书面语色彩较浓，不会出自老朋友之口；第二句虽带口语色彩，但是显得很客气，用在老朋友之间也不怎么自然；第三句比较随便，用在老朋友之间比较适合。

通俗地说，语体是同一内容在不同语境中形成的不同说法（或曰不同变体），这些不同说法表现为一组组的同义词、同义句或意图相同的表达形式，供我们在言语表达中依据语境选择。

（二）语体的分类

语境不同，语体也会不同：同一种内容，我们对亲友表达用的是一种说法，对一般朋友表达用的则是另一种说法；在一种场合表达用的是一种说法，在另一种场合用的则是另一种说法。根据表达特点，语体可以分为口头语体和书面语体。

1. 口头语体

口头语体也称作“口语体”或“口语”，具有如下特点：

（1）词语为日常会话中常用的词语，即我们所说的口语词（包括方言词语和网络词语）。

（2）句子简短，省略形式较多，结构松散。

（3）有重复和“这个”“那个”之类的填充成分。

口头语体可以进一步分为谈话语体（也称作会话语体）、演讲语体、网络语体等。

2. 书面语体

书面语体也称作“书面语”。书面语体的特点与口头语体相反：

(1) 词语一般为较少用于日常会话的词语。

(2) 句子较长，省略成分较少，结构严谨。

(3) 没有重复和"这个""那个"之类的填充成分。

试比较：

①

口头语体	书面语体
来	光临
考虑到	鉴于
吃饭	用餐、用膳
爷爷	祖父

② a. 我们明年就能做完这个项目。

b. 此项工程明年竣工。

③ a. 经济学？这个，经济学研究，对了，研究人们试图，我想想，试图根据需求来配置稀缺资源。哦，对了，还研究这种努力是怎样通过交换来相互影响的。

b. 经济学是一门社会科学，它研究人们怎样根据需求配置稀缺资源以及这种努力是怎样通过交换来互动的。

④ a. 我方分别于 3 月 25 日、6 月 12 日和 8 月 15 日发函催交 5 000 美元的欠款，但你方一直置之不理。现正式通知你方，务必于月底前把欠款支票寄给我方，否则我方将毫无选择，把此事交给律师去处理。

b. 请把贵地区著名律师的姓名告诉我们好吗？我们可能要起诉你方。

例①词语的意思一致，区别在于语体不同，即所使用的交际场合不同。例②a 句具有口头语体的特点：所使用的是会话中常用的词语和句式，而 b 句遣词造句则比较正式，离日常会话较远。例③a 句重复和填充成分较多，句子短小，结构松散，是典型的口头语体；b 句没有重复和填充成分，句子较长，结构严谨，是典型的书面语体。例④a 句和 b 句表达意图是一样的，但是语体不同：a 句严谨周密，用词正式，是书面语体；b 句则为日常会话的表达方式，是口头语体。

书面语体也可作下位分类，常常分为：事务语体、科技语体、政论语体和文艺语体。

语体的分类可表示如下：

- 语体
  - 口头语体
    - 谈话语体
    - 演讲语体
    - 网络语体
  - 书面语体
    - 事务语体
    - 科技语体
    - 政论语体
    - 文艺语体

谈话语体、演讲语体、网络语体总体上都具有口头语体特点：结构松散，句子短小，有大量的省略、重复、填充等。但各自之间也有明显的区别：演讲语体有严格的话题中心，省略、重复、插入成分也会少一些。谈话语体语句一般较为粗略，话题也常常变换。网络语体更是表达无拘无束，使用大量的新奇词语、新奇句式和新奇符号。

事务语体、科技语体、政论语体和文艺语体总体上都具有书面语体的特点：结构严谨周密，长句较多，没有口语体的省略、重复、填充等。当然各自之间也有明显的差别：事务语体更加简练庄重，有固定的行文格式，表意上要求客观准确。公文、商务信函、通告、合同、协议等属于这一语体。科技语体的特点在于大量使用专业术语和符号，表现出抽象性和精确性。学术专著、学术论文、学术报告等属于这一语体。政论语体较之事务语体、科技语体和文艺语体，具有语言运用的综合性特征，表达上更具说理性和鼓动性。政治评论、政治报告、新闻报道等属于这一语体。文艺语体大量运用积极修辞手段，表达上形象生动，结构灵活，不拘一格。文学作品属于这一语体。

（三）言语表达与语体选择

我们日常着装有正式与非正式之分，正式场合着装正式，非正式场合着装则较为随意。言语交际也是一样，也有一个“着装”正式与非正式之分：同样一个意思或同样一个交际意图，由于语境不同，语言形式的选择也会不同。一般而言，正式的场合需要选择书面语体，非正式场合则需要选择口头语体。

正式场合是庄重严肃的场合。例如公文写作、论文写作、社论写作、请柬写作，这样的场合都是正式场合。这些场合的言语表达都需要选用书面语体。另外，新闻播送、大会报告、大会发言的场合也是正式的，因此虽然是口头读出，但是写稿时要使用书面语体。

非正式场合是比较随便的场合。例如同乡叙谈、网民闲聊、亲友交谈、讨论会上的自由发言、亲朋好友之间的日常通信，这样的场合都是非正式场合。非正式场合的言语表达自然会选用口头语体。

关于言语表达与语体选择，老舍先生曾举过这样的例子：“要写一篇会务报告，我们就用清浅明确的文字；要写一篇浪漫的小说，就用极带感情的文字。……写信跟父母要钱，我们顶好老老实实地陈说；假若给他老人家写一些散文诗去，会减少了要到钱的希望的。”这段话形象地强调了言语表达中选择恰当语体的重要性。下面再举两例：

① 一外方人员谢绝中方邀请的文稿：

××先生：

明儿我没空儿，我的头儿要找我谈点儿事儿。所以我没法儿参加你的晚会，真有点儿对不起，很抱歉儿。

② 一公文中的选段：

错误列支的，务必纠正。今年的要纠正，去年的也不要放过。今后不论超产奖还是什么乱七八糟的这个奖那个奖统统都得在利润中支付。

例①该外方人员汉语水平还是相当不错，全文无语法错误，语义信息表达得也比较准确。但是，读完后总觉得有点不得体，原因在于语体上有严重的问题——过于口语化。谢绝邀请的场合是正式场合，遣词造句也应该使用正式语体（书面语体）。假如改为："非常感谢您的盛情相邀！由于公务缠身，不能出席您明天的晚会。甚歉！"则会比较得体。例②是公文选段，然而在公文中使用"不要放过""什么乱七八糟的这个奖那个奖""统统"这样的口头词语，显然不得体，宜分别改为"也要纠正""巧立名目的其他奖项""一律"。

当然，语体也有与场合不对应的情况。例如文艺语体总体上归为书面语体，但是小品、小说中的人物对话就是日常谈话的实录，一般用的是口头语体。又如正式场合的即兴演讲和即兴发言，选择的也是口头语体。

思考与练习

1. 什么是语体？如何分类？

2. 言语表达与语体的关系是什么？

3. 如何看待文学作品的语体？

4. 电台播出的新闻和作品中的人物对话，其文本属于何种语体？

5. 下面的表述是否得体？

(1) 一通缉令中有这样的表述：李××，河南商丘人，男，××岁，右腿不方便……

(2) 公交车上：这个同志是个瘸子，大家让他先上吧！

(3) 在一份公函中，有这样的表述：在这金光灿灿、步履辉辉的改革年代……鸟瞰三江……

6. 下面是一份遗嘱中的关键语句，执行时他的养子打起了官司。请解释为什么：

……房子就此归妻住，他人无权来占用；一生清贫少积蓄，惟有几许血汗钱，此款贤妻来支配，我希桂英享余年……

第九节　常见的表达问题

前面我们讨论了言语表达中“一句话百样说”的问题：同一个内容有多种表达形式(如同义词、同义句)可供选择。究竟选择哪一种表达形式好？以语境的适切为标准。本节要讨论的是表达形式自身存在错误或不足，即不是用得好不好的问题，而是用得对不对的问题。讨论这样的语句，有利于我们注意有问题的言语现象，更好地进行言语表达。

一、残缺和赘余

(一) 残缺

残缺指该有的成分缺了。常见的成分残缺有：主语残缺、宾语残缺、述语残缺和虚词残缺。例如：

① 从王家营子大队的变化，说明目前农村加强和完善农业生产责任制是多么迫切，多么重要啊！

② 当今的环境保护技术不仅做到了生产过程不浪费资源，不污染环境，保证产品使用的清洁高效，而且产品使用后废弃物的有效回收和循环利用。

③《深化普通高中课程改革方案》要求推进普通高中多样化和特色化发展，为每个学生提供适合的教育，以满足不同潜质学生的发展。

④ 新生代农民工除了关注工资待遇外，对工作环境和社会保障条件也越发重视，那些环境恶劣、保障缺失的企业，他们将说“不”。

例①介词短语开头，没有主语，应该删除介词“从”，让“王家营子大队的变化”作主语。例②缺少述语。“不仅……而且……”内部应该是平行结构，应该在“而且”后加“做到了”，使之成为“不仅做到了……而且做到了……”的平行结构。例③动词“满足”缺少宾语，要在“发展”后添加“需求”。例④“那些环境……”与“他们……”不通，在“那些”前添加“对”就通了。

(二) 赘余

赘余指出现了多余的成分，主要表现为词语堆砌、语义重复。例如：

① 因为篇幅有限，我们不得不对您的稿件略加删改一些。

② 三年来的“旅游兴市”竟成为今天发展核电的障碍，这可能是地方政府当初始料未

及的。

③ 我们住宅小区的前面是一条非常笔直的林荫大道。

例①要表达的是“删改”量不大，前面已经出现了“略”，后面的“一些”便是多余的，应该删去。例②“始”已含有“当初”之意，应该删去“当初”。例③“笔直”含有程度，不再需要程度副词修饰，所以应该删去“非常”。

二、位置不当

（一）代词位置不当

一天，她在火车站里被敌人暗探发觉了，母亲被捕之前，迅速打开皮箱，把所有传单发给了大家。

“她”和“母亲”会被误认为是两个人，其实是指一个人。应把前词语“母亲”与代词“她”交换一下位置。

（二）关联词语位置不当

① 不但他能够领会科学发展观的深刻内涵，而且能够用这些理论来指导自己的工作。

② 中共中央关于进一步加强和完善农业生产责任制的指示非常及时，各地必须毫不迟疑地贯彻执行。当前只有这样做才对恢复和发展农业生产有利，对提高农民的生活水平才有帮助。

“不但……而且……”内部结构本应该是对称的，但是在例①中不对称，应把“他”放到“不但”的前面作全句主语。例②中“只有……才……才”，两个“才”应处在对称的位置上，宜把第二个“才”移到“对提高”的前面。

（三）修饰语位置不当

① 他奋然而起，挪开床，刨着泥土，汗水湿透了里外衣衫。几层用厚塑料布包裹着的小铁箱终于出现了。

② 批评和自我批评是有效的改正错误、提高思想的方法。

③ 在休息室里许多老师都同他热情地交谈。

例①“几层”修饰“厚塑料布”，应移到“用”字的后面。例②“有效的”应移到“方法”前面，因为二者关系更为密切；“有效”后的“的”可删去。例③“在休息室里”应移到“主语”的后面，因为它（处所状语）应该尽量靠近谓语动词；“同他”应移到“交谈”前面，因为“他”是交谈对象，与“交谈”关系更为密切。

（四）上下文对应错位

这篇文章系统地总结了劳动教养工作的经验，从理论上和政策上对劳动教养工作中的各个基本问题作了详细的规定和深刻的阐述。

上例“理论上和政策上”和“详细的规定和深刻的阐述”对应错位，正确的搭配是：从理论上阐述，从政策上规定。因此，应把“详细的规定”和“深刻的阐述”换个位置。

（五）分句位置不当

① 这个哑巴孩子，看我这么比画，高兴得拍起手来，明白了我的意思，拉着我就往家里跑。

② 这次全区足球联赛，出乎大家意料，我们学校竟然勇夺冠军，并且在半决赛中淘汰了老牌冠军芳草中学队。

例①这个复句前后是连贯关系，应是先“明白”，然后“拍手”，最后“拉着我”。宜改为“这个哑巴孩子，看我这么比画，明白了我的意思，高兴得拍起手来，拉着我就往家里跑”。例②应是先淘汰老冠军，才能有夺冠的机会，此句宜改为：“这次全区足球联赛，出乎大家意料，我们学校竟然在半决赛中淘汰了老牌冠军芳草中学队，最终勇夺冠军。”

（六）主客倒置

焦裕禄这个名字对青年人可能还有些陌生，可对四十岁以上的人却是很熟悉的。

上例犯了主客倒置的错误：“焦裕禄这个名字”是“熟悉”的客体，“青年人”“四十岁以上的人”是“熟悉”的主体，主体应放在主语的位置上。此例宜改为“青年人对焦裕禄这个名字可能还有些陌生，可四十岁以上的人对这个名字却是很熟悉的”。

三、搭配不当

（一）并列成分搭配不当

中国愿尽自己的力量，扶植严肃地对待社会人生，在任何艰苦环境都不放弃诚挚地追求艺术的青年作家和文学作家。

“文学作家”包括“青年作家”，二者之间是包含和被包含的关系。因此二者不能够组合成一个并列结构，可以把“青年作家和”删除，然后在“文学作家”之后加上“尤其是青年作家”。

(二) 偏项与正项搭配不当

① 早晨五点钟，通往机场的大街两旁便站满了数万名欢送的人群。

② 人们都以亲切的目光注视和倾听着这位残疾人作家的发言。

例①“人群”是集合名词，不能受“数万名”修饰。例②我们可以“以亲切的目光”注视，但不能“以亲切的目光”倾听。可以改为“人们都以亲切的目光注视着这位残疾人作家，并认真倾听他的发言”。

(三) 主语和谓语搭配不当

感情的洪流在翻滚，浑身的热血在呼啸。

“呼啸”不能与“热血”搭配，应该改为“沸腾”。

(四) 述语与宾语搭配不当

招收大量的中国留学生可以弥补该语言学校的财政困境。

动词“弥补”和“财政困境”不搭配，可以将“弥补”改为“摆脱”。

(五) 述语与补语搭配不当

他的演技很高，感情也表现得很丰满。

“感情”可以表现得很“充分”，但不能说表现得很“丰满”。

四、表述不清

(一) 数量表述不清

1. 讲数量减少误用倍数的说法

“倍”是跟原数相等的数，某数的几倍就是用几乘某数。例如“八的五倍是四十”。因此，倍数一般用于数目的增加，不用于数目的减少，例如可以说“增加了两倍”，不可以说“减少了一倍”。下面两例都是数量减少，不宜用“倍”来表示：

① 我店处理一批皮鞋，原价十元一双，现削价一倍。

② 我们公司生产的笔记本电脑，原来每台成本为五千元，技术革新后，每台成本为二千五百元，产品成本降低了一倍。

根据句子的意思，上面两例的“一倍”可以改为“一半”。

2. 混淆“增减”后面的“了”和“到”

数量上的增减有两种表达法：一是说增减“了”多少；一是说增减“到”多少。这两种表达法所指的内容是不同的：前者是指明增减的那部分数量，不包括基数；后者是指明增减以后的实有数量。例如：

① 我系去年招收新生40名，今年招收160名，今年比去年多招收了四倍。

② 今年南钢公司提前11天完成了第三季度炼钢2万吨的计划，与去年同期相比，产量提高到30%。

③ 我们村原有土地300亩，由于城建局频频征用，已减少到100亩了，只剩下三分之二了。

要注意“增减”后面的关键词“了”和“到”。例①“多招收”是指“增加了”，比原来多招收120名，应是“多招收了三倍”。例②“提高到”是指“增加到”，指包括基数在内的总数。因此，应该改为“……产量提高了30%”。例③“减少到”是指减少后剩下的数量。剩下的数量(100)只是原数量(300)的“三分之一”。

3. 滥用“超过计划的百分之多少”的说法

“超过计划的百分之多少”这类说法是有歧义的。因为由“超过”带上数量宾语所形成的述宾短语本身就是一个有歧义的格式。例如：

“超过6个”，“6个”可以理解为超过“定额”的数量，也可以理解为不到定额数，只是超过“定额之内”的某个数量。前者如，任务定额是“每人每天完成20个”，而“小李今天超过6个”，那么小李实际上完成了26个。后者如“定额并不高，只要求每人每天编10个筐。可是小李哪一天都完不成任务，能超过6个，就算不错了”，这就是说小李每天最多只能编七八个。

因此，这类格式使用时要谨慎。只有在不致产生歧义的情况下，才可以使用。例如“煤炭工业传来捷报，今年一月份产量超过了去年十二月的百分之二十”。因为前面已经说明是“捷报”，所以“超过……百分之二十”不会引起误解。不过，最好还是采用“超额(产)百分之多少”的说法。

(二) 指代不明

指代不明大致有三种表现：一是找不到或弄不清可指代的对象；二是出现了两个或多个可指代的对象；三是同一个代词同时指代不同的对象。

1. 找不到或弄不清可指代的对象

句子里要用到除第一第二人称代词(如“你”“你们”“我”“我们”“咱们”)以外的代词时，必须在前文先出现所要指代的词语。如果没有出现，或没说清楚，而运用了代词，便会造成指代不明。例如：

编辑同志：你们转来的信我都看了，意见提得很中肯，在此我感谢他们指出了我的疏忽之处，纠正了我的错误。（“他们”的所指文中并未交代）

2. 出现了两个或多个可指代的对象

红军行军赶到了泸定桥，守在桥东头的两个团的敌人惊恐万状，他们立即准备好木板，组织好队伍……（前面出现了“红军”和“敌人”，后面的“他们”指代不明）

3. 同一个代词同时指代不同的对象

我刚下汽车，就你拿提包，我背行李，弄得两手空空的了，看着这一切，我只觉得一股暖流涌上心头。（同一个“我”既实指又虚指）

（三）杂糅

所谓杂糅，就是把两种不同的结构混杂在一起，从而造成语句结构混乱、语义纠缠。大致有如下几种现象：

1. 两种格式各取一半掺杂糅合

同一个意思可以选择不同的格式来表达，但每次只能选择一种格式，不能兼用。如果举棋不定，想用这种又想用那种，结果生硬凑合，就会造成结构上的混乱。例如：

① 要大面积提高产量，必须采取强有力的措施不可。

② 一个人自学是否能够成功，关键在于内因起决定作用。

例①把“必须采取……措施”和“非采取……措施不可”两种格式杂糅在一起，例②把“关键在于……”和“……起决定作用”两种不同格式杂糅在一起，我们选取其中一个格式就可以了。

2. 本应分开说的两句话杂糅在一起

①《中学语文》的编委是由18个地市的中学语文教研员组成的编辑委员会组稿、编稿、发行。

② 作为一个翻译工作者，一方面要学好外语，一方面要学好本民族语言也是非常重要的。

③ 堂屋的左边是书房大约有10平方米。

例①中“《中学语文》的编委是由……组成的”和“编辑委员会……发行”本应分开说而被“焊接”在一起了，应在“组成的”之后点断，后面另立一个分句“他们负责组稿、编稿和发行”。例②中“……一方面要学好本民族语言”和“也是非常重要的”应分开说，可以在“语言”后面加逗号，在“也”前面加上“这”。例③应在“书房”后加上逗号，使前后纠缠的两个格式分开。

3. 前后该用同一种句式而杂用不同句式

① 我去采访的时候，学校正进行大扫除，同学们有的扫地，有的刷墙，有的擦玻璃，也有在操场上拔草的。

② 汉语作主语的成分可以是名词，动词、形容词也能充任。

例①中“有的……，有的……”和“有……的”是不同的分述句式，不能混用在一个复句里。最后的那个分句宜改为“还有的在操场上拔草”。例②中“……成分可以是名词”和“动词、形容词也能充任”前后在结构上不一致。此句可改为“……可以是名词，也可以是动词、形容词。”也可改为“汉语名词可以充任主语，动词、形容词也可以充任主语”。

（四）歧义

歧义指同一个语句具有两种或多种理解。在需要准确表达的文本中，我们必须尽量避免歧义现象。关于歧义，语法部分已做了较系统的讨论，这里再举几例：

① 乒乓球拍卖完了。

② 自行车没有锁。

③ 帮助过我的朋友。

④ 老王谁也没看见。

⑤ 孩子们由大到小搬运石头。

例①是词的切分不同造成的歧义：乒乓球/拍卖完了；乒乓球拍/卖完了。例②是词的多义造成的歧义：“锁”既可以理解为名词，也可以理解为动词。例③是结构层次不同造成的歧义：帮助过/我的朋友；帮助过我的/朋友。例④是语义关系不同造成的歧义：老王没有看见谁；谁也没有看见老王。例⑤是语义指向不同造成的歧义：“由大到小”可以指向孩子们，也可以指向石头。

五、前后不连贯

表达时句子前后要做到相互接应，否则会出现不连贯现象。下面例子中前后句都出现了不连贯现象：

① A：你刚才喝了什么？

B：咖啡我刚才喝了。

② A：咖啡呢？

B：我喝了咖啡。

③ A：你什么时候上的大学？

B：我 1978 年上了大学。

④ 我们坐在课堂里学习，明天都要到祖国最需要地方去奋斗，我们向知识的海洋进军，为了要把学到的本领用到明天的强大祖国建设之中。

⑤ 我们沿着小路走着，两旁是一片绿油油的麦田，春风吹来，是一丛丛五颜六色的野花。

⑥ 这时大妈端着一大碗热气腾腾的挂面汤，小心翼翼地跨进屋。小顺一见大妈腾地站起来，急忙说："我吃过了。"

⑦ 每年只有三百六十五天。每天只有二十四小时。人的一生只有几十年。你这样不珍惜时间，这一生能有什么作为呢？

例①B 可以只回答"咖啡"，默认前面省略了"我喝了"，但是不能把"咖啡"前置，因为 B 要回答的是宾语位置上的"什么"，对应"什么"的"咖啡"也应该出现在宾语位置上。例②与例①刚好相反：双方的话题是"咖啡"，B 必须与 A 的问话相连贯，把"咖啡"放在话题的位置上。

例③A 句的预设是"你上过大学"，这是已知信息，要问的"上大学"发生是什么时候，因而用虚词"的"，B 的回答也必须用"的"才能与 A 的问话相关联。例中 B 用了"了"，与 A 的问话不连贯。

例④四个分句分为两个层次，第一层之间应该用分号；第二层分句之间明显缺少一根时间线，实际上是"今天"与"明天"的对比格式。因此，整个表述应该是："今天……，明天……；今天……，明天……。"可以改为："今天我们坐在课堂里学习，明天我们都要到祖国最需要地方去奋斗；今天我们向知识的海洋进军，明天我们就要用学到的本领为建设强大祖国做贡献。"

例⑤第一、二两分句相关联，但与第三、四两个分句联系不起来。假如以"我"为中心，先写"我"做什么，再写"我"看到什么，那么这四个分句就可以串起来。可以改为："我迎着春风，沿着小路走着，路的两旁是一丛丛五颜六色的野花和一片绿油油的麦田。"

例⑥是谁"站起来"？可以是"小顺"，也可以是"大妈"。从整个话语片段看，应该是"小顺站起来"。可以在"腾地"前面加上"就"，与前面的"一"形成"一……就……"格式。

例⑦本意是从时间和人生关系上说明浪费时间就是虚度人生。可是有点乱："每年"到"每天"，又回到"一生"，不仅落笔显得突兀，而且整个语段的层递次序也有点乱。如果从第三句入手，点破"人生有涯"，再逐层推算到时间上，最后一个反诘句才有力量。这样组织，各句之间联系更为紧密，内部有的句号要改为逗号。这个话语片段可以改为："人的一生只有几十年，每年只有三百六十五天，每天只有二十四小时。你这样不珍惜时间，这一生能有什么作为呢？"

对表达中出现的问题的察觉和诊断常常是这样一个过程：

首先是感觉到有问题。当我们有了一定的专业功底以后，我们常常可以凭语感察觉到句子中出现的表达问题。上述表达问题的发现和诊断，首先就是我们的语感在起作用。只有当我们感到某个表达不顺或别扭时，我们才会停下来查找问题所在。

其次是停下来找出问题所在。有的问题我们一下就能够发现并解决，有的问题，尤其是复杂语句中的问题，则不容易发现。这时，我们可以试着使用紧缩法来检查。所谓紧缩法，就是先提取句子的主干成分（主语、谓语、宾语），检查是否存在成分残缺、搭配不当等语病；再检查各主干成分与其修饰成分之间是否有搭配上的问题。当主干成分有多个修饰语时，还需检查修饰语的内部是否存在语序不当等问题。例如：

他那和蔼可亲的笑容，循循善诱的教导，时时出现在眼前。

我们先检查该句子的主干成分（笑容、教导出现在眼前），"笑容"可以出现在"眼前"，但"教导"不行，因此可以断定主干出现了主谓搭配不当的问题。然后继续检查主干成分与各自的修饰成分之间的搭配，这一步检查并没有发现任何问题。因此可以将该问题句修改成：

他那和蔼可亲的笑容时时出现在我眼前，循循善诱的教导时时回响在我耳旁。

第三是进行类比。难以决断某个表述是否一定存在问题时，还可以使用类比法。所谓类比法，就是按照原句格式仿造一些浅近的、容易把握且比较常见的语句加以比较，从而诊断原格式是否存在问题。例如：

这个问题值得大家的重视。

这个表述是否存在问题，我们可能犹豫不决。这时可以比照它的结构造出"这个经验值得我们的借鉴""这个地方值得学生的参观"来。我们不难发现，动词前面多了"的"，因而可以认定例句中"重视"前面的"的"是多余的。我们之所以审读上述例句时会感到有点不顺畅，是因为"值得"后面的宾语应该是谓词性的。"重视"前面去掉"的"之后，我们读起来又会觉得顺畅了。

思考与练习

1. 改正下列各句的语法错误并说明理由。

(1) 经过改革，货运站简单了一些托运手续。

(2) 他的身体好多了，稍微喝了一碗粥。

(3) 他们还开办了一个服务部，出租雨伞、套鞋、自行车，小吃部，热饭热菜。

(4) 美国火山爆发，后果严重，山顶削减二百米，气流扩散四千公里。爆发能量相当于投在广岛的二千五百颗原子弹。

(5) 这篇通讯报道了他家乡的巨大变化，当然对他十分关心。

(6) 由于清朝政府的破坏，使馆被义和团围攻了五十六天，西什库教堂被围攻了六十三天，都没能攻下。

(7) 我们就不得不敬佩关汉卿在七百多年前就在舞台上为我们创造了这样一个熠熠生辉的女性形象。

(8) 中国人民不但认识了加强世界人民大团结的重要意义，而且越来越多的国家和人民也都从自己的经验中认识了这一点。

(9) 我们一到学校，高年级的同学首先带我们参观图书馆，然后参观他们的实验室。

(10) 对于书评小组成员，由于分散在各个班级，集中起来开会不很容易。

2. 下列句子是否有表达问题？如果有，请改正并说明理由。

(1) 在半个多世纪前那场慷慨悲壮的反法西斯战争中，中国人民抗日战争开始最早、持续时间最长，成为世界反法西斯战争的东方主战场，以巨大的民族牺牲做出了不可磨灭的贡献。(《人民日报》2011 年 9 月 3 日)

(2) 1898 年，中国清政府和德国签署了《胶澳租界条约》，《条约》中明文约定德国可以获得"山东胶济铁路的修筑权和铁路沿线 30 里内的矿产开采权……"

(3) 学院依法依规收取学费，由××学院统一管理。独立学院收取的学费扣除办学成本之后，合作办学三方可以从结余金额中取得合理回报。按照同股同权的原则测定：

甲方按结余金额的 41%提取合理回报

乙方按结余金额的 7%提取合理回报

丙方按结余金额的 52%提取合理回报

(4) 南昌至上海、杭州的火车动车组票价分别为 228 元、179 元，而对应的普通列车硬座票价为 106 元、81 元，相比之下，普通列车硬座票价要低一倍多。

(5) 中国史学家在世纪之交进一步提升了自己的辨析能力，越来越显示出相当高的学术含量，从对外国史学的一般性介绍走向研究和判断的层面，从而为中外史学家的真正对话提供了可能和前提。

主要参考文献

[1] 北京大学中文系现代汉语教研室.现代汉语[M].北京：商务印书馆，1993.
[2] 陈望道.修辞学发凡[M].上海：复旦大学出版社，2014.
[3] 范晓.三个平面的语法观[M].北京：北京语言文化大学出版社，1996.
[4] 何自然.语用学概论[M].长沙：湖南教育出版社，1988.
[5] 胡裕树.现代汉语[M].上海：上海教育出版社，1987.
[6] 黄伯荣，李炜.现代汉语[M].北京：北京大学出版社，2012.
[7] 林祥楣.现代汉语[M].北京：语文出版社，1991.
[8] 刘焕辉.言语交际学[M].南昌：江西教育出版社，1986.
[9] 刘焕辉.修辞学纲要[M].南昌：百花洲文艺出版社，1993.
[10] 陆俭明.现代汉语语法研究教程[M].北京：北京大学出版社，2003.
[11] 马庆株.现代汉语[M].北京：中国社会科学出版社，2010.
[12] 钱乃荣.现代汉语[M].南京：江苏教育出版社，2001.
[13] 邵敬敏.现代汉语通论精编[M].上海：上海教育出版社，2012.
[14] 沈阳，郭锐.现代汉语[M].北京：高等教育出版社，2014.
[15] 邢福义.现代汉语[M].北京：高等教育出版社，1991.
[16] 张斌.新编现代汉语[M].上海：复旦大学出版社，2008.
[17] 张斌.现代汉语描写语法[M].北京：商务印书馆，2010.
[18] 周一民.现代汉语[M].3 版.北京：北京师范大学出版社，2010.

后　记

大学的专业教学目标是培养学生的创新能力，使学生具有发现问题、分析问题和解决问题的能力。这一目标也是我们“现代汉语”教学和教材编写的不懈追求。本教材注重深入浅出，融基本原理和前沿理论于简洁明了的表述之中，并给教师留有充分的发挥空间，便于教师实施探究式教学，激发学生探究热情，培养学生创新能力，特别是言语交际能力。

本教材是在2008年出版的《现代汉语》基础上进行系统修改而成的。在长期的教学实践过程中，我们不断吸收新的理论和方法，不断总结激发学生学习兴趣、提高学生思辨能力的教学经验，这些都体现在本教材的编写中。

我们的“现代汉语”系列课程先后被教育部列为“国家精品课程”“精品视频公开课”“国家级精品资源共享课程”。学生可以登录 http://www.icourses.cn/进入“爱课程”网站，观看我们录制的“现代汉语”“现代汉语与社会生活”和“现代汉语言语交际”教学视频。这些视频有利于拓宽学生的知识面，有利于学生温故知新，有利于教师在更高层面上引导学生发现问题、分析问题和解决问题。

这里要说明的是，由于是教材，内容是我们平时学习和教学的积累，所涉及的论著难以一一列举，敬请学界同仁谅解！

本教材——《现代汉语》(第二版)主编为徐阳春、刘小川，执笔为徐阳春、刘小川、李占炳和张静。

另附第一版(2008年)编委的名单：

主编：徐阳春、刘纶鑫

执笔：徐阳春、付欣晴、刘纶鑫、胡松柏、徐采霞、刘小川、钱书新

审订：范晓、刘焕辉、胡松柏三位先生

限于知识水平和教学经验，本教材一定还存在不少问题，衷心希望得到各位专家的批评指正！

编　者

2018年8月

高等教育出版社

教学资源索取单

尊敬的老师：

您好！

感谢您使用**徐阳春、刘小川**主编的**《现代汉语》（第二版）**。为便于教学，本书另配有课程相关教学资源，如贵校已选用了本书，您只要添加服务 QQ 号 800078148，或者把下表中的相关信息以电子邮件或邮寄方式发至我社即可免费获得。

我们的联系方式：

联系电话：（021）56718921/56718739　　电子邮箱：800078148@b.qq.com

大学语文、写作教师 QQ 群：279433803　　通识论坛 QQ 群：278499548

地址：上海市虹口区宝山路 848 号　　邮编：200081

姓　　名		性别		出生年月		专　业	
学　　校				学院、系		教研室	
学校地址						邮　　编	
职　　务				职　　称		办公电话	
E-mail						手　　机	
通信地址						邮　　编	
本书使用情况	用于______学时教学，每学年使用________册。						

您对本书有什么意见和建议？

您还希望从我社获得哪些服务？

□ 教师培训　　□ 教学研讨活动

□ 寄送样书　　□ 相关图书出版信息

□ 其他____